U0508595

西周人的日常生活

中国贵族的蜕变之旅

李琳之 著

中国出版集团有限公司
研究出版社

图书在版编目（CIP）数据

西周人的日常生活 ：中国贵族的蜕变之旅 / 李琳之著 . -- 北京 ：研究出版社，2025.7. -- ISBN 978-7-5199-1906-1

Ⅰ. D691.9-49

中国国家版本馆 CIP 数据核字第 20257XP100 号

出 品 人：陈建军
出版统筹：丁　波
责任编辑：范存刚

西周人的日常生活——中国贵族的蜕变之旅
XIZHOUREN DE RICHANG SHENGHUO——ZHONGGUO GUIZU DE TUIBIAN ZHI LÜ
李琳之　著
研究出版社 出版发行
（100006　北京市东城区灯市口大街 100 号华腾商务楼）
北京新华印刷有限公司印刷　新华书店经销
2025 年 7 月第 1 版　2025 年 7 月第 1 次印刷
开本：710 毫米 ×1000 毫米　1/16　印张：28
字数：336 千字
ISBN 978-7-5199-1906-1　定价：98.00 元
电话（010）64217619　64217652（发行部）

本书由山西大学哲学学科——国家“双一流建设学科”资助

西周贵族精神的日常训练场

（代前言）

王国维在《殷周制度论》一文中用一句惊雷般的话点破历史玄机："中国政治与文化之变革，莫剧于殷、周之际！"这话就像打开商周大门的钥匙——3000 年前那场改朝换代，不仅是政治权力的更迭，更是一场颠覆性的"生活方式革命"。当周人推翻了商王朝的青铜鼎，他们改换的不仅是天下共主，还顺手把贵族们的饭碗、衣柜、房子、马车，乃至人生大事的规矩全给改了！周人的礼乐敲响了华夏文明的晨钟！

一、舌尖革命：从酒池肉林到筷子哲学

商朝贵族的餐桌简直就是"吃货天堂"！青铜鼎里堆满牛羊肉，酒坛子里的酒能灌满整个游泳池，甲骨文里记着他们百卣共饮的狂欢派对。可这些大鱼大肉不只是为了填肚子，更是给鬼神准备的"VIP 套餐"——毕竟商人觉得吃得好才能和神仙搞好关系。

周人上台后搞起了"光盘行动"！虽然贵族们还是能吃到肉，但

再也不敢像暴发户似的胡吃海喝，连饮酒都要放上青铜“酒禁”台，警省客人不要过度贪杯。他们搞出“食不厌精，脍不厌细”（《论语·乡党》）的新吃法，把祭祀用的整只牛羊切成精致小块，甚至煮饭都要讲究火候。最绝的是，他们发现种田比打猎靠谱，五谷杂粮让老百姓也能吃饱饭——原来“民人以食为天”（《史记·郦生陆贾列传》）是这么来的！

二、穿衣指南：从土豪金到制服诱惑

殷商土豪们的穿衣风格绝对能上时尚杂志封面！丝绸衣裳镶满绿松石，皮草大衣配黄金首饰，走起路来叮当作响，活脱脱行走的保险柜。这些华丽行头可不只是炫富，更是和鬼神视频连线的“信号增强器”。

周朝设计师玩起了“极简风”！他们把衣服变成行走的身份证——天子穿日月星辰图案的定制龙袍，诸侯只能穿九颗星星的限量版，士大夫更是惨到只能穿七颗。颜色也搞起“黑红配”，玄（黑）色代表天，纁（浅红）色代表地，穿衣服就像把宇宙穿在身上！从此，看衣服就知道你是哪根葱。

三、住房改造：从神仙会所到家族大院

殷商宫殿用一句话概括就是“天庭驻人间办事处”！殷墟 100 多座宏伟建筑，茅草盖顶，夯土台阶，四面斜坡，双重屋檐，恨不得戳到云彩里。商王在这儿不是住，是在搞“神仙视频会议”。

周人来了个大改造！他们把最豪华的房间留给祖宗牌位，搞出前朝办公、后殿睡觉的“两居室”。最妙的是发明了“明堂”——这个多

功能厅，能开会，能祭祖，还能搞毕业典礼，活脱脱是古代版的政务大厅！

四、出行规矩：从野兽派到科目三

殷商土豪的座驾绝对拉风！四匹马拉的战车有刹车装置，有完整的马具和漂亮的马饰，高大的车轮上还雕刻着各种图腾和纹饰，出趟门就像开动物巡游车。这些装备不只是交通工具，更是“不服就干死你”的移动广告牌。

周人给车马装上了“文明导航”！天子祭天乘坐美玉装饰的六马驾豪华车，公卿和诸侯乘坐四马驾的公务车，大夫和士乘坐三马驾和两马驾的简装车，庶人呢，只配乘坐一马驾的低配车和慢吞吞的牛车。就连送葬车队都要按照死者生前的地位和级别配备相应的灵车。最绝的是发明了上路“科目三”——保持车速适度，保证节奏舒缓，保证不大声唱哭喊叫。马路变成了大型礼仪实训基地！

五、人生大事：从占卜盲盒到礼乐相随

殷商人结婚像拆盲盒！新郎新娘的生辰八字要拿去烧龟甲，裂纹好看才能喜结连理。葬礼更是夸张，人牲人殉多到能组成一个连队，就怕祖宗在阴间过得不如意。

周人搞起了“婚恋培训班”！从送大雁订婚到洞房花烛，要过六道礼仪关卡。葬礼也变身“追悼会流程指南”——缀玉面罩取代人牲祭祀，刍灵偶人（茅草人俑）替代活人殉葬，连棺材摆放角度都要拿尺子量一量！

3000 年后看商周之变，实在就是场“生活改造运动”。周人把吃

饭穿衣这些日常琐事，统统变成了培养贵族的训练场。他们像是最精明的教育家，让贵族们在端碗时学节制，系腰带时懂规矩，进家门时知礼数。这种“生活即教育”的智慧，不仅养成了“文质彬彬”的周代贵族，还让几百年后的孔夫子拍案叫绝：“郁郁乎文哉！吾从周！”（《论语·八佾》）

这场始于饭桌、终于祠堂的生活革命，最终被孔子打包成“克己复礼”的大礼包。当西周贵族在宴席间练习筷子礼仪，在祠堂里排练祭祖舞步时，他们不会想到，这些生活细节正在编织着华夏礼仪文明的精神 DNA。

就像青铜器上慢慢褪色的饕餮纹，最终让位给铭文中的“子子孙孙永宝用”——当今天的我们端起饭碗，整理衣冠，走出家门时，这些日常动作里，或许都藏着周人留给我们的文明密码！

目录

二 穿 89

三 住 127

四 行 173

吃

那时的主食比现在还丰富

据研究，先秦时期，黄河流域的气候在西周早期经历了一个短暂的寒冷期后，普遍比现在要温暖一些。一个主要证据是，当时竹类分布的北界比现在更靠北大约1°～3°，后世仅见于热带、亚热带的动物，如象、犀牛、獐、竹鼠、貘、水牛等，彼时都曾出现于华北地区。[1] 周原所在的陕西扶风、岐山一带，由于没有受到严重的水土侵蚀，土地相对完整而少有破碎现象，河谷较浅，水源丰富，气候温和，植被茂盛，这为西周的农业生产提供了一个良好的自然环境。[2]

我们现在能吃到的主食在西周时期大都可以吃到，像稷、黍、糜、稻、麦、高粱、大豆、麻等，在考古中都有出土。但《诗经》提到的粮食作物却有21种之多，如麦、黍、稷、麻、禾、稻、粱、苴、荏菽、秬（jù）、秠（pī）、糜、稌（tú）、来牟等，其中有一些，我们今天甚至未曾听说过，可能是流传过程中名称发生了异变，或者被后来的人们给淘汰掉了。

黍和稷是周人最主要的两种主食，有学者统计，《诗经》中出现的21种粮食作物中，“黍”和“稷”的出现次数分别位居第一和第二。周人称其始祖弃为后稷，这个称呼又在夏商两朝沿用为农官的职称，可知稷在周人农业中是如何重要了。

从《诗经》看，稷和黍是当时整个黄河中下游地区普遍种植的粮食作物，特别是在今陕西、山西、河南、山东一带广为种植。陕西如《豳风·七月》：“黍稷重穋（lù），禾麻菽麦。”八个字说的是八种农作物。“重”亦称“穜”，是一种先种后熟的谷物。“穋”即“稑（lù）”，是一种后种先熟的谷物。“禾”也是一种谷物，类似今天的小米。“豳”指豳地，即今泾河中游的长武、旬邑、彬州、淳化一带。

山西如《唐风·鸨羽》：“肃肃鸨羽，集于苞栩（xǔ）；王事靡盬（gǔ），不能艺稷黍。”大雁簌簌地拍着翅膀，成群落在柞树上；王室的差事做不完，无法再去种稷黍。“唐”指唐国，后往南徙封改名为晋国，在今山西临汾一带。《魏风·硕鼠》：“硕鼠硕鼠，无食我黍。”大老鼠啊大老鼠，不要偷吃我的黍子。“魏”指魏国，但不是战国时期的魏国，而是西周初期就已经封立的魏国，大致位置在今山西芮城县境。

▶（日）细井徇《诗经名物图》里的稷、黍

山东如《曹风·下泉》："芃芃黍苗，阴雨膏之。"黍苗生长很茁壮，好雨及时来滋养。"曹"指西周曹国，位置在今山东菏泽市境内。

稷和黍有亲属关系，贾思勰在《齐民要术》中说："谷，稷也，名粟。"稷，根据籽粒的粳糯可分成两种类型，粳者为稷，糯者为黍。粟就是我们现在说的谷子，去壳后就是小米；黍，俗称糜子，秆更粗壮一些，在华北地区一般用于炸油糕一类糯软食物。

稷（粟）和黍原产地在中国，属传统食物，早在距今八九千年前的河南舞阳贾湖遗址和内蒙古赤峰兴隆洼遗址中就有发现。到商周时期，人们已经有了多种食用方法，并将其奉为重要祭祀食品。据《仪礼》记载，在重要的礼仪活动中，稷和黍都是必备的祭祀品。如士昏礼是"黍稷四敦（duì）"；公食大夫礼是"宰夫设黍稷六簋（guǐ）于俎（zǔ）西"；士丧礼是"敖黍稷各二筐"；士虞礼是"馔黍稷二敦于阶间"，如此等等。

但由于黍比稷更为软糯，更适应人们的口味，黍也就更为贵重一些，不论是待客还是祭祀，都是上品。这在《诗经》等与西周相关的文献中都有明确的体现。

▲ 陕西扶风庄白一号窖藏出土的伯先父鬲

关于稷和黍的烹调方式，西周时期有煮、蒸两种。煮用鬲，蒸用甑（zèng）甗（yǎn）。鬲是一种三足中空的炊煮器，三足中空是为了便于在下面烧火加热。鬲最初是作为陶器出现的，距今已经有四五千年的历史，商周时期陶鬲与青铜鬲并存。

▲ 陕西扶风齐家墓葬出土的父乙甗

甑是古代一种蒸食器具，底部有许多小孔，用于透气，类似于今天我们说的箅子。鬲是蒸锅，甑是蒸屉，把二者上下合在一起，就是甗。

古人煮饭，稠的称饘（zhān），稀的叫粥。由于农业种植全靠老天爷帮忙，再加上战争的摧毁，农民经常处于歉收的困境之中，所以日常饮食大多是喝碗稀粥，吃个半饱，《史记·孔子世家》记载孔子祖先便是："饘于是，粥于是，以糊余口。"

西周时期虽然各地大都用上了水井，但在个别地方和个别时候，人们还不得不用雨水去蒸饭。《大雅·泂酌》说："泂酌彼行潦，挹彼注兹，可以馀饎（fēn xī）。"意思是说，舀上路边的积水把水缸装满，可以蒸菜也可以蒸饭。"行潦"就是雨后地面的积水。雨后积水不干净，用来煮饭似不合适，但用来蒸饭，勉强可以。

不过，蒸饭毕竟费时费力，而且谷粒松散，难以"涨锅"，这样更费粮食，所以，西周人日常以煮饭为主。虽然谷类食物，从现在看来可以粒食，也可以粉食，但当时还没有发明石磨，石磨的广泛使用已是秦汉以后的事了。尽管早在8000多年前的裴李岗时代，中原就已经出现了小型的磨盘、磨棒，类似于我们现在的擀面杖和案板，也发明了杵臼，但由于只能用手操作，力度不够，这样捣磨出来的食物非常粗糙，难以做成精细的面食，这也成为西周时期煮食流行的一个重要原因。考古发现也在一定程度上佐证了这一史实，各地西周遗址出土的陶鬲和青铜鬲比比皆是，但出土的甑甗却寥寥无几。

《诗经》中有很多诗篇谈到稷和黍时，是与稻、粱、菽、麦、麻等一起谈到的，如上述“黍稷重穋，禾麻菽麦”，还有“无食我黍……无食我麦……无食我苗”（《魏风·硕鼠》）等。

稻是亚热带地区特有的一种农作物，今天普遍种植于长江以南，但在西周时，由于华北地区的气温比现在要高，所以也有不少地方种植，《诗经》中就有不少咏稻的诗句，如“浸彼稻田”（《小雅·白华》）、“十月获稻”（《豳风·七月》）等。此外，《周颂·丰年》还提到了另外一种叫“稌（tú）”的稻：

> 丰年多黍多稌，亦有高廪，万亿及秭（zǐ）。为酒为醴，烝（zhēng）畀祖妣。以洽百礼，降福孔皆。

——丰收年收获黍多稌也多，谷场边建有高耸的粮仓，储藏着亿万斛粮食。酿成千杯万觞美酒，献在祖先的灵前。各种祭典隆重举行，祝愿齐天洪福普降万户。

尽管水稻在黄河流域种植很多，但大规模的种植仍在南方。湖北蕲春西周遗址中，就发现了成堆的粳稻谷粒遗迹，考古人员推测那里可能建有用来储存粮食的库房一类的建筑。[3] 而截至目前，北方考古尚未发现西周有这类成规模的稻粒遗迹。

麦，就是今天的小麦，原产地在西亚、中亚，距今 5000 年前后开始传入中国，4000多年前传入中原地区，山西襄汾陶寺遗址发现的碳化了的麦粒，是中原地区发现的最早麦粒，此后山东、河南、陕西等地虽屡有发现，但比例都不大。根据晚商早周的甲骨文记载看，这一时期，麦仅是贵族平时可以享用的美食，庶民只有在过新年时才能吃得上。[4]

《诗经》中有不少诗篇描写了麦子种植的场景，如《鄘风·载驰》："我行其野，芃芃其麦。"我行走在田野里，看到垄上都是麦子。《王风·丘中有麻》："丘中有麦，彼留子国；彼留子国，将其来食。"土坡上一片麦田，那里有郎的爱意缠绵。有郎的爱意缠绵啊，再与郎一起来野餐。

麦子在西周的食用，还处在比较原始的粒食阶段，不能像现在一样做成馒头、面条等，口味差了很多。原因就是当时还没有发明石磨，不能把麦粒磨为面粉。

从文献记载和考古两方面观察，西周以前的中原地区主要粮食作物是稷（粟）和黍，春秋直至战国以后才逐渐转变为以粟、麦为主。

▶（日）细井徇《诗经名物图》里的麦子

菽是豆类的一种，后来逐渐演变为豆类的总称，《诗经》多次提到菽，如《豳风·七月》：“七月亨葵及菽，八月剥枣。十月获稻。”说明周人对其生长规律和营养价值有很深的认识。西周金文（青铜器铭文）中“豆”字写作“[illegible]”，看字形，周人似乎更看重豆类植物的根瘤。

麻是《诗经》中提到的另一类粮食作物兼经济作物，就是现在我们常见的桑科大麻，它的根茎不仅是古代上好的纺织原料，其籽实也可以食用，这种籽实也被称作“苴”：“九月叔苴，采荼薪樗（chū），食我农夫。”（《豳风·七月》）九月捡拾秋麻，采摘苦菜，砍伐樗木，以此养活我们这些农夫。麻由于具有粮食和经济作物的双重属性，在西周很受重视，因而成为《诗经》中提到最多的农作物和经济作物之一。

西周是以农立国，稷又在古人的食物中占有非常重要的地位：“稷者，百谷之王。所以奉宗庙，共粢盛，人所食以生活也。”（《汉书·郊祀志下》）所以稷在后来又成了五谷的代名词，并逐渐演绎出了社稷这个概念。社为土神，稷为谷神，社稷就是土神和谷神的总称。土载育万物，谷养育民众，土、谷是人们赖以生存的最基本条件，自然是国家的立国之本，立政之基。因此，社稷后来又逐渐演变成了国家或朝廷的代名词。

根据《周礼·冬官考工记》，西周设有社稷坛，位于王宫之右，与设于王宫之左的宗庙遥相呼应。社代表安全的生存空间，稷代表稳定的食物来源。

用餐有政治规矩

吃是周王朝特别重视的一件大事,《尚书·周书·洪范》和《礼记·王制》记载的西周“八政”中,第一个就是食物。

周王朝在官僚系统中设置了众多的官员来具体管理食物,以此凸显吃的重要性。《周礼·天官冢宰》记载负责西周王室各类事务的官员有4000多名,其中竟有半数以上是主管吃喝的食官;而且还将食官列入“天官”行列,其意不言而喻,就是明确“民以食为天”之意。

人要吃,天地和祖先亡灵当然也要吃,这就形成了祭祀的观念。在西周时期,凡吃饭必先祭祀祖先。祭祀完以后的食品一般是被作为福祚而赐给祭祀者享受。《周礼》《仪礼》《礼记》等典籍对此都有明确的记载。在《周礼》中,祭祀是最为神圣庄严的活动,执掌祭祀的官员,从太宰、宗伯到各位官员,都神情肃穆、一丝不苟,尤其是负责祭祀饮食的膳夫等食官,更须谨慎认真,不敢有丝毫马虎。

为什么吃饭必须先祭祀祖先呢?郑玄注《周礼·天官冢宰》云:“礼,饮食必祭,示有所先。”这正是古人“国之大事,在祀与戎”(《左传·成公十三年》)在现实生活中的集中体现。

但不是什么人都可以随便祭祀的，而是要遵循严格的等级秩序。与贵族日常用餐行为紧密联系在一起，有一整套繁缛有序的礼仪规范要求，这就是食礼。其中最重要的一点是“列鼎而食”(《孔子家语·致思》)。列鼎是指形制、纹饰相同，大小依次递减的鼎的组合。天子吃饭用九鼎八簋，从天子往下，依次是诸侯、卿大夫、高级士，分别用七鼎六簋、五鼎四簋、三鼎二簋。其目的很明确，就是“明贵贱，辨等列”(吕大临《考古图·史部》)。

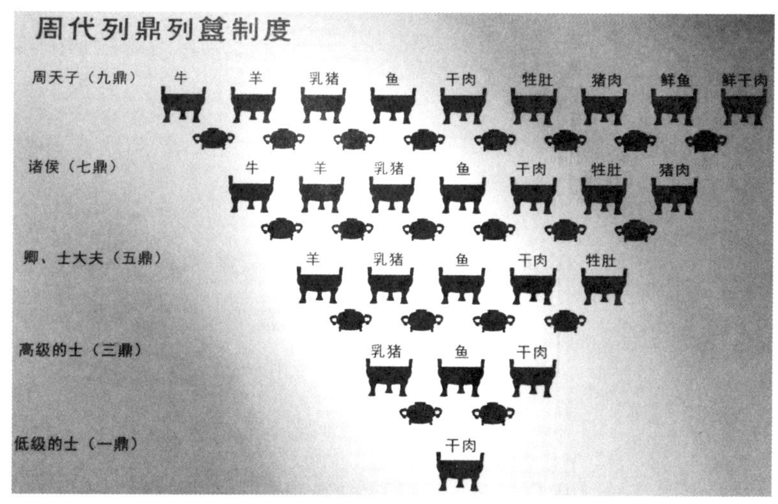

▲ 周代列鼎制度鼎簋组合示意图

鼎是古代烹调食物的一种蒸煮器。迄今为止，考古发现最早的鼎是来自8000多年前河南裴李岗文化的陶鼎，三足，无耳，还属于鼎的原始形态。随着裴李岗文化的传播和影响，鼎也传入周边族群之中，甚至成为某些考古学文化的标志性器物之一。之后，在数千年的岁月中，中国东西南北中各地文化中都可见到鼎鲜活的身影。尤其是在中原，从距今7000年开始的仰韶文化到距今4800~3900年的庙底沟二期、河南龙山等考古学文化，再到夏、商、周及之后的帝国时代，鼎成为华夏历代王朝的“精神载体”，具有了“问鼎中原”的文化认同意义。

鼎从实用性蒸煮器变为具有象征意义的礼器，经历了一个漫长的过程，大概从后岗一期文化就开始了。后岗一期文化是距今6500～6000年以豫北冀南为主体分布地区的一支仰韶早期文化，以鼎、豆、壶、罐、杯等陶器为基本组合常作为随葬品出现在贵族墓葬中。之后进入夏商周时代，陶鼎被青铜鼎所替代，青铜鼎一跃而成为国家重器。天子用九鼎祭祀、宴飨和随葬，九鼎随之成为国家政权的象征和代名词。

▲ 河南三门峡虢国墓地孟姞墓出土的垂麟纹列鼎

鼎作为一种实用性蒸煮器之所以会变成礼器，进而变成国家政权的象征，与中国古代“民以食为天”这种观念密切相关。也就是说，谁能让百姓吃饱肚子，谁才有资格“称王称霸”，统治天下。

天子使用九鼎象征天子统治九州，唐人张守节在《史记正义·秦本纪》中说：“禹贡金九牧，铸鼎于荆山下，各象九州之物，故言九鼎。”

簋是一种用来盛放食物的容器，敞口，大多束颈，鼓腹，双耳，有圆体、方体和上圆下方三种。早在距今6000～5300年的西阴文化时期就有发现，后来在商周时期演变为礼器，并像鼎一样，质料由单一的陶制变为陶制和铜制两种形态并存。

贵族仅“列鼎而食”还不行，还要以乐侑（yòu）食，就是说，贵族在进食时都有乐舞助兴，是谓“钟鸣鼎食”。但不同级别、不同身份的贵族使用乐舞时，在乐器、乐曲、舞队规格、用乐场合等方面，都有不同的规定。如对于舞乐的使用，天子用八佾，诸侯用六佾，大夫用四佾，士用二佾。佾是奏乐舞蹈的行列，用以体现乐舞等级、规格。一佾是说一列 8 人，八佾就是八列 64 人。

▲　三门峡虢国墓地虢仲墓出土的铜列簋

在西周的宴飨过程中，舞蹈是与音乐紧密联系在一起的一种娱乐活动，歌舞伴宴是当时的风尚。但是到了春秋时期，礼乐崩坏，人心不古。身为鲁国大夫的季孙氏在其家庙之庭公然僭用只有周天子才配享的八佾之舞，念念不忘克己复礼的孔夫子听说以后，气得暴跳如雷：“八佾舞于庭，是可忍也，孰不可忍也！”（《论语·八佾》）

从《周礼·天官冢宰》记载看，西周时期的贵族的主要食物是肉食，包括祭祀食品也都是肉食，如天子平常的宴席，整只的牛、羊、豕（猪）三牲必须全部具备，这叫太牢。祭祀时，要供上三份太牢。诸侯宴席，用一头牛，叫特牛，祭祀时要供上太牢。卿宴席用羊、豕二牲，叫少牢，祭祀时要用一头牛。大夫平时宴席用一头猪，祭祀时要供上一羊、一猪的少牢。士平时宴席用鱼肉，祭祀时要供上一头猪。

百姓平时吃菜蔬，祭祀时要供上烤鱼。

> 天子举以太牢，祀以会；诸侯举以特牛，祀以太牢；卿举以少牢，祀以特牛；大夫举以特牲，祀以少牢；士食鱼炙，祀以特牲；庶人食菜，祀以鱼。

“卿”，又称卿士，是周人对中央王朝和诸侯国的高级执政官员的尊称，具有爵位的性质[5]，如西周早期的太师、太保、太史“三公”，以及中后期的司徒、司马、司工、司寇、太宰和公族“六卿”，还有春秋时期著名的晋国六卿，都可以称作“卿”，其职责是秉承王命，“尹三事四方”（《令彝铭文》），即总理王畿内军事、立法、监察三大政事和王畿外四方诸侯事宜。

《礼记·乡饮酒礼》记载，天子用餐是26道菜，公是16道，诸侯是12道，上大夫是8道，下大夫是6道。

大夫的日常午饭、晚饭，如果有脍（kuài）就不能有脯（fǔ），如果有脯就不能有脍。士的日常午饭、晚饭，可以有羹有胾（zì），但只能有一份，不得重设。

脍是指将鱼肉碎切生吃，类似于我们今天生鱼片的吃法。脯是不加姜桂只加盐的肉干。羹是指用肉或菜调和五味做成的带汤食物。胾是大块肉。

除此以外，在具体举行宴飨时，对于坐席次序、方位等，周礼也有明确的规定。首先，坐席用餐要讲席次，即坐位的顺序，主人或贵宾坐首席，称“席尊”“席首”，余者按身份、等级依次而坐，不得错乱。一般是先请客人入座，主人最后入座。如果是尊长者宴请卑幼者，也是尊长者先入座，卑幼者后入座。

席位也有讲究，一般是以坐西向东为尊，其次为坐北向南，再次为坐南向北，坐东向西通常是地位最低或侍者一类的坐位。客人所坐席子的层数也要根据尊卑等级的不同来给予不同的铺设："天子之席五重，诸侯之席三重，大夫再重。"（《礼记·礼器》）

“肉食者”名副其实

西周人平常食用的肉类主要有猪、牛、羊、鹅、鸭等家养畜禽，也有捕捞所得鱼类以及熊、狐、豹等野兽。《礼记·曲礼》记载天子及贵族祭祀所用食品，主要是牛、羊、猪、鸡、雉、兔、鱼等；《仪礼·公食大夫礼》记载，正式的宴席要有膷臐膮（xiāng xūn xiāo）、牛炙醢（hǎi）、牛胾醢、牛脍、羊炙、羊胾醢、豕醢、芥酱、鱼脍、雉、兔、鹑等。所谓公食大夫礼，是指主国国君以饮食招待来访的其他诸侯国大夫的礼仪。

食肉在西周时期是贵族的特权，平民百姓除了在新年这一类重大节日可以享用一点外，平时仅能吃菜，顶多吃些鱼肉，这就是贵族会享有“肉食者”（《左传·庄公十年》）这样一个称号的原因。孟子在他描绘的理想国中将“七十者可以食肉”“老者衣帛食肉”（《孟子·梁惠王上》）视作他最大的理想，就足以说明当时的平民百姓平常是很难吃上肉的。

西周贵族不止宴席时以肉食为主，平常早餐和晚餐也以肉食为主，《礼记·内则》记载，这些肉食品种主要有蜗、雉、兔、鱼卵、鳖、腶

(duàn)脩、蚳(chí)、牛、羊、猪、犬(狗)、雁、麇(jūn)、麋、爵、鹌、虫等。另外,还有不少是现在人们已经不太吃的小动物,如蚂蚁、蝉、蜂一类。

▲(日)细井徇《诗经名物图》里的犬

庶民平常能吃上鱼肉,大概与当时天气暖和,湖泊众多,盛产鲜鱼有一定关系。《诗经》中有许多诗篇都提到了鱼,如《小雅·鱼丽》就列举了鲿、鲨、鲂、鳢、鰋、鲤多种鱼类,都是人们平常下酒的好菜:

> 鱼丽于罶(liǔ),鲿鲨。君子有酒,旨且多。
>
> 鱼丽于罶,鲂鳢。君子有酒,多且旨。
>
> 鱼丽于罶,鰋鲤。君子有酒,旨且有。

意思是说,鱼儿钻进竹篓里结伴游玩,有鲿,有鲨,有鲂,有鳢,有鰋,还有鲤鱼,主人有的是美酒,不但酒醇味美,而且宴席丰盛,珍馐齐全。

《大雅·韩奕》叙述的是周宣王时年轻的韩侯入朝觐见、受封、迎亲、归国和归国后的活动。韩侯祭祖后出发,先住在杜陵。显父设宴来饯行,备酒百壶,用的菜肴是什么?就是炖鳖、蒸鱼:

> 显父饯之,清酒百壶。其肴维何?炰(páo)鳖鲜鱼。

《周颂·潜》是记述周天子以各种鲜鱼献祭于宗庙的盛况的简短乐

歌。周原漆水、沮水深处，藏有各种各样肥美的鱼，人们把它们打上来祭祀祖先，祈求祖先神灵保佑：

猗与漆沮，潜有多鱼。有鳣有鲔，鲦鲿鰋鲤。以享以祀，以介景福。

西周时期，由于人口的增多，大片荒地被开垦成农田，野生动物势必相应减少，这应该是庶民百姓平时吃不上肉食的原因之一。不过，这种情形也刺激了家庭畜牧业的发展，毕竟鸡、猪、羊、狗等无须专门辟田饲养，这几类家养禽畜后来在战国时期就逐渐成为普通百姓肉食的主要来源。

西周人比较注重射猎活动，周礼中就有“射礼”。天子每年都要定期带领王公大臣举行大规模的巡狩射猎演习。西周贵族从小学到大学必须学习包括“射艺”在内的“六艺”。“射艺”因而也成为青年贵族必须具备的一项技能。不管“射礼”也好，“射艺”也好，最基础的就是射猎。从金文记载来看，每次由周天子亲自坐镇举行的射礼比赛，获取猎物的多少往往是判定最终获胜者的依据和标准。

《诗经》中有不少描写打猎的诗篇，如《周南·兔罝（jū）》就是通过描绘热闹的狩猎场面来赞美来自各诸侯国的为王效力的武士。那些兔网布在岔路口、林深处，打桩的声音紧密如锣鼓，网结得又紧又密，武士雄赳赳、气昂昂，不愧是公侯的好护卫、好帮手、好心腹：

肃肃兔罝，椓（zhuó）之丁丁。赳赳武夫，公侯干城。

肃肃兔罝，施于中逵。赳赳武夫，公侯好仇。

肃肃兔罝，施于中林。赳赳武夫，公侯腹心。

《召南·驺虞》赞叹一个猎士箭术高超，一箭能射中五只猪，他真是天子的好兽官：

彼茁者葭，壹发五豝（bā），于嗟乎驺虞！

彼茁者蓬，壹发五豵（zōng），于嗟乎驺虞！

▲（日）细井徇《诗经名物图》里的兔

豝，是指常跟随在母猪身边的小猪，有时也指因体重过大而匍匐于地的大猪、母猪。豵也是指小猪，有时也泛指所有小兽。驺虞是古代传说中的仁兽，《山海经·海内北经》云：“林氏国有珍兽，大若虎，五采毕具，尾长于身，名曰驺吾（虞），乘之日行千里。”据说它生性仁慈，连青草也不忍心践踏，不是自然死亡的生物不吃。此处指猎士。

其他，像《召南·野有死麕》描写一猎士用猎物去引诱正在怀春的女子；《齐风·还》描写两猎士相遇于道，相见恨晚，交相称赞的情景；《齐风·卢令》是一首赞美猎人的诗；《郑风·叔于田》是一首女子爱慕一位猎士而对他由衷赞叹的爱情诗。如此等等。

总之，在西周时期，打猎不仅是贵族经常从事的活动，也是庶人日常生活的一部分。其目的，一是强身健体，练就战场杀敌本领；二是获取肉食。但对于平民百姓而言，获取肉食可能才是他们唯一的目的。

果蔬拼盘也很丰盛

西周时期的果蔬种类很多，除了一些后来从域外引进的品种外，今天我们所食用的蔬菜和水果当时大都能见到。

先说蔬菜。《诗经》提到蔬菜或野菜的诗就有 40 多首，像今天人们常见的萝卜、葫芦、芹菜、苦瓜、荏菽、葵、芥等，在西周时期就已经是日常食用的菜肴了。《关雎》记有荇（xìng）菜，《东山》记有苦瓜，《南有嘉鱼》记有甘瓠（hù），《我行其野》记有蓫（zhú），《绵》记有堇（jǐn）荼，《生民》记有菽、瓜，《信南山》记有瓜，《韩奕》记有笋、蒲，《泮水》记有芹、茆（máo），《谷风》记有葑、菲、荼、荠，《七月》记有蘩、郁、葵、菽、瓜、壶、苴、荼等。以蔬菜或野菜作为篇名的有《卷耳》《芣苢（fú yǐ）》《采蘩（fán）》《采苹》《园有桃》《椒聊》《采薇》《瓠叶》《匏（páo）有苦叶》等。

《诗经》中的诗篇大多采自民间，其中提到的野菜在贵族的日常生活中并不多见。按照《周礼·天官冢宰》的说法，“朝事之豆（早晨祭祀宗庙的豆器）”中，盛放的是用来与肉酱相配的韭菹（zū）、昌本、菁菹、茆菹四类蔬菜。

▲ 西周陶豆

豆是古代盛肉和其他食品的一种器皿，后来演变为礼器，形状像高脚盘，商周以前是陶制，晚商以后发展为青铜制与陶制并行。韭菹是以醯酱腌渍之韭菜；昌本是一种水草类植物，一般指菖蒲根；菁菹是以蔓菁为原料，切碎腌制而成的一种腌菜；茆菹是腌制的莼菜。莼菜又叫马蹄草、水葵、露葵、锦菜、淳菜、丝纯、马粟草等，现在主要生长在南方。

“馈食之豆（每月朔朝庙祭礼献奉的豆器）”中，盛放的是葵菹和其他一些杂项菜肴。元代王祯《农书》云：“葵为百菜之主，备四时之馔，本丰而耐旱，味甘而无毒，供食之余可为菹腊（咸干菜），枯枿之遗可为榜簇，子若根则能疗疾。”有人认为，就是民间俗称的冬苋（xiàn）菜或滑菜，不一定正确，书此仅做参考。

《礼记·内则》所记调味的作料有葱、芥、韭、蓼、薤、蓛等。酸、苦、甘、辛、咸，基本上是五味齐全。

这里说说辣味。西周时期还没有辣椒，辣椒原产于墨西哥，明代才传入中国。那时食用的辣味主要来自姜、芥、茱萸等。茱萸的辣和姜的辣不同，茱萸是单纯的辣，姜的味道更偏重辛辣的“辛”。芥与姜、茱萸又不同，吃起来呛鼻子，很少有人能接受，所以有学者认为，芥在西周时期并没有普及。

《仪礼·公食大夫礼》还提到铏芼（xíng máo），是盛放于铏器中的肉羹中所用之配菜，不包括昌、韭之类，即所谓“牛藿、羊苦、豕薇”，夏天还要加上堇葵，冬天加上荁菜。还有牛、羊、豕“三牲用藙”。藙，“煎茱萸也”。这些都是带苦辛辣味的蔬菜。

西周时期也有了糖，不过，那时尚无蔗糖，人们是用麦芽糖来制作甜料的——“周原膴膴，堇荼如饴”（《诗经·大雅·绵》），足见麦芽糖是他们的日常副食品。

远古时期的先人用餐是谈不上作料的，甚至连人类必需的盐都少之又少，所以才有“大羹不和”（《礼记·礼器》）这一说，意思是祭祀大典的肉汤不放盐。到夏商周三代，人们的饭食才逐渐讲究起来，日常羹加上了多种调味品。《尚书·说命下》记载：“若作和羹，尔惟盐梅。”意思是说，在做肉汤、菜汤时需要咸的盐和酸的梅作为调味品。

《左传·昭公二十年》记录了齐国上大夫晏子对齐景公说的关于“和”的一段话，其中也谈到了梅是调味品。

景公问：“和与同不一样吗？”晏子回答说：“不一样。和就像肉

▶（日）细井徇《诗经名物图》里的梅

汁汤一样，用水、火、醋、肉酱、盐、梅来烹制鱼肉，用柴火来烧煮。厨师调和滋味，味道不足的就再添一些，味道太浓了就冲淡一些。君子吃了这些，可以平和他的内心。”

文献所述蔬菜和调味品都是作为配料使用的，也许主要是叙述天子和诸侯食单的缘故，不见蔬菜作为单独一道菜上席的情况。

西周的园圃业不是很发达，当时人们食用的大部分蔬菜都是从野外采摘而来。这一点《礼记·月令》说得很明白。仲冬之月，“山林薮泽，有能取蔬食、田猎禽兽者，野虞教道之”。“野虞”，是古代掌管山林薮泽的官。这句话意思是说，仲冬时节，农夫有能在山林水泽中采取榛、栗、菱、芡和捕猎禽兽的，主管山泽的官吏要教导并鼓励他们。

《诗经》中的诗篇很少记述在园圃里摘菜的情形，大都反映的是青年男女在野外采摘野菜的场景，充满了诗情画意。如读者们颇为熟悉的《周南·关雎》，这是《诗经》中的第一首诗，写的就是一男子思念心上人，夜不能寐而想象这个漂亮的女子在河边采荇菜的情景。

《周南·卷耳》写的则是一位少女采摘卷耳时思念心上人的情景，因为想得入神，半天采不满一小筐，甚至把菜筐都忘记在大路旁：“采采卷耳，不盈顷筐。嗟我怀人，置彼周行。”卷耳是一种嫩时可吃的野生植物。

《召南·草虫》写一个女子在山上采蕨菜，因思念丈夫而无心采摘的情景。见不到丈夫，心中忧愁、悲伤而又焦躁，如果能够见着，那该是多么高兴的事情：

陟彼南山，言采其蕨。未见君子，忧心惙（chuò）惙。亦既见止，亦既觏（gòu）止，我心则说。

陟彼南山，言采其薇。未见君子，我心伤悲。亦既见止，亦既觏止，我心则夷。

蕨也是我们现在常能吃到的一种植物。嫩叶可食，称蕨菜。其根状茎提取的淀粉称蕨粉。

除此以外，像《召南·采蘩》《小雅·采薇》《小雅·采芑》《鄘风·桑中》《唐风·采苓》等诗篇，都是写少女或妇女们在外采摘野菜的场景，说明在西周至春秋时期，到野外从事采集活动，是妇女们的日常工作。

西周时期，水果也已经成为人们日常生活中不可缺少的一部分，现在所见水果，除了后来传自异域的，当时大都出现了，如桃、李、梅、梨、枣、桑葚、苌楚（即羊桃，野生，开紫红花，实如小桃）、木瓜……《诗经》频繁提及当时的水果，粗略统计在60处以上，其中一些诗篇就是直接以果名作为篇名的，如《园有桃》、《木瓜》、《桃夭》、《甘棠》、《杕（dì）杜》（杜即杜梨）、《桑中》、《摽（biāo）有梅》、《隰有苌楚》等。另外，《礼记·内则》《周礼·笾人》等也记录有不少水果名称，如芝、栭（ér）、菱、枣、柿、瓜、桃、李、梅、杏、楂、梨、芡等。

水果在西周人的生活中，不仅用于生吃，有些还被用作调味品和祭祀品。前者如梅，后者有枣、栗、桃、干梅："馈食之笾，其实枣、栗、桃、干藤、榛实。"（《周礼·天官冢宰·笾人》）"笾"，古代祭祀或宴会时用来盛果实、干肉的竹器。"馈食"，是指祭祀时供奉先祖神灵用的浆果、鲜果、干果、果脯。不过，水果作为祭品，一般出现在庶民生活当中，贵族偶尔用之，且多是作为助祭品出现，主要祭品还是肉食。

从古籍记载和考古发现看，西周水果大多采自野外山泽。但也有一些例外，如桑果，可能就有种植，而且是大规模种植。从《诗经》看，桑树是从西周到春秋时期黄河中下游地区种植最为广泛的树木，它还有一个重要作用是养蚕。《诗经》中就有 20 多首诗是描写桑树的。从内容来看，桑树种植还是成片成林，颇有规模。如《鄘风 · 桑中》："期我乎桑中，要我乎上宫。"约我来到桑林中，邀我欢会祠庙上。男女在桑林中约会，为的是躲避人，说明这片桑林面积不会太小。

《魏风 · 十亩之间》写一对情人在桑林中约会，展现的桑林面积十分广阔。十亩之间的桑田里采桑的人很多，十亩之外的邻近桑田采桑的人同样很多，约会很是不便，得赶紧走：

> 十亩之间兮，桑者闲闲兮，行与子还兮！
> 十亩之外兮，桑者泄泄兮，行与子逝兮！

◀（日）细井徇《诗经名物图》里的李

《郑风・将仲子》是一首爱情诗，诗中写道："将仲子兮，无逾我墙，无折我树桑。"这显然在告诉读者，当时的人们已在房前屋后的院子里种植了桑树，意味着当时种桑是一种普遍的社会行为。

《鄘风・定之方中》写卫文公在遭狄人侵略之后，迁居楚丘，建城筑宫，劝农课桑的情景。他望了楚丘又望堂邑，把周围的山陵和高冈都测量了一遍，然后走下田地去察看农桑的情况："降观于桑，卜云其吉，终然允臧。……星言夙驾，说于桑田。"卫文公亲自选择种桑之地并督促农夫种桑，虽然说的是春秋时期的事情，但国君如此重视种桑，应该是沿袭了西周以来的传统。

其实早在先周时期，周人先祖就已经开始培植水果了，《诗经》中有些诗篇就描写了后稷时代周人先祖种瓜的场景，如《大雅・生民》："艺之荏菽，荏菽旆（pèi）旆，禾役穟（suì）穟，麻麦幪（méng）幪，瓜瓞（dié）唪（běng）唪。"大豆茂盛，谷穗弯垂，麻麦茂密，大瓜、小瓜连绵不断。

《大雅・绵》也有类似的描写："绵绵瓜瓞，民之初生，自土沮漆。"诗的本意是用瓜蔓蔓延不断来比喻周人的繁荣昌盛，但在无意之中给我们传递出了后稷时期周人先祖就已经开始种瓜的信息。

不过，从总体上来说，周人的果蔬产品大都还是来自野外的采集，迄今为止，考古学家和植物学家也只能根据考古发现，列出十余种古人食用的果蔬。[6]

光听听都令人垂涎三尺

美食是与人们对食材的认识、处理以及烹饪技术联系在一起的。西周时期，人们对于食物的禁忌有了一定的认识，积累了许多经验，当然，其中也不乏主观臆断的成分。

《礼记·内则》就谈到了一些食物禁忌，规定了一些不能食用的东西，譬如不食幼鳖，不吃狗肾，不吃狸正脊，不吃兔屁股，不吃狐头，不吃鱼肠，不吃狼的肠子，不吃鳖的肛门，因为这些部位的肉都对人体有害。

《礼记·内则》还记载，夜里经常鸣叫的牛，它的肉一定恶臭；毛稀少且有的毛纠结在一起的羊，它的肉一定膻味重；大腿内侧无毛且走动急躁的狗，它的肉一定有臊味；羽毛暗淡无色且叫声沙哑的鸟，它的肉一定会有腐朽的臭味；眼老是向着远处看而且上下睫毛相交的猪，它的肉一定腥味重；脊背呈黑色且前腿有杂毛的马，它的肉会臭。此外，尾巴不足一手握长的小鸟，鹅尾，天鹅和猫头鹰的胁侧薄肉，以及鸭尾、鸡肝、鹅肾、鹿胃、鸭的脾脏和小肠，都对人体有害，不能吃。

西周人比较讲究食材搭配，《周礼·天官冢宰》云：“凡会膳食之宜，牛宜稌，羊宜黍，豕宜稷，犬宜粱，雁宜麦，鱼宜苽。”就是说，食用稻米时最好配以牛肉，食用黍米时配以羊肉，食用粟米时配以猪肉，食用粱一类谷物时配以狗肉，食用麦子时配以雁肉，食用菰米时配以鱼肉。为什么要做如此搭配呢？主要是从口味上说的，譬如“牛宜稌”，牛肉气味甘平，稻米味苦而温，二者相辅相成，配食就最宜于人。周人将六谷与禽畜野物对应配伍，是饮食上的经验之谈，有一定的医学道理。

周人对饭菜的温吃、热吃、烫吃和凉吃也有独到的看法，所谓“凡食齐视春时，羹齐视夏时，酱齐视秋时，饮齐视冬时”（《礼记·内则》），意思是说，饭菜要温热时才宜食用，就像温和的春天；羹汤要热烫时才宜品尝，犹如炎炎夏日；酱菜适合凉吃，好似秋风般清爽；饮料适宜冷饮，如寒冬一般凉爽。

除此以外，周人还对烹饪中使用的调味品制定了一些配伍法则，如在做脍肉时，规定在春季使用葱，在秋季使用芥；烹制猪肉、羊肉和牛肉时，用茱萸来散去肉中的毒素，并用酱调味。对于野兽类食材，一般使用梅果来调和，而烹制雉禽肉，要用香草而不使用芹菜调味。

这些饮食生活知识，都是贵族的厨师们不断探索的结果，表明当时贵族的饮食已经建立在相对科学的基础上。至于很多时候都吃不饱肚子的庶民百姓，是无法讲究，也讲究不起的。

西周人的烹饪方式可分为煮、蒸、炰（páo）、燔（fán）、脍、羹、酱、脯、腊等几种。

西周人的蒸很有特点，《诗经·小雅·楚茨》记载的当时的献祭情景是，准备祭品的人们庄严地走过去，将那些宰杀了的牛羊涮洗干净，然后拿去祭祀天地和祖先。有人宰割，有人烹煮，有人分盛，还有人捧献："济济跄跄，絜尔牛羊，以往烝尝，或剥或亨，或肆或将。"

蒸食之所以能够成为古人献祭所用的最主要的祭品形式，与"大羹不和"是一个道理，是为了得其原汁原味，香气浓郁，淡而不腻。

炰，是指用泥包裹食物再放入火中烧熟，类似于后世叫花鸡的做法。

燔，是指将带毛的肉直接用火烧熟。

脍，是指将鱼肉碎切生吃，类似于我们今天生鱼片的吃法。

炙，是指将肉块贯穿于木棍或其他材料之上，架在火上烤熟，有点像我们今天的烤羊排、烤羊肉串。

羹，是指用肉或菜调和五味做成的带汤食物。

脯，是指只加盐不加其他调料晒干而成的肉干或肉片。

腊，是指将捕获的野兽去毛，经火烘烤后再晒干的肉。

《尔雅注疏》记载，周代烹制肉食有殽（yáo）、胾、醢、臡（ní）四种切割方式。殽是带骨的肉，胾是大块的肉，醢是剁碎的肉，臡是杂有碎骨的肉。《礼记·内则》则将切得较细的荤腥类肉叫脍，将切得较粗的叫轩。麋肉、鹿肉、鱼肉切得较粗，叫菹；麋肉切得较细，叫辟鸡；野猪肉切得较粗，叫轩；兔肉切得较细，叫宛脾。不管粗切细切，都要把葱和薤切碎，和肉拌在一起浸到醋里，使肉变软。

薤又名藠头，原产江南。据《本草纲目》等记载，藠头的鳞茎为高级蔬菜。味辣、苦，质脆嫩。藠头具有通阳散结、行气导滞、止血安胎的功效，而且能促食欲、助消化、解油腻，舒经益气、通神安魂、散瘀止痛。民间有“餐前饭后食藠头，不打郎中门前过”的谚语，说明了藠头药食同源的特性。

有了花样繁多的食材和调味品，掌握了众多高超的烹调技术，自然就会出现相应的美食了。西周的美食种类繁多，王公贵族平常吃的每一道菜，都可以说是令人馋涎欲滴的精美食品。我们以周天子的日常食谱为例予以说明。

《礼记・内则》记载，国君日常的午餐和晚餐（燕食）的饭谱是：蚌蛤酱、雕胡米与野鸡羹相配，麦饭、肉羹与鸡羹相配，大米饭、犬羹与兔羹相配。上述诸羹都要加入用作料和米屑调制的汤，但不加蓼（liǎo）菜。在煮小猪的时候，用苦菜把它包起来，去其腥味，在猪腹里塞些蓼菜。在煮鸡时，加入酿酱，再在鸡腹中塞入蓼菜。在煮鱼时，要加入鱼子酱，在鱼腹中塞入蓼菜。在煮鳖时，要加入酿酱，在鳖腹中也要塞入蓼菜。吃肉干时，配以蚁酱。吃肉羹时，配以兔肉酱。吃麋肉切片时，配以鱼肉酱。吃鱼切片时，配以芥子酱。吃生麋肉时，配以酿酱。吃桃干、梅干时，配以大盐。

这些美食光听听都会让人垂涎三尺，但这还不是最好的。《周礼・天官冢宰》记有“珍用八物”“八珍之齐”，遗憾的是没有记下具体的名称。所幸《礼记・内则》补上了这一笔，不但“八珍”各有名称，而且各有详细的烹调方法。这“八珍”分别是淳熬、淳毋、炮珍、捣珍、渍珍、为熬、糁珍和肝膋（liáo）。

淳熬，换成现在的说法就是肉酱油浇饭，具体做法是将肉酱煎熬好以后，加在黄米或小米饭上，然后再浇上油脂就大功告成了。

> 煎醢，加于陆稻上，沃之以膏，曰淳熬。

▲ 南宋马和之《豳风·七月图》之宴饮场景

淳毋，其实就是肉酱油浇黄米饭。其做法类似淳熬，只不过是用黍米粉作饼，把煎过的肉酱摊在饼上，再浇上油而已。

煎醢，加于黍食上，沃之以膏，曰淳毋。

炮珍包括炮豚和炮牂（zāng）两种。炮豚，通俗一点的说法就是把乳猪煨、烤、炸、炖；炮牂，则是对母羊进行煨、烤、炸、炖。这二者可以合起来谈。所谓炮就是先将小猪或母羊宰杀后掏净内脏，把枣子塞进腹腔内，用芦苇编成的箔把它裹起来，外面再涂上一层掺有草秸的泥巴，然后放在火上烤。等到把泥巴烤干，将泥巴剥掉，洗手后，把皮肉表面上的一层薄膜搓掉。之后再取来稻米粉，加水拌成稀粥，敷在小猪或母羊身上，然后放到小鼎中用油来煎，小鼎中的油一定要淹过小猪。再用大鼎烧开水，将盛有小猪或母羊的小鼎置于大鼎内，注意不要让水面超过小鼎的高度，以免小鼎进水。这样连续加热，三天三夜不停火，将肉取出时就非常烂，吃的时候再用醋和肉酱加以调味。

取豚若将，刲（kuī）之刳（kū）之，实枣于其腹中，编萑（huán）以苴之，涂之以谨涂，炮之，涂皆干，擘之，濯手以摩之，去其皽（zhāo），为稻、粉、糔溲（sǒu）之以为酏（yǐ），以付豚。煎诸膏，膏必灭之，钜镬汤，以小鼎芗脯于其中，使其汤毋灭鼎，三日三夜毋绝火，而后调之以醯醢（xī hǎi）。

捣珍，实际上就是烧里脊，但仅以牛、羊、麋、鹿、麇五种动物的里脊为限。具体做法是，以这五种兽肉中嫩美的里脊部分作原料，各取同样一份，将它们搅拌在一起，反复捶打，去掉筋腱。煮熟以后出锅，去掉肉膜，吃时再用醋和肉酱调味就行了。

取牛、羊、麋、鹿、麇之肉，必胨，每物与牛若一，捶，反侧之，去其饵，孰，出之，去其皽，柔其肉。

渍珍，通俗点说就是酒糖牛羊肉。具体做法是，以新鲜牛肉作原料，切成非常薄的薄片。切时必须切断肉的纹理，然后浸泡到美酒中，过上 12 天就成了。吃的时候再用醋、肉酱、梅浆予以调味。

取牛肉必新杀者，薄切之，必绝其理；湛诸美酒，期朝而食之以醢若醯（xī）、醷（yì）。

为熬，类似我们现在的五香牛肉干。具体做法是，先把牛肉捶捣捶捣，去掉薄膜和筋腱，然后取来编好的芦箔，把牛肉摊在上面，撒上桂屑、姜末和盐，然后用火烘干烤熟，就可以吃了。用羊肉或麋、鹿、獐肉也可以制熬，方法与用牛肉制熬一样。如果不喜欢吃干肉，也可以用水泡软，以肉酱煎着吃；如果喜欢吃干肉，那么捶捣一下就可以吃了。

> 捶之，去其皾，编萑，布牛肉焉，屑桂与姜以洒诸上而盐之，干而食之。施羊亦如之，施麋、施鹿、施麇皆如牛羊。欲濡肉则释而煎之以醢，欲干肉则捶而食之。

糁珍，类似我们现在吃的肉米炸糕。具体做法是，取牛、羊、猪肉各一等份，切碎，与稻米粉揉拌到一起，米粉与肉的比例是2∶1，捏成糕的模样，用油来炸，出锅就成了。

> 取牛羊豕之肉，三如一小切之，与稻米；稻米二肉一，合以为饵煎之。

肝膋，实际上就是油烤狗肝。具体做法是，取一副狗肝，用狗的肠脂把肝包起来，再用肉酱拌和后，放在火上烤，等到脂肪烤焦，肝也就熟了，吃时不拌蓼菜。

> 取狗肝一，幪之，以其膋濡炙之，举燋，其膋不蓼。

西周人虽然可以烹调出众多的美食，但在烹调方式和美食花样上，仍无法与今天相提并论，后世常用的爆炒之法在西周就没有出现。

宜言饮酒，与子偕老

西周时期的饮料品种不是很丰富，《周礼·天官冢宰》记载只有六种：“凡王之馈，食用六谷，膳用六牲，饮用六清……”这里“六清”指的就是六种饮料，分别为水、浆、醴、凉、医、酏（yǐ）。如果抛开日常用的水，那其实只有五种，和我们今天是无法相提并论的。

浆，是一种以糟酿制而成的发酵饮品，味酸，也称酢（cù）浆。

醴，是一种用谷物发酵的薄酒，曲少米多，一宿而熟，味稍甜，类似今天南方出产的米酒。

凉，在《礼记·内则》中亦称“滥”，《周礼注疏》说是“寒粥”，以糗饭加水和冰制成的冷饮，类似当今凉粉一类凝结的淀粉，一般在夏天食用。

医，在《礼记·内则》中亦称“醷（yì）”，是煮粥加酒后酿成的饮料，较醴为清。另一说为梅浆。

酏，是比“医”酒精浓度更低一点的饮料。另一说认为是以黍煮成的稀粥。

酒品，根据清浊程度，一般分为五种。最浊的是泛齐，往上依次是醴齐、盎齐、缇齐和沈齐。醴齐，汁滓相对较多，大约相当于今日的酒酿。沈齐是将酒滓全部过滤澄清的清酒，最为高级。

西周还有一种专门用来祭祀的酒叫鬯（chàng），经常会出现在周天子所赐礼品之中，而且往往列在礼单之首，足见它的珍贵了。这在金文中比比皆是，如西周中期青铜器宜侯夨（cè）簋，就记载了周康王册命夨到“宜”地做侯，并赏赐他礼物的情况，其中就有“锡鬯一卣（yǒu）”。

卣，是流行于商周时期的一种盛酒的器具，有扁圆形、圆筒形、方形、圆形和鸟兽形等多种器型。一般是椭圆口，深腹，圈足，有盖和提梁。最早出现在商代，西周形制有所变化，且较为流行，春秋战国时期逐渐消失。

▲ 西周青铜卣

传世文献中，也随处可见有关“卣”的记载。如《诗经·大雅·江汉》：“厘尔圭瓒（zàn），秬鬯一卣，告于文人。”如《尚书·周书·洛诰》：“以秬鬯二卣，曰：‘明禋（yīn），拜手稽首休享。’”再如《左传·僖公二十八年》：“秬鬯一卣，虎贲三百人。”这里“秬鬯”实际上就是鬯。

秬是黑黍，鬯是香料，秬鬯合成一个词就是指加上香料的黑黍祭酒：“以秬酿郁草，芬芳攸服，以降神也。”（《说文》）

西周初期，周公曾经发布禁酒令，但主要针对贵族序列的国家工作人员，对于祭祀用酒和庶民百姓，并没有特别地予以禁止，这在

《诗经》中可略窥一斑。据统计，《诗经》中直接写到酒的诗有35篇，间接写到酒或酒器的还有20余篇。其中列举的各种酒类名称有近10种，除了上述种类外，还有"冻醪""旨酒""清酒""丽酒"等。涉及的酒器，既有盛酒的器具尊、壶、觥（gōng）、卣、缶、瓶，还有舀酒的器具斗、匏、瓒和饮酒的器具爵、觚等，另外，还有温酒的器具斝、罍等。这些酒具的具体形制、性能，我们在后文中有专门介绍，这里暂时略过。

《诗经》中写酒的篇章涉及君臣欢愉、宗庙祭祀、男女婚恋、家庭亲情、朋友往来等，几乎囊括了当时日常生活的各个方面，可谓包罗万象，丰富多彩。

《郑风·女曰鸡鸣》是一首极富浪漫情趣的对话体诗，展现了西周时期一对夫妻和睦的家庭生活场景，透着浓浓的温馨和爱意。诗中男子留恋床第不肯早起，女子用打猎归来后的美好生活劝自己的丈夫。女说公鸡都打鸣了，男说天还黑着呢。女说，你快起来看天空，启明星儿都亮了，鸟儿正在空中飞翔。射些鸭雁拿回来，我做给你尝尝。把鸭雁做成菜肴味道香，就着美味咱俩小酌对饮，恩恩爱爱，过个一百年。你弹琴，我鼓瑟，夫妻安好，多好啊。男说，知你对我关怀，对我温柔，对我情真意切，送你一副佩饰，以表达我对你的情，我的爱，我的心。

女曰鸡鸣，士曰昧旦。子兴视夜，明星有烂。将翱将翔，弋凫与雁。

弋言加之，与子宜之。宜言饮酒，与子偕老。琴瑟在御，莫不静好。

> 知子之来之，杂佩以赠之。知子之顺之，杂佩以问之。知子之好之，杂佩以报之。

诗中女子将所有的情意和对未来的期许都寄托在饮食上，二人把盏对饮，情意绵绵。酒不醉人人自醉，醉中含情，情中有醉。

《小雅·大东》是一首针砭时弊的长诗，反映了被统治者东方人对西方统治者周人的愤恨情绪。西周初年平定“三监之乱”后，周王朝封建齐、鲁、滕等姬姓大国，监视东方诸夷小国。距镐京较近的各小国统称小东，较远的统称大东。为加强对这些夷人小国的控制，周王朝特意从镐京到东方修筑了一条战略公路：“辟开修道，五里有郊，十里有井，二十里有舍。”是为“周道”，亦称“周行”(《逸周书·大聚解》)。周道从西方运往东方的是军队和军用物资，而从东方运往西方的却是征敛而来的贡赋财富。

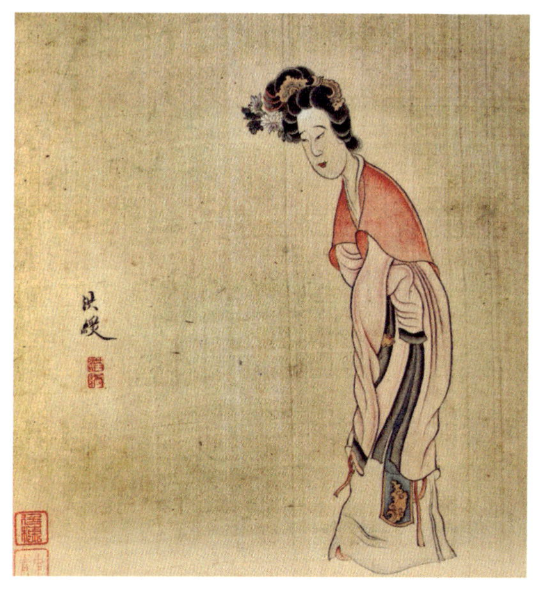

◀ 明代陈洪绶《仕女图》

诗中列举了各种贡赋名物，然而在西部贵族看来都是名不符实。其中，以酒首当其冲。东方国民上贡的是甜酒，西部贵族却认为不是以甜浆制成：“或以其酒，不以其浆。”东方国民以此讥刺西部贵族的盘剥无度，品行低劣。后面又继续讽刺西部贵族德不配位：南部天空箕星虽然在发光，但并不可以把它当作簸箕来把糠秕扬；北部天空斗星虽然发亮，也不可以当作斗子来盛放酒浆——

维南有箕，不可以簸扬。维北有斗，不可以挹酒浆。

酒精中含有麻醉剂，饮酒过量可以麻醉人的神经，使人思接天地，遐想万里，暂时忘却眼前的烦恼。《周南·卷耳》是一首女子怀念身在远方的丈夫的诗，“一种相思，两处闲愁”（李清照《一剪梅·红藕香残玉簟秋》），相思而不得相见，愈发惆怅。诗中虽没有明言饮酒，却是以“金罍（léi）”“兕（sì）觥”等酒器暗示这个独守空闺的女人在惆怅中独自饮酒，试图通过麻醉神经，将自己从相思的忧愁中解脱出来。然而喝完酒，艰难攀登到乱石冈，马儿却累倒在一边，仆人也精疲力竭，无奈愁思又聚上心头：

陟彼砠（jū）矣，我马瘏矣。我仆痡矣，云何吁矣。

本欲借酒醉忘却思念，结果却是“举杯消愁愁更愁”（李白《宣州谢朓楼饯别校书叔云》）。由此可见，西周时期，酒已经是百姓的日常饮品，深入到了他们日常生活的各个方面。

更重要的是，酒的独特品性，让当时的人们将它与人的品行联系了起来。酒的材质有厚薄，味有醇淡，“故礼之于人也，犹酒之有糵（niè）也，君子以厚，小人以薄。（《礼记·礼运》）”糵是酿酒的原料，其厚则酒醇味浓，其薄则酒醨味淡。这里以蘖的厚薄来比喻君子和小人：君子知书达理，文质彬彬，如同蘖厚醇酒，其味悠远；小人愚昧无礼，粗鲁轻浮，如同蘖薄淡酒，寡而无味。

不过，这也只是当时一部分人的认知，《礼记·表记》则从另一个角度用水和酒来比喻君子和小人："君子之接如水，小人之接如醴。"与庄子所言"君子之交淡若水，小人之交甘若醴"（《庄子·山木》）一脉相承。醴，酒精含量低，味甜。这句话的意思是说，君子的交情淡薄得像水一样，小人的交情甘美得像甜酒一样。那些虚与委蛇、怀揣目的人与你交往，是因为你有利用价值。他们奉承你，讨好你，他们的美言不绝于耳，让你感觉如饮醴酒，陶醉其中，而你一旦遭难，他们便会袖手旁观，弃你而去。但真正的朋友交往是不含任何目的的，全然为对方的心灵所吸引，至性相交，干净若水。

总之，西周人的饮品主要还是酒，它几乎涉及了周人日常生活的各个方面。不能想象没有了酒的西周人，生活会呆板无趣到什么程度。

官员不能随便饮酒（一）

商纣亡国的原因很多，其中一个很重要的原因是酗酒。《尚书·商书》记载，商纣放纵酒乐，疏于政事，臣工百姓上行下效。整个商王朝，从上至下充斥着嗜酒成风的不良习气，以至于怨声载道，民心背离。这可能与商人敬畏神明，过于注重祭祀有一定关系。对商人而言，祭祀是非常重要且常见的仪式。祭祀仪式完成，参加祭祀的人员都能分享到一部分祭食祭酒，酒后飘然的幻觉又让他们错以为可以与神灵、祖先进行沟通，久而久之就形成了嗜酒的风气。

西周建立，周人“敬鬼神而远之”（《论语·雍也》），周武王虽然认识到酗酒对治国理政的害处，但尚未来得及采取措施，即病倒在床，不久便驾鹤西归。周公东征后，实施新的封建制度，封小弟康叔为卫君，驻守殷墟一带，去管理那里的殷商遗民。他告诫康叔，商朝灭亡是由于纣王酗酒淫乱从而导致朝纲不振，民心背离，诸侯举义。他要求康叔就任卫君后务必爱民，去拜访当地的贤人长者，向他们讨教商朝兴衰的原因。

周公将上述嘱咐，写成《康诰》《酒诰》《梓材》三篇令文，作为治国理政的法则送给康叔。其中，《酒诰》就是后世俗称的禁酒令，是周公命令康叔在卫国宣布戒酒的告诫之辞。周公深知殷鉴不远，担心新建立的周王朝重蹈殷商亡国覆辙，所以发布禁酒的法令，让康叔在卫国率先实施。这是目前所知中国历史上第一篇由政府颁布实施的禁酒令。

《酒诰》原文不长，不到300字，翻译成现代文，大致意思如下：

> 我们的王说，要在卫国所在的殷商故土宣布一项重大命令。尊敬的先父文王，在西方创建了我们的国家。他从早到晚告诫诸侯国君和各级官员，只有在大祭时才能饮酒。上天降下惩罚，是因为你们殷商的臣民犯上作乱，丧失了道德，而溯其根源就是由于无节制地酗酒。那些大大小小的诸侯国的灭亡，也无一不是饮酒过度导致的恶果。
>
> 文王曾经告诫担任大小官职的子孙，不要经常饮酒；还告诫在诸侯国任职的子孙，只有祭祀时才可以饮酒。需用道德约束自己，不要喝醉。文王还告诫我们的臣民，须教导子孙爱惜粮食，使他们的心地向善。要好好听取祖先留下的这些训诫，光大发扬你们的大小美德。
>
> 殷民们，你们留在故土，要用你们自己的手脚，专心致志地种好庄稼，勤勤恳恳地侍奉你们的父兄；中央王朝鼓励你们牵牛赶车，到外地去从事商贩活动，孝敬和赡养你们的父母。父母看到你们勤劳有获一定很高兴，他们会自己动手准备丰盛的饭菜犒劳你们，这个时候你们可以饮酒。
>
> 庶士、有正、庶伯、君子，各级官员们，希望你们经常听从我的教导！只要你们能向老人和国君进献酒食，就可以酒足饭饱；

只要你们能经常反省自己，使自己的言行举止合乎道德礼仪，就可以参与国君举行的祭祀大典。如果你们能克制自己不去饮酒作乐，就可以长期做君王的治事官员。这也是上天赞美的大德，王永远不会忘记你们是王的臣属部下。

从中可以看出，周公发布的禁酒令，并不是无论什么场合，无论什么时间，也无论什么人都统统禁止饮酒，而是因地而异，因时而异，因人而异。酒依然是许多重要礼仪场合的必需品，如祭祀、宴飨以及下葬等大型礼仪活动。《酒诰》将宽厚待民、严格治吏与尊重民俗结合起来，展现了周公高瞻远瞩的治国理政思想和智慧韬略，被视为上古政学的经典之一。

从考古发现来看，西周早期祭祀或随葬的青铜酒器种类相比于商代变化不大，但数量明显增多，只是到中期开始才逐渐减少。像尊、觥、方彝、罍、壶、卣、爵、觚、觯等青铜酒器在商代时就已经开始使用，到西周中期开始逐渐消失，到西周晚期和春秋时基本不见了踪影。

这些酒器中，尊、觥、方彝、罍、壶、卣都属于盛酒器，爵、觚、觯都属于饮酒器。尊和爵、觚、觯等在后文中有详细的介绍，这里先对觥、方彝、罍、壶、卣等盛酒器做个简单说明。

觥，又称觵（gōng），腹部呈椭圆形，上有提梁，底有圈足，兽头形盖，一般附有小勺。也有整个酒器呈兽形的。《说文》云："觵，兕牛角可以饮者也。"意为觥是用牛角制成的盛酒器。宋代欧阳修在《醉翁亭记》中说："觥筹交错，起坐而喧哗者，众宾欢也。""筹"是行酒令的筹码。酒杯和酒筹杂乱地放在一起，说明聚会喝酒的人很多，场面很热闹。

方彝，因其器身为长方体形，故有此名。带盖，直口，直腹（也有少数为曲腹状），圈足。器盖上小底大，呈斜坡式屋顶形，商代方彝的圈足有缺口，西周早期不多见。

▲ 西周青铜觥

▲ 西周青铜方彝

罍，小口，广肩，深腹，圈足，有盖。《礼记·明堂位》记载，罍始为夏人所用之酒尊，因其壁面铸有山云纹饰，犹如云雷，故称罍。

壶，一种大肚盛酒器，上为盖，下为底座，中为腹，有的带耳。壶口略侈，与腹部上下交映，形成一条流动的曲线。壶在甲骨文中，字形像现在的酒壶形状。有学者从形、音、义几方面考察后认为，壶系仿葫芦而制成。

▲ 西周青铜罍

▲ 西周青铜壶

卣在前文《宜言饮酒，与子偕老》中已有介绍，这里不再重复。

官员不能随便饮酒（二）

考古人员曾经在陕西宝鸡石鼓山西周墓地发掘早期贵族墓葬4座：1号墓出土有尊、罍、卣三种青铜酒礼器；2号墓规模较小，不见有青铜酒礼器随葬；3号墓出土有尊、卣、彝、壶、罍、爵、觯7种青铜酒礼器；4号墓出土有尊、罍、壶等四种青铜酒礼器。山西曲沃北赵晋侯墓地113号确定是晋侯燮父夫人的墓葬，随葬有尊、卣两种青铜酒礼器；处在同一地域的曲村墓地发现的高等级贵族墓，大多随葬的是尊、卣、爵、觯这四种酒礼器，有些偶有觚、壶随葬现象。[7]

这些青铜酒礼器都沿袭了商代同类酒器的形制，甚至部分纹饰都一样，显得较为庄重，不过，相较于商代的华丽高贵，西周早期更朴素一些。另外还有一点不同，就是铭文字数明显增多，祭祀意义更为明了。这些酒礼器的发现说明，西周早期颁布的禁酒令只禁贵族日常饮酒，不禁祭祀用酒，同时也意味着西周建国以后，继续沿用了商代以来的酒礼器组合传统，即便在禁酒令颁布以后，也不是一下就消失了，而是延续了一段时间。这也符合历史发展的规律，因为随葬礼器代表着当时人们的精神信仰，而信仰这玩意不是一下子就能够转变过来的。

不过，二者也有明显的不同。商代最重要的青铜酒器为爵和觚的组合，西周早期这一组合虽然继续存在，但尊和卣又组成了一对新的组合。还有就是，商代酒器组合中原来作为辅助礼器的壶、觯、罍等青铜酒器，开始逐渐占据主导地位，成为重要的随葬礼器。

▲ 西周尊、卣组成了一对新的组合

总体而言，西周对殷商青铜器的继承主要表现在技术制造层面，而在酒器的大小方面却出现了明显的变化——大中型酒器明显减少，小型酒器开始增多，暗示周公颁布禁酒令，是对商代酒文化的一种扬弃，既有批判也有继承，其目的是建设服务于周王朝封建礼乐文明的酒文化。

能够反映西周早期周公颁布禁酒令史实的出土文物，最主要的还是青铜器酒禁。这是周代贵族使用的一种礼器，名禁，因为是青铜所制，又称为铜禁。《仪礼·士冠礼》注云：“名之为禁者，因为酒戒也。”酒禁整体为扁平长方体，饰夔（kuí）纹，上面有几个粗孔，用来放置酒器，实际上就是古人祭祀和宴飨时用来盛放酒器的几案，与我们今天使用的煤气灶“长相”差不多。

周公颁布禁酒令后，贵族为响应这一号召，在祭祀或饮酒时，将酒装入彝、卣、尊、壶等酒器内，再将它们置于禁面，意思是告诉大家，今天最多就只能喝这么多酒了，提醒自己和列席之人饮酒不要超量。

《礼记·礼器》说，周天子和诸侯不用“禁”，大夫和士用禁，士以下用尊：“天子诸侯之尊废禁，大夫、士棜（yù）禁，此以下为贵也。”“棜”是祭祀时放置肉食、馔或酒樽的长方形木盘，无足，在这里也是指禁，郑玄注：“棜，斯禁也。”大夫一级用这种“禁”，而士一级用的才是我们说的禁。

铜禁不见于商代，西周早期才开始出现，目前发现仅五件，其中有三件的铸造、使用年代都在西周早期。另外两件，一件是出土于河南淅川下寺二号墓的云纹铜禁，具体年代说法不一，一般认为是在西周中晚期；另一件是出土于湖北随县曾侯乙墓的铜联禁对壶，属于战国时期。[8]

西周早期三件铜禁，均出土于西周王畿所在的宝鸡地区。

一为柉（fán）禁，又称夔蝉纹禁，系宝鸡戴家湾一农民于1901年（清光绪二十七年）在当地斗鸡台挖出，先是由清末大臣、金石学家端方收藏，后流落美国，被美国纽约大都会艺术博物馆收藏。禁身为一长方形台座，长87.6厘米，宽46厘米，高18.7厘米。前后各有八个长孔，左右还各有两个长孔。禁面尚存有放置尊、卣等酒器的痕迹。器腹四旁装饰有夔龙纹及蝉纹。这套青铜器共13件，是目前所见铜禁和酒器一起出土且保存最为完整的一套酒禁铜器。端方在1908年编撰成《陶斋吉金录》，收录了这套器组，首次定名为“柉禁”，至于为什么如此命名，他并未给出理由。有学者推测，可能与东汉《礼器碑》中“笾柉禁壶”的记载有关。但“柉”原为树名，在《礼器碑》中借指杯或碗类容器，将青铜禁命名为“柉禁”并不十分恰当。我猜测，端方在此是借用了礼容器故名和“饭”之同音来表达酒禁的含义：“柉禁”者，饭禁也，饭之禁酒也。

二为夔龙纹禁，现藏在天津博物馆。1925 年，陕西军阀党玉琨指挥军队和民工在宝鸡斗鸡台戴家沟盗掘古墓，挖出大批珍贵文物，这件西周夔纹铜禁就是其中之一。党玉琨死后，这件铜禁落入时任陕西省主席的宋哲元手中，后来又几经折腾，来回倒手，直到 1968 年，天津市文物管理处人员才在宋氏亲属家中发现了这件铜禁，可惜已被砸成了几十块。后经修复，才成为今天我们看到的这个样子：长 126 厘米，宽 46.6 厘米，高 23 厘米。禁面上有三个突起的椭圆形子口，中间放置的是卣，右边放置的是觥，左边所放器物残缺，估计是一椭圆形圈足器物。器物前后两面各设有两排一共 16 个长方形孔，左右两面各设有两排共 4 个长方形孔。禁面四周和四个侧面均修饰夔龙纹。

▲ 夔龙纹禁（修复后）

三为龙纹禁，为陕西省文物部门于 2012 年 6 月在宝鸡市石鼓山 3 号墓出土。长 94.6 厘米，宽 45 厘米，高 20.5 厘米。禁上还放有彝 1 件、卣 2 件、斗 1 件，组合非常完整。这是目前唯一一件经过正式考古发掘出土的铜禁。[9]

▲ 石鼓山龙纹禁出土情形[10]

三件铜禁形制相似，细部略有不同。前两件出土的渭河北岸戴家湾，与后面这件出土的渭河南岸的石鼓山，是南北大致对应的两处西周贵族墓地，其中石鼓山3号墓所在墓区是周王朝最重要的异姓姻亲诸侯国姜戎族墓葬所在地。从时间和地点上来观察，应该是西周贵族响应周公禁酒规定的践行实物。

席地而坐，手抓而食

周代，人们吃饭一般是一日两餐，早饭称“饔（yōng）”，晚饭称“飧（sūn）”。古人把太阳升到东南方的时候称为隅中，吃早饭是在隅中之前，按今天的时间是8点至10点之间，所以“饔”又称为朝食。“飧”作为晚饭，一般是在下午3点至5点吃。《国语·晋语二》记载：“优施出，里克辟奠，不飧而寝。”意思是说，优施离开后，里克撤掉酒席，没有吃晚饭就直接去睡觉了。

周代一日两餐的情况在多种文献中都有提及，《孟子·滕文公上》说：“贤者与民并耕而食，饔飧而治。”朱熹《集注》云：“饔飧，熟食也。朝曰饔，夕曰飧。”意思是贤君应和百姓一起耕作取得食物，并同时吃早餐晚饭，那么天下就可以得到治理了。

一日两餐的习俗后来流传下来，成为古代社会百姓吃饭的常态。至少在唐代时，人们进餐还是遵循了这一习俗，柳宗元在《种树郭橐（tuó）驼传》中说：“吾小人辍飧饔以劳吏者，且不得暇。”意思是说，我们这些百姓即便一天不吃早饭和晚饭去给酷吏干活，也没有闲暇时间。

甚至在20世纪80年代，我上大学那阵，很多大学在周日的时候，都还实行的是一日两餐制，早餐一般是在9点，晚餐是下午4点。大学生一到周日晚上下自习回来，饥饿难耐，就去校园附近的小餐馆，吃碗炒面充饥，有时兴之所至，再炒个鸡蛋或肉片，大快朵颐一番，那也是很美妙的事情了。

周代由于还没有现在的桌椅板凳一类家具，人们就以席地而坐的方式吃饭。席地而坐，现在的意思是就地坐下，但其原始含义可不是这样。席是指地上铺放的席子，席地而坐是指人们就地铺张席子坐下来。出现这种情况，除了没有桌椅板凳这个因素外，可能还与当时人们居住的房屋矮小狭窄有关。因为室内空间狭小，人们只能席地而坐进餐。

当时从天子到王公贵族，再到庶民百姓，都是席地而餐，所以席的使用得以广泛普及，但各个阶层所用席的质量却有很大不同。庶民之家一般用的是最简陋的苇席、竹席等，贵族之家除了用苇席、竹席外，多用更高级的兰席（兰草制作的席子）、桂席、苏熏席等。王公之家最为豪华，普遍用的是昂贵无比的象牙席，其工艺制作水平达到了十分高超的地步。

周代用席一般是两重，上面的一重叫席，下面的一层称筵。筵的大小等同于室内建筑面积，具体用料和制作工艺都略次于席。席比筵的质料更为细密，做工也更为精致一些。饭做好后，将饭菜盛入小鼎、豆、簋等食器内，再端到席子中间，人们就可以席地开吃了。由于小鼎、豆、簋都有相应高度的底座，人们席地而食会觉得很舒适。

这种席地而食的吃饭方式，在我国北方的一些农村，直至今天都还十分流行。当然，现在人们席地而食，已经没有了鼎、豆、簋这一类高雅的食具，多是在炕头铺一块油布，或放一张大案板，把碗盆碟筷往上一放而已。

中国人凡有重要的大事都要操办酒宴，遍请亲朋好友予以庆贺，千百年来，人们一直都将这种酒宴叫作“筵席”或“宴席”，将参加酒宴吃饭称为“坐席”。可见当年这一饮食文化流传之久、影响之大。

西周人除了坐席吃饭外，平时睡觉也是在席子上。不过，铺设席子得讲规矩，譬如席子的四边需与房屋平行，否则就是无礼，所以孔子才说“席不正，不坐”(《论语·乡党》)。

西周人的进餐方式主要有两种，一是用手抓食吃，二是用箸、匙、匕等食具夹食或舀食吃。用手抓食是原始社会的一种孑遗，为了尝试冷热、味道，人们便用食指试探食物，这就是所谓的“啑（dié）盐指”(《证俗文·食指》)。抓食一般用拇指、食指和中指，食指即以用手抓食物而得名。主要流行在民间。

西周贵族讲究礼仪，主要是用箸、匕、勺一类食具吃饭。“箸”就是我们今天用的筷子，早在商代就已经有了象牙箸、铜箸等，《韩非子·喻老》记载：“昔者纣为象箸而箕子怖。”不过，用箸的情况可能仅存在于殷商上层贵族中，到西周才有所普及，但仍局限于贵族，总的来说，利用率不高。一般贵族之家用的应该还是木箸，周人称之为“梜（jiā）”。《礼记·曲礼上》云：“羹之有菜者用梜，其无菜者不用梜。”郑玄注云：“梜犹箸也。今人或谓箸为梜提。”

▲ 西周铜匕（摄影：碎碎念）

“匕”，也称为“匙”“柶”，

是中国古代常用的一种食器，其历史可能比筷子还要早。郑玄注《仪礼·少牢馈食礼》云："匕所以匕黍稷者也。""匕所以别出牲体也。"可见匕兼有后世匙和刀的性能，不仅可以用来舀饭、舀羹、舀肉、舀汤等，还可以帮助食客从牲体上"别出"肉块来。原始的匕是用木片或兽骨刮磨而成，到商周时期才有了青铜匕。从考古发掘情况来看，匙有青铜、木、骨等材质，形状为勺形。

"勺"，就是我们常用的勺子，其中左上角的一撇代表勺把，右侧包围形笔画横折钩代表勺子的边缘，中间的一点为指事符号，代表勺中所舀的东西。一般认为，勺子的前身是匕。陕西省武功县曾经出土了一只周代的铜勺，其形状与我们现在用的勺子几无差异：短圆筒形，旁有半圆形柄，终端是一碗状小型容器。整体素面无饰。

▲ 武功出土的周代铜勺[11]

不过，西周贵族也有用手抓食吃的现象，甚至一直延续到春秋战国时期。《左传·宣公四年》记载了春秋时期一个"食指大动"的故事，很有趣。

楚国人送给郑国国君郑灵公一只大鳖，郑灵公没有独自享用，而是邀请大臣们一起品尝。公子宋是郑国大夫，也在受邀之列。宴会到来之前，公子宋的食指莫名其妙地抖动了一下，他和朋友解释说，这是要吃好东西了。郑灵公听说了这件事觉得好笑，就想戏弄一下公子宋。宴会开始后，郑灵公故意不让下人给公子宋分送食物。公子宋很生气，就径直走到郑灵公席位前，伸出食指在郑灵公食盘中蘸了点汤汁，送进自己嘴里品尝了一下，然后扬长而去。

郑灵公非常生气，认为这是目无君长王上的僭越行为，便要找机会杀了公子宋。公子宋知道后，便带人起兵先杀了郑灵公。可是没过多久，公子宋自己也被人所杀。

后世“染指”一词便源出于此，只是含义已经变得面目全非，变成了分取不该得到的利益的意思，也指插手不该插手的事情。

上堂宴飨礼仪课

西周时期，各种宴飨比较多，有公家性质的，也有私人性质的，统治者因势利导，将“尊尊”封建礼制思想与敬人、正己、讲究卫生的个人修养巧妙植入其中，形成了一种全新的宴飨礼仪文化。这其中包含了很多不平等的因素，对后世2000多年食文化的发展产生了重大影响。

乡饮酒礼就是盛行于西周时期的一种饮食礼仪。“乡”是西周时期王都和诸侯国都下设的行政区划建制名称。《周礼》记载，天子或者诸侯国都及其近郊称“国”，远郊称“野”。周王直属之国下设有六乡，野下设有六遂。一个乡大约为12500户。乡中设有乡学。作为一乡之长的乡大夫在正月大地回春的时候，会设宴招待乡学中的有才有德之人以及本乡德高望重者，这就是乡饮酒礼，一般为三年一次。

西周人举办乡饮酒礼的一个重要目的是弘扬敬人的社会风尚，增进乡人感情，营造乡里祥和的气氛。其中包含有迎请宾客、敬酒、奏乐、旅酬、送宾等若干步骤，每个步骤又包含有繁缛的环节，如迎宾的时候，要有人在学校门（庠门）口外迎接。宾客来后，迎接的人还要经过三揖三让，然后才领他们进入招待宾客的中堂。

举行宴飨时，老人的坐席都是安排在“尊者”的位置，用《礼记·经解》的话说就是：“乡饮酒之礼，所以明长幼之序也”。仅仅让老者坐在“尊者”的位置上还不够，《礼记·乡饮酒义》明确规定：“六十者坐，五十者立侍，以听政役，所以明尊长也。”就是说，60 岁的老人坐着，50 岁的中年人站在旁边侍奉。

周代宴席对列席者的座位有极为严格的要求，具体标准是根据官位爵位的尊卑和年龄的大小来进行安排。中国人今天宴请宾客，具体座次安排情形也大致与周代一致，这是一个很有趣的现象。《诗经·小雅·宾之初筵》云：“宾之初筵，左右秩秩。”宾客入席就座，左右两边都是按长幼顺序来排列的。

席位的尊卑体现在东南西北的方位上，不过，具体情况在天子、官家和民间又有所不同。天子与臣下宴饮时，天子坐北朝南，是为至尊。官家宴饮时，一般则以东向即坐西面东最为尊贵，然后依次为南向、北向、西向。民间又有所不同。如果是南北两席相对，要以坐席的西边为上，东边为下。如果是东西两席相对，则要以坐席的南边为上，北边为下，此正是《礼记·曲礼上》所谓“席南乡（向）、北乡，以西方为上；东乡、西乡，以南方为上”。

为什么要这样安排？因为“席而无上下，则乱于席上也”（《礼记·仲尼燕居》）。坐位一乱，就无法区分尊卑长幼了，进而可能会危害到封建制度本身。

上面仅是宴饮席位安排的大原则，如果具体到宴饮实践中，安排席位可以说是颇需智慧的专业技能了。《清华简·耆夜》记载：

▲ 南宋马远《诗经豳风图卷》局部

> 武王八年，征伐耆，大戡之。还，乃饮至于文太室。毕公高为客，召公保奭为介，周公叔旦为主，辛公甲为位，作册逸为东堂之客，吕尚父命为司正，监饮酒。

这样的席位安排整个就是西周初年武王政府领导班子的集体合影，从中可以看出每个人的具体地位。文中虽然没有提及周武王的坐位，但他是“老大”，坐主位是不言而喻的事情。毕公高地位本在姜太公、周公和召公之下，他高居主“客”（宾）位，成为武王宴请的主要客人，说明他可能是征伐耆国的主要功臣。周公行酒令，说明他是宴饮仪式的主持人，是为“主”。姜太公吕尚监督饮酒，手操“生杀予夺”大权，是为“司正”。召公奭居左右夹持位置，实际上是被指定的主宾陪客，是为“介”。周初“三公”的地位在这场宴席中凸显无遗。

姜太公吕尚去世后，毕公递补跟进，同周公和召公组成了新的“三公”，说明毕公当年高居“客”位为他后面的这次跟进递补奠定了基础。

其他两人，辛公甲为“位”，系安排坐位之人。作册（史官之一）逸为“东堂之客”，是作为一般陪客而在。

乡饮酒礼对坐次的安排也贯彻这一原则。主位设在堂内东序前面。主宾位设在北墙中部门户的东面，其他一般宾客的位置再依次设在主宾位的西面。作为主要陪客的“介”位，则是设在堂内西序前边、主位的对面。这样的安排设置，谁是主人，谁是主宾，谁是一般宾客，谁是陪客，清清楚楚，一目了然。

主位就是主人坐的席位，我们现在说的“主席”一词，就来源于此。

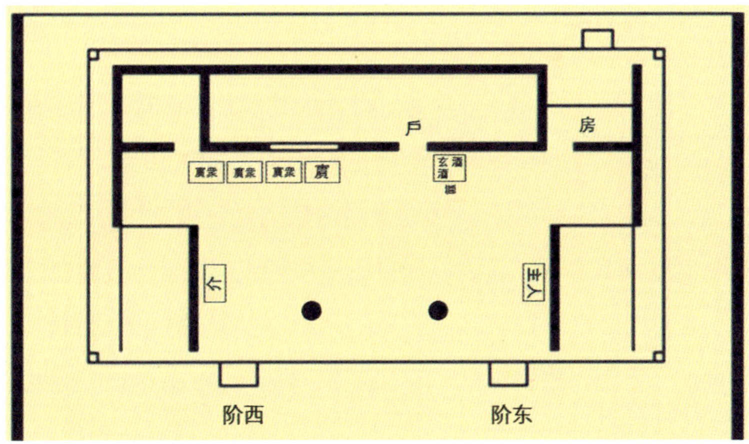

▲ 清人黄以周《礼书通故》乡饮酒礼座次图

如果宾客中有公卿、大夫一类位尊者，则就座于主宾东面，公的座位要铺三重席，大夫铺两重席。诸公和大夫倘若一起来到，“则诸公席在宾东，南面，大夫席在主人北，西面。无诸公而大夫至，则大夫席在宾东，南面”（黄以周《礼书通故·乡饮酒礼》）。

为了体现尊卑贵贱等级秩序，周礼还制定了不让卑贱者与尊贵者同席的规定，如“父子不同席”（《礼记·曲礼上》）“男女不同席”（《礼记·内则》）等。这在今天看来，就是一个奇葩的存在，但在当时却是天经地义，所以“真理”这东西是会变的——因时而异，因地而异，甚至很多时候还会因事而异，因立场而异。

西周宴飨礼仪中还有些规定，是将当时的风土人情与敬人的宗旨结合起来考虑的，如“有丧者专席而坐”（《礼记·曲礼上》），意思是说，当一个人丧服在身的时候，就不能与其他人同席而坐，而要单独设立席位。丧服在身是晦气的事情，让服丧者专席而坐，对己对人实际上都是一种解脱。再如“有忧者侧席而坐”（《礼记·曲礼上》），意思是说，当一个人遭遇不幸时，如果参加宴请，就要侧身坐在席位上，不能让自己忧愁的情绪影响到别人的进食。

除了着重强调严格遵守尊尊、敬人的礼仪外，西周饭局还有很重要的一个特点是正己，就是按照周礼的要求端正自己的礼仪行为。譬如坐席，就要坐姿端庄，具体要求是双膝着地，臀部压在后脚跟上。如果坐席对面是师尊、长者，或自己仰慕之人，就须伸直腰杆，是谓跽，俗话称跪。坐席最忌讳的是大大咧咧，随随便便。不能两腿分开，平伸向前，上身与腿成直角，形如簸箕一样。这就是《礼记·曲礼上》所云“坐毋箕”。

坐时还需稳重，不能前后左右摇晃，要保持安静严肃。用《礼记·曲礼上》的话说就是：“虚坐尽后，食坐尽前。坐必安，执尔颜。”

周礼还规定：“食不语，寝不言。虽疏食菜羹，瓜祭，必齐如也。”（《论语·乡党》）就是说，吃饭和睡觉的时候不要说话。即使吃粗米饭喝蔬菜汤，也不能忘记祭祀祖先，虽不必像斋戒那样必须沐浴更衣、整洁身心，但一定要像斋戒那样恭敬严肃，以示虔诚。另外还应该注意，席子摆放不正时，不要坐。

由于周代吃饭大都是采取手抓的方式，所以注重清洁卫生，就成为当时宴飨礼仪的一项重要内容。首先，饭前得洗手，快吃饭时不能搓手，更不要用手团饭，有餐具尽量用餐具。其次，吃流质羹食的时候，菜羹用梜，肉羹用匕，大羹才可以直接端起来喝。再次，饭后还要用浆或酒漱口，保持口腔的清洁。

穿越到西周去吃场宴请（一）

西周举办宴席的规矩还有很多，如果我们一不小心，穿越回那个时代去赴一场宴请，不懂这些规矩，十有八九是要被人踢出宴席的。[12]

首先，进入宴席之前，相关服侍人员会指引你到堂外专设的“洗”——洗手房——去“净手”，《周礼》称为“沃盥之礼”。在乡饮酒礼中，“洗”设在堂下东阶东南处。

这个礼节中，共有三个仆人服侍客人。一个是年长的，等客人伸出手时，负责从上面往下倒水；一个是年少的，负责用青铜盘从下面接水；还有一个是年龄没有具体要求的，负责客人洗完手后，递送毛巾：“进盥，少者奉槃（pán，同盘），长者奉水，请沃盥。盥卒授巾。”（《礼记·内则》）

▲ 西周铜匜

▲ 西周铜盘

年长的仆人从上往下给客人手上倒水时，一般用的是铜匜。其形体椭圆，“长相”像瓢，使用时，握住后面的鋬（pàn，器物上备手握的部分），水就从前面的流口流出。年少的仆人从下面接水用的青铜盘叫作承盘，形状类似我们今天用的盘子，大口，圈足，腹浅且平。用来盛洗手所用清水的器具叫青铜盥缶。缶是专门用来储水或者储酒的容器，大腹、大口，有铜制和陶制两种。铜盘中一般还装饰有水族动物纹样，精致而大方，美观而实用。

▲ “沃盥之礼”示意图[13]

其次是“饰容”，就是整理衣冠，修饰容貌。主人给客人备好的饰容器是鉴或铜镜。“鉴”始见于晚商时期的甲骨文，其字形像人俯首在盛水的器皿里照面容的样子。鉴的形体一般较大，形状似盆，大口，深腹，有无足和圈足两种，多为两耳或四耳。客人洗手完毕，仆人会主动轻轻打开鉴盖，让客人对着鉴中的清水进行适当整理修饰。

铜镜有镜面和背面两部分组成。镜面，亦即照容的正面，一般是用白色的粗毛织物反复擦拭，在光洁明亮后，供人使用。我们在博物馆里看到的铜镜，往往是背面铸有各种纹饰的镜子，其具体含义因时因地而有所不同。

目前考古所见，最早的铜鉴属于春秋早期。铜镜最早见于齐家文化所在的夏代，1976 年出土于青海贵南尕马台村，距今 4000 年。这是一面七角星纹镜，直径 8.9 厘米，镜的边缘有两个小孔，便于人们穿绳系挂。

▲ 青海贵南尕马台遗址出土的七角星纹镜[14]

西周铜镜大多呈现出以下几个特点，一是镜面为平面，圆形，相对光洁；二是镜形小，镜体薄；三是背面有橄榄形长钮，除个别装饰有简单的几何纹外，大都没有纹饰；四是炼制水平较低，工艺粗糙。如1958年出土于宝鸡市西周墓的一面西周素面镜就是典型的西周早期铜镜：器形小，近圆形，镜背平直，橄榄形桥钮，素面；边缘不太规整，工艺较为粗糙，薄厚不很匀称，但总体很薄。

▲ 出土于宝鸡西周墓的素面铜镜[15]

但个别镜面也有微凸的，陕西宝鸡凤翔县彪角公社新庄河大队1975年在西周遗址墓葬密集地区就出土了这样一面镜面微凸的铜镜，直径7.22厘米，钮长0.8厘米。出土时有绿锈，圆形，背有长方形钮，无纹饰。镜体轻薄，制作粗糙。[16] 众所周知，同样大小的凸面镜和平面镜的聚像效果是不同的，这意味着西周时期人们对镜面在凹凸平三种情形下的聚像原理已经有了一定的认识。

“饰容”完毕就进入入席就坐的环节了。西周乃至整个先秦时期人们都是席地而坐用餐的。席子铺在地上，四个角很容易翘起来或卷起来，不但影响观瞻，而且客人在不留神的情形下，还很容易绊倒。一开始人们是用一些石头或家具将四个角压住，古人谓之“镇”，后来在商周时期，“镇”的材质由石头一类改为更贵重的玉石和青铜，并在其表面绘上一些神兽样纹饰作为辟邪之用，“镇”的使用范围也相应扩大。放在席子四个角的“镇”称“席镇”，放在死者衣袖口袋的称“压袖”，放在墓内幔帐四角的称“压帐”，如此等等。

陕西宝鸡市渭滨区茹家庄強国墓地1号墓甲室中出土了一件西周青铜材质的席镇，就是考古人所说的铜镇。整体呈贝形，正面隆起，底面平正，上下两端中部微凹。正面饰一兽面，中间凸起部分为鼻梁。鼻梁两侧对称展开是一兽面，方形目，瞳孔凹陷，里面原来应有镶嵌物，可能弄丢了。整个器物制作精美，显得特别厚重。这件西周兽面纹贝形铜镇是目前所见时代最早的一件铜镇。[17]铜镇在西周时期主要用于上层贵族，在春秋至汉代才得以广泛流行。

▲ 強国墓地出土的西周兽面纹贝形铜镇[18]

中国传统的宴席方式是主宾共享一席的合食制，《孟子·尽心下》概括其特征为“食前方丈”，意思是吃饭时面前一丈见方的地方摆满了食物，虽然显得隆重热闹，但卫生方面就要差很多了。何况，在商周那时大家还都是手抓而食。那场景让现在的我们想想，可能都有点不寒而栗。

怎么办呢？周代贵族率先采用了分餐制，其宗旨有两个，一是方便列席者吃喝，二是避免由于无序用餐导致津液交流细菌传染的问题。但即使实行了分餐制，津液交流的卫生问题仍然不可避免，为此，周人又实施了一项献食制度，就是天子用餐是由主管宫廷饮食的官员膳夫献食。贵客和主人一同进食，由主人的妻妾侍从举案献上。一味食毕，再献一味。不过，这种规定也只有周天子和诸侯贵族才能享用，一般平民百姓能自己吃饱肚子就不错了，遑论献食！

采用分餐制，主人和客人前面就都要各摆放一张案和俎，身侧还要摆放一件几。案是用来放置饭菜的“饭桌”，俎是用来摆放汤匕、小刀等餐具的“橱柜”，几为客人席间凭靠所用的“靠椅”，主要是为尊者和老者所设。

那时候，人们一般是将饭菜肉食煮好后，连“锅”端进餐厅席侧，再用长柄匕、枓（dǒu）或勺，从中舀出饭菜分盛给宾客。按《礼记·曲礼》的说法就是在摆放菜肴的时候，带骨头的熟肉、主食放在左边，切好的纯肉块、酒和饮料放在右边；干的食物放在左边，羹汤放在右边。葱一类拌料、酒水饮料、羹汤以及肉干、肉脯一类，弯曲的放在左边，直的放在右边。烤肉放外边，酱等调料放里边。这样放置是从人的左右手的不同功能考量的，目的是方便客人用餐。

▲ 方鼎

西周的“锅”称为鼎，体型硕大，是专门用来烹煮牲肉的，依形状可分为方、圆两种。方鼎地位高于圆鼎，不是一般贵族可以使用的。鼎与锅的不同之处在于，鼎有三足，不需要灶台，可直接置于地面，做饭时将木柴放在鼎腹之下燃烧就可以了。

▲ 陶簋

与此相适应，盛放饭菜的器具也有不同的种类，如簋、簠（fǔ）、敦、盨、豆、铺、小鼎等，簋、簠、敦、盨都是盛放黍、稷、稻、粱一类的食器，但簋是圆形，簠为长方形，敦是半圆球形，盨则是椭圆形。簋一般有锥形圆盖，其功用是将鼎烹煮好的食物盛放进去保温保卫生，簋与鼎组合因此成为列鼎制度里的重要标配。

▲ 青铜簠[19]

簠也有类似功能，簠盖和器身形状、大小相同，上下对称，合则一体，分则为两件器皿。簠与簋组合起来成为西周贵族祭祀的重要礼器：“凡祭祀，共簠簋。”（《周礼・舍人》）

簋盛行于西周，战国时消失。簠出现于西周早期，盛行于西周末

▲ 西周兴盨

春秋初，战国晚期后消失。敦出现于春秋时期，后来逐渐演变出盖，到战国时多为盖形同体、三足，有时盖也能反过来使用。战国以后逐渐消失。盨出现于西周中期，流行于西周晚期，到春秋初期就基本消失了。

铺同豆一样，是用来盛放腌菜、肉酱和调味品的器具。其形状也类似于豆，区别在于铺没有细长的把柄，在盘下连铸一较宽的高圈足。铺盛行于西周至春秋时期。

▲ 青铜铺

鼎体硕大时一般是作为煮器使用的，体积变小时则常用作盛肉的食具。

穿越到西周去吃场宴请（二）

无酒不成宴，在西周那个讲究礼仪的年代尤其如此。客人进入“宴会厅”的时候就会看见，在宴席北面即堂后墙上的门和窗户之间放有酒禁，禁上置放着盛满酒的尊、卣、觥、方彝、壶等盛酒器。这是在告诉列席的客人，我们要响应中央王朝禁止酗酒的号令，今天就喝这么多酒，喝完为止。当然，这种情况仅限于主人是大夫级别以下的贵族，如果请客者是周天子和诸侯，那是不需要放酒禁的。

我们在《官员不能随便饮酒》一节中提到的那套现保存在美国大都会艺术博物馆的西周青铜棜禁，就是一个成套的完整的青铜酒禁、酒器组合，大小铜器共有 13 件。有关专家根据文献记载和这件棜禁上器物的遗留痕迹，复原了当时酒器摆放的场景（下图）。禁台面上置放的三件较大的酒器，居中者为尊，两边是卣。这三件酒器均铸有“鼎”字，所以又有人称之为鼎尊、鼎卣。一尊二卣前面摆放的两个小瓶状的青铜器叫觯，是饮酒器。禁台左右两侧摆放的分别是盉和斝。禁台前面最里面一排，从左至右分别是角、觚、爵，中间一排是两件觯，最外面一排放置的是枓。

这套酒器除禁、觯和枓之外，其余9件均带有铭文。当然，这种复原也只是大体上的，因为有学者认为爵、觚、角、斝、盉、觯虽然均出自宝鸡，但不一定是与柉禁同出，只有二卣一尊和那把枓可以确定是与柉禁同出于斗鸡台遗址。

▲ 柉禁及青铜酒器组合复原场景[20]

尊作为温酒或盛酒的器皿，一般为圆形，直壁，大口，圈足，有盖，腹较深，有兽衔环耳。客人入席就座后，侍者会首先双手捧着盛满酒的尊一一奉送到宾客前面的几案上，请客人饮用。尊在商代甲骨文和金文中，字形像一个人双手捧樽进献的样子。这也就是说，当时人们宴请贵宾，不是奉上酒杯劝敬，而是将酒尊直接献上以示尊敬，故谓之“尊”。郑注《礼》曰：“置酒曰尊。凡酌酒者必资于尊，故引申以为尊卑字，犹贵贱本谓货物而引申之也。自专用为尊卑字，而别制罇、樽为酒尊字矣。”尊在周代用于婚丧嫁娶等宴席上，是祭祀宴飨、招待宾客的礼器。因为酒尊在古代多为木制，所以又称酒樽。

尊盛行于商代至西周时期。除了上述正常的形制外，还有另外一类呈鸟兽状的酒尊——牺尊，有羊、虎、象、猪、牛、马、鸟、雁、凤等形象。牺尊纹饰繁缛而华丽。金文中，尊、彝两字通常连用，这时的尊已变为成组礼器的共称。

▲ 出土于山西晋侯墓地的青铜鸟尊

▲ 出土于辽宁凌源的青铜雁尊

▲ 出土于山西晋侯墓地的青铜猪尊

将酒尊奉献给客人后，侍者会帮助客人用料或勺将酒从尊内舀到客人面前的饮酒器里，就是我们现在说的酒杯、酒盅一类，请客人饮用。西周的饮酒器品种很多，如上述爵、觚、觯、角、斝、盉，每一种都有特定的含义，并有相应的级别使用规定，正是所谓非酒器无以饮酒，饮酒之器大小有度。

爵，是一种高级饮酒器。身前有流，就是倒酒的流槽，后有尖状尾，口下有两柱，杯身下有三足。商周时期使用爵的人通常地位比较高，爵因此被借作爵位。《礼记·王制》云："王者之制禄爵，公、侯、伯、子、男凡五等。"《韩非子·五蠹》亦云："以其有功也爵之。"根据其功劳授予相应的爵位。爵早在夏代晚期就出现了，是目前所见最早出现的青铜礼器，盛行于晚商西周时期，春秋后消失。

觚，喇叭形口，细腰，高圈足，腹部和足部各有四条棱角，容量一般为2升（一说是3升）。燕礼、特牲馈食礼中都是用觚。《说文》云："觚，乡饮酒之爵也。"意思是说，在民间举办的乡饮酒礼中，它的地位相当于爵，只有尊者才可以使用。觚在春秋时期，材质和器形可能都进行了改变，因此破坏了礼制，孔子对此非常不满，疾呼道："觚不觚，觚哉！觚哉！"（《论语·雍也》）觚初见于商代早期，消失于春秋晚期。有学者认为，春秋时期很可能是用漆木觚代替了青铜觚。木制品难以保存，所以现在看不到。

觯在商代和西周的器形略有差异，商代是圆腹，侈口，圈足，形状像小瓶子，大多有盖。西周在沿用该器形的基础上，还发展出了一种方柱而四角圆的器形。觯亦为尊者专用，容量为3升。《礼记·礼器》云："尊者举觯，卑者举角。"郑玄注称：凡饮酒时，"三升曰觯"。觯出现于商代晚期，盛行于西周中期以前，西周晚期已极少见，至春秋战国时期逐渐消失。

角，器形像牛角。牛角坚硬，中空，古人一开始就是用牛角来盛酒的。进入商周时期，人们仿照牛角的形状制作出的饮酒器就称为角。因其器形简单，无流无柱，所以在周礼中就成为地位卑下者专用的酒具。角出现于夏代晚期，当时是陶制，西周时期出现了青铜制品，为其盛行时期。

卑者使用的饮酒器还有一种叫作“散”。《礼记·礼器》云：“贵者献以爵，贱者献以散。”郑玄注说：“凡觞，一升曰爵，二升曰觚，三升曰觯，四升曰角，五升曰散。”因为周人“以小为贵者”，“散”实际上就是五等饮酒器中地位最低的一等，为卑贱者专用。

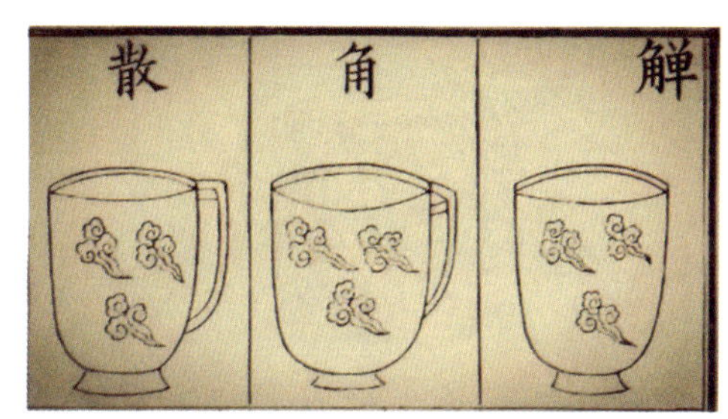

▲ 宋代聂崇义《新定三礼图》中的散、角、觯

“散”在考古中比较罕见，具体形状说法不一。宋人聂崇义《新定三礼图》绘有“散”，类似我们现在常用的有把茶杯。王国维等学者认为“散”就是斝，然而，考古发现斝早在五六千年以前的仰韶时代就已经产生了，所以“散”不可能是斝。斝流行于商周时期，大体沿袭了先前的造型，并由陶制单一品种发展为铜制和陶制两种。

主人招待客人喝酒，万一是在冬天，总不能喝冷酒吧？那不是待客之道。得把酒热一下，再端给客人，斝就是这样的温酒器。斝同时也是周人行裸礼时用的礼器。裸礼就是将酒浇在地上，用于祭奠祖先的礼仪。斝“长”得像爵，但侈口较爵要宽，圆口，口沿有两柱，一侧置鋬（耳），三长足。有盖和无盖两种形制并存。

盉也是一种温酒器，同时还兼用作水器和调酒器——用来调和酒水的浓淡。多为圆口，带把，带流，腹部较大，三足或四足。有圆腹和扁腹两种形制。盉盛行于晚商和西周早期。盉作为水器，在西周中期被匜所取代。

▲ 扁腹青铜龙纹盉

侍者帮助客人将酒从尊内舀到客人面前盛酒器里的枓或勺，称为挹器，其实就是舀酒的工具。枓，因尊奉北斗并模拟其形状而名，故又称为斗，段玉裁注《说文解字》“枓”字曰：“尊斗者，谓挹取于尊之勺。”其造型特点是，一条弯曲形的长柄前段连铸有一小杯。早期枓的柄部设计就类似于北斗星之形，这与它从容器内向外舀酒的功能是相匹配的。

从勺和枓的造型和用途看，二者属于一个系列，区别在于：一是勺柄相对比较直，枓柄弯曲度更大一些；二是勺柄与勺首杯口沿处相连，而枓的连接处在枓首杯之腰际。

1976 年陕西扶风云塘窖藏曾出土一对西周青铜勺形器，也许是为了通俗一些，考古人员按铭文“白（伯）公父乍”称之为伯公父勺，实际上称为伯公父枓可能更符合史实，更科学一些。

▲ 西周伯公父枓（勺）

啰里啰嗦说了这么多，读者的肚子大概也“咕咕”叫开了，那我们暂且把这个话题打住，开始享用美酒佳肴吧。

哦，对不住了，还不能开吃。饭菜按顺序摆放到宾客面前时，如果客人的地位低于主人，客人需拿着食物站起来表示感谢，说自己的身份不配与主人同席而餐，应该去堂下独自用餐。这时主人得赶快起立劝阻，真诚表示欢迎，然后客人才能重新坐下。

重新坐下该开席了吧？还是对不住，不行。饭菜摆好之后，主人先要带领客人举行一个食前祭祀仪式。具体做法是，在每种食物中取出少许，按照进食的次序摆放在几案之上，献祭神灵祖先，是谓“祭所先进”（《礼记·曲礼上》）。

神灵祖先“吃”完了，大家可以开吃了吧？哦——，不好意思，还是不行，还有个主人敬酒的环节呢，就是《礼记·乐记》所说的“一献之礼”。主人敬宾客酒称为“献”；宾客回敬主人酒称为“酢（zuò）”；主人自己先饮酒，再劝宾客饮酒称为“酬”。“献”“酢”“酬”一个循环下来称为“一献”。

当然，有时候宾客众多，主人出于酒量节制和礼貌，对于其他陪酒的宾客就只进行一个“献”的环节，“酢”和“酬”两个环节就省略了。这不是一概而论，具体情况具体对待，目的是让对方享受到被尊重的感觉，增进彼此之间的感情。

穿越到西周去吃场宴请（三）

主客互相敬酒完成“一献之礼”后，还不能开吃，这个时候，好戏才刚刚开始——乐舞隆重登场。我们在《用餐有政治规矩》一节中已经讲过，周代人用餐不仅“列鼎而食”，还要以乐舞助兴，即所谓“钟鸣鼎食”。“钟鸣鼎食”说明了钟在乐舞中的核心地位和作用。

这里的钟是指镈（bó）钟和编钟。镈钟的名称来源于其字形，其中“镈”字由“金”和“尃”组成，“尃”意味着展示花样，因此整个字意指铸刻有花纹图案的钟。这与一般的铜钟有所不同，后者通常器身外表光滑，没有任何纹样。镈钟在《周礼·春官》中有记载，其中提到镈师“掌金奏之鼓”，表明它在古代的重要地位。

编钟是兴起于西周、盛行于春秋战国直至秦汉时期的一种重要打击乐器。它是按照扁圆形体的大小和音调高低的次序排列起来，悬挂在一个巨大钟架上的一组铜钟。钟身皆绘有精美的图案，有的还在内壁上铸刻着铭文。奏乐人用特制的丁字形木锤或木棒分别敲打铜钟，就能发出高低不同的乐音，从而演奏出美妙的乐曲。一般而言，编钟钟体的大小决定着音调的高低，钟体越大，音量越高，但音调却越低。

根据悬挂方式的不同，编钟一般可以分为甬钟和钮钟两种。甬钟最上面的平面“舞部”之上立有“甬柱”，而钮钟最上面立有悬钮。

▲ 西周甬钟（下排）和钮钟（上排）

周代的编钟多用于王侯宫廷征战、朝见、宴飨或祭祀等活动的演奏，有着一定的级别要求。就考古所见，迄今为止所有西周编钟都出土于西周诸侯国国君墓葬之中，像河南三门峡虢国墓地、山西曲沃北赵晋侯墓地、湖北随州叶家山西周墓地等，都发掘出了数量不同、大小不一的编钟组合。其中，晋侯墓地晋献侯墓出土的晋侯苏钟，是由16枚甬钟组成的编钟。这16枚甬钟均作合瓦形，钟内有调音的沟槽，在不同部位还饰有云目纹、勾连卷云纹、勾连对云纹、鸟纹等，精致而美观。

16枚甬钟上依次刻有总计355字的铭文，记述了晋侯苏年轻时一次随周厉王东征夙夷的战斗过程，弥补了文献资料的缺失，颠覆了人们对周厉王暴虐昏聩的认知，具有非常重要的历史资料价值。这是1949年以来出土青铜器中最长的一篇铭文，也是2002年1月18日《首

▲ 晋侯墓地晋献侯墓葬出土的晋侯苏钟

批禁止出国（境）展览文物目录》名单中的64件（组）之一。[21]

西周乐舞使用的乐器除了钟外，还有鼓、笙、琴、瑟等。

鼓发源很早，襄汾陶寺遗址就出土了8件鼍鼓和6件土鼓，距今4000多年。经过尧舜时期和夏商两代的发展，到西周时期的鼓拥有了更多的种类，如建鼓、灵鼓、雷鼓、足鼓、植鼓、悬鼓等。宴飨乐舞中一般使用较多的是建鼓，我们在此就只对建鼓做个简单介绍。建鼓早在晚商时期就已经使用于宫廷，经西周春秋发展，到战国时开始普遍流行。

建鼓的鼓身长而圆，用一木柱直贯鼓身，以为支柱。《国语·吴语》注云："《周礼》：'将军执晋鼓。'建，谓为楹而树之。"《礼记·明堂位》注"殷楹鼓"云："楹，谓之柱，贯中上出也。"所以建鼓有时候也被称为晋鼓、楹鼓等，鼓体较大，两面蒙皮。捶击鼓面，音量洪亮，有较强的传播力，是我国今日许多流传大鼓的鼻祖。

笙，是世界上最早使用自由簧的吹奏乐器，主要由笙簧、笙苗和笙斗三部分组成。发音清越、高雅，音质柔和。笙发源于商代，流行于周代，具有很强的民间色彩。

琴，是一种拨弦乐器，一般是用桐木制成，琴身狭长，原有五根弦，后增至七根。演奏时左手按弦，右手拨弦。音域宽广，音色丰富。《诗经·小雅·鹿鸣》有云："我有嘉宾，鼓瑟鼓琴。"遗憾的是，至今没发现西周琴的实物，考古发现最早的琴是马王堆 3 号墓出土的西汉早期七弦琴。

瑟，是一种弹弦乐器，起源很早，到西周时已经得到广泛应用，一般是二十五根弦。据说最早的瑟有五十弦，故又称"五十弦"。古瑟

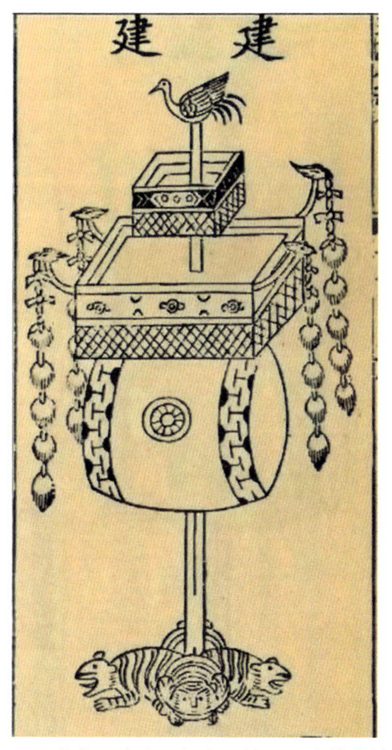

▲ 宋代聂崇义《新定三礼图》中的建鼓

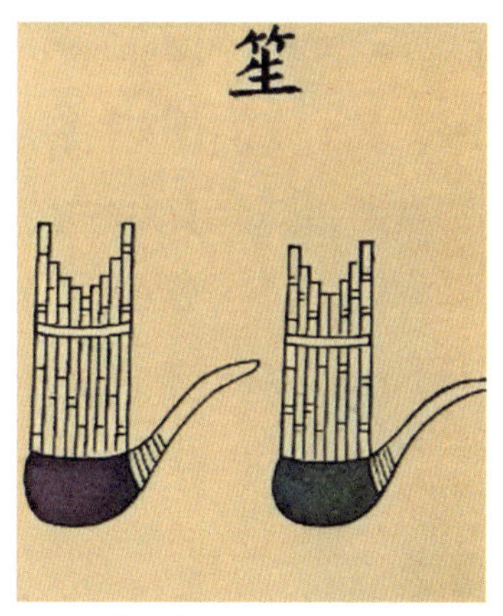

▲ 宋代聂崇义《新定三礼图》中的笙

▲ 马王堆 3 号墓出土的西汉早期七弦琴[22]

形制大体相同，瑟体多用整木斫成，瑟面稍稍隆起，体中空，体下嵌有底板。但西周瑟的实物至今没发现，考古所见最早的瑟是出土于湖南长沙浏城桥一号楚墓属于春秋晚期或战国早期的瑟。目前所见保存最为完整的瑟是湖南马王堆 1 号墓出土的属于西汉早期的二十五弦瑟。

▲ 马王堆 1 号墓出土的西汉早期二十五弦瑟[23]

琴、瑟常一起出现在《诗经》中，如《小雅·甫田》："琴瑟击鼓，以御田祖。"《郑风·女曰鸡鸣》："琴瑟在御，莫不静好。"《周南·关雎》："窈窕淑女，琴瑟友之。"如此等等。可见，"琴""瑟"在西周时期已是十分普及的乐器了。

《晋书·乐志》记载："农瑟羲琴，倕钟和磬，达灵成性，象物昭功。"

就是说，神农创造了瑟，伏羲创造了琴，倕制作了钟，和制作了磬。类似的说法在其他文献中还有很多，虽然不能完全相信，但也说明，这些乐器的发明和使用确实有悠久的历史。

磬，是一种打击乐器，用石制成，形如曲尺，悬于架上，用木槌击奏。单件称特磬，成套的称编磬。目前考古发现最早的磬是山西襄汾陶寺遗址出土的 5 件特磬，距今 4000 多年。商周时期，单一的特磬已经发展为成组的编磬，广泛应用于祭祀、宴飨等大型活动中，可以说，编磬是西周“交响乐”不可或缺的一环。

▲ 晋侯墓地晋献侯墓出土的西周编磬

《诗经·商颂·那》是一首表现殷商后裔祭祀祖先时音乐舞蹈活动的颂歌，其中就重点写到了鼓、磬和众多丝管乐器联奏的盛大场景：“鞉（táo）鼓渊渊，嘒（huì）嘒管声。既和且平，依我磬声。”鼓敲得嘭嘭响，管乐吹得响呜呜。曲调和谐音清越，全仗磬声领起伏。这说明，磬在西周“交响乐”中起着指挥棒的作用。

西周的乐器远不止这些，这里罗列的只是宴飨乐舞中常用的几种。不同级别、不同身份的贵族使用舞乐时，在乐器、乐曲、舞队规格、用乐场合等方面，都有不同的规定。如前述对于乐舞的使用，天子是用八佾，诸侯是用六佾，卿大夫是用四佾，而士只能用二佾。佾是奏乐舞蹈的行列，用以体现社会地位。一佾是说一列 8 人，八佾就是八列 64 人。

周代乐舞一般分为“雅乐”和“燕乐”两种。“雅乐”是当时周天子及各国诸侯祭祀天地、祖先及朝贺、宴飨等大典所用的乐舞，法国巴黎 Musée Guimet 博物馆收藏有一幅佚名青铜壶壶身画面的复原图，刻画的大概就是这种乐舞的表演场面：牺牲被供奉在高台上的宗庙里，在堂前庭院的乐奏场面中，除了设有一套编钟和编磬外，还有一架建鼓和楹鼓。画面上击钟、打鼓、敲磬、舞蹈，各色表演一应俱全。

▲ 法国巴黎 Musée Guimet 博物馆收藏的青铜壶壶身画面摹本[24]

张树国先生认为，该画面表现的是《尚书 · 虞书 · 益稷》对宴飨仪式场景的描述。[25] 图上的文字表面上看，好像写的是虞舜时期宴飨仪式的情景，但实际上是时人依据周代仪式、乐奏情况在发思古之幽情。因为尧舜时代是陶器、瓦器时代，还没有编钟出现：

夔曰：戛（jiá）击鸣球，搏拊琴瑟以咏，祖考来格，虞宾在位，群后德让。下管鼗（táo）鼓，合止柷（zhù）敔（yǔ），笙镛以间，鸟兽跄跄。箫韶九成，凤皇来仪。

意思是说，夔说：敲起玉磬，弹起琴瑟，唱起来吧。祖先的英灵已经降临，先前帝王的后裔、当今舜帝的宾客也已经就位，四方部落氏族的助祭者皆以德相互礼让。明堂之下管乐齐鸣，鼓声隆隆。乐曲开始敲的是柷，乐曲结束敲的是敔。笙和钟相互交替演奏，人们都扮成鸟兽跳起舞来。韶乐变换着形式，先后演奏了九曲，凤凰成双飞来，仪容整洁，庄重恭敬。

夔，是《山海经·大荒东经》中记载的一种形如龙的独脚怪兽。

柷，是一种打击乐器，形如方形木箱，上宽下窄，用椎（木棒）撞其内壁发声，表示乐曲即将起始："……方面各二尺余，傍开员孔，内手于中，击之以举乐。"

敔，是一种敲击乐器，用木制成，形状像趴着的老虎，乐曲将要结束时，击敔使演奏终止。孔颖达为《尚书·益稷》疏云："乐之初，击柷以作之；乐之将末，戛敔以止之。"

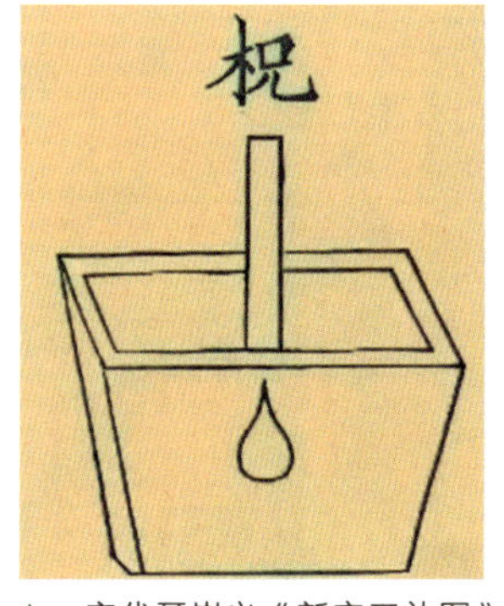

▲ 宋代聂崇义《新定三礼图》中的柷

▲ 宋代聂崇义《新定三礼图》中的敔

“燕乐”是一般贵族和平民祭祀祖先和宴飨所用的乐舞。我们以《礼书通故》对乡饮酒礼的记载为例对“燕乐”做个简单说明。这里需要提醒读者一下，《礼书通故》是清人黄以周根据《周礼》《仪礼》《礼记》“三礼”等古书所撰，不能保证百分之百是正确的，但应该没有太大的出入。

乐舞场所一般设在堂内席子边缘和庭院靠近堂的地方，先是两名鼓瑟者和两名歌者上堂，给宾客奉献上几曲歌舞，首先演唱的是迎宾曲——《鹿鸣》：

呦呦鹿鸣，食野之苹。我有嘉宾，鼓瑟吹笙。
吹笙鼓簧，承筐是将。人之好我，示我周行。
呦呦鹿鸣，食野之蒿。我有嘉宾，德音孔昭。
视民不恌，君子是则是傚。我有旨酒，嘉宾式燕以敖。
呦呦鹿鸣，食野之芩。我有嘉宾，鼓瑟鼓琴。
鼓瑟鼓琴，和乐且湛。我有旨酒，以燕乐嘉宾之心。

一群鹿儿呦呦叫，在那原野吃艾蒿。我有一批好宾客，弹琴吹笙奏乐调。一吹笙管振簧片，捧筐献礼礼周到。人们待我真友善，指示大道乐遵照。

一群鹿儿呦呦叫，在那原野吃蒿草。我有一批好宾客，品德高尚又显耀。世人榜样不轻浮，君子纷纷来仿效。我有美酒香而醇，嘉宾畅饮乐逍遥。

一群鹿儿呦呦叫，在那原野吃芩草。我有一批好宾客，弹瑟弹琴奏乐调。弹瑟弹琴奏乐调，快活尽兴同欢笑。我有美酒香而醇，嘉宾心中乐陶陶。

接下来演唱的是《四牡》和《皇皇者华》。这些乐曲都已经失传，但歌词还保留在《诗经》中。总的主题是欢迎来宾，赞美出征的将士，歌颂大周王朝的盛世气象。

由于在周代鼓瑟者都是清一色的盲人，所以每个鼓瑟者上台时都配有一个助手，周人称之为“相”，负责帮鼓瑟者扛瑟。

接着是堂下吹笙表演，乐曲为《南陔》《华黍》等。遗憾的是乐曲、歌词都没有流传下来，《南陔》《华黍》在《诗经》中也仅存有标题而已。

再接下来是“间歌”，即吹笙和唱歌轮番表演。先是堂上鼓瑟歌唱《鱼丽》，然后是堂下用笙吹奏《由庚》，一歌一吹交替，总计完成六首乐歌。这六首乐歌的乐曲也全部失传。除了《鱼丽》《南有嘉鱼》《南山有臺（tái）》三首歌词保留在《诗经·小雅》中外，其余三首歌词也没有流传下来。

《鱼丽》表现的是宴飨酒肴甘美盛多，主人待客热情，宾主共同欢乐的场景。《南有嘉鱼》是从水、陆、空三个角度来描绘宾客们在整个宴饮过程中欢歌笑语的场景，极尽祝颂之能事。《南山有臺》另出蹊径，是对长者、老者颂德祝寿的乐歌。其娱乐、祝愿、歌颂、庆贺的综合功能表现得淋漓尽致。

最后是“交响乐”大合奏，就是堂上堂下所有演奏人员一起合奏演唱，曲目主要有《关雎》《葛覃》《卷耳》《鹊巢》《采蘩》等，都是我们现在在《诗经》上能够看到的耳熟能详的篇目，主题是歌颂劳动，赞美大周盛世。

需要说明的是，鼓瑟、吹笙、间歌和合奏每次表演完毕，主人都要同相关人员一起端酒酬谢演奏人员，充分表达主人和宾客对演奏人员的敬意和谢意。

阶层可以区分人的高低，但尊重则不分阶层，不辨身份，这是西周贵族精神的一大特点。

上述只是乡饮酒礼的乐舞情况，实际生活中，在不同的宴飨场合，乐舞曲目和参与人数等会有所不同，这要看具体情况而定。

穿越到西周去吃场宴请（四）

乐舞上场，大家这下真的可以开吃了，但先别高兴，客人只能吃三口就得说吃饱了，等主人劝让后才能再次开吃——这未免有点虚情假意了，也只有等到这个时候才能开始吃肉。吃肉也有规矩，先吃纯肉块，后吃带骨头的肉块。

如果大伙儿是同席而餐，要注意手的卫生，不能用手团饭，不能将手抓到的饭再放回去，口中不能发出声音，不能张开口大喝特喝，不能用嘴去用力啃骨头，不能把没有吃完的鱼肉放回去，不能把骨头扔给狗吃，不能争着抢着吃好吃的东西，不能为了贪快而扇饭中的热气。吃黍米饭不能用筷子，羹汤中的菜要经过咀嚼，不可大口囫囵地吞下，不可当着主人的面调和羹汤。不能当众剔牙，不能喝肉酱汤汁。客人如果自己调和羹汤，主人就要站起来道歉，说自己不会烹调；客人如果喝肉酱汤汁，主人也要道歉，说由于家贫以至于备办的食物不够吃。湿软的肉可以用齿咬断，但干硬的肉则要用手撕开吃。吃烤肉不能一口吞一大块，那样不雅观。

陪尊长吃饭，绝不可尽兴地大吃特吃。陪伴长者饮酒，如果长者要给自己斟酒，就要赶快起立，走到放酒樽的地方拜受。长者说了不要如此客气，少者才能回到自己的席位。长者举杯未饮完，少者不能饮。长者倘有所赐，做晚辈的和做僮仆的都不得辞让不受。

进食过程中，不管是主人还是客人，都不能自顾自吃，而是要相互照应着共同吃完。如果客人吃饱了而主人进食未毕，客人却用酒漱口，这是表示自己进食已经结束，乃不恭的表现。所谓“主人未辩，客不虚口”(《礼记·曲礼上》)就是这个意思。

宴饮结束，客人须跪立在食案前，认真整理自己的餐具和剩下的食物，交给主家的仆人。这时，主人要说不必客人亲自动手。客人听闻此言后才能住手，重新落座：“主人兴，辞于客，然后客坐。”(《礼记·曲礼上》)

宴会结束，客人告别离席也有规矩，那就是要等拄着拐杖的老年人先走出去，其余人才能出去：“乡人饮酒，杖者出，斯出矣。”(《论语·乡党》)

这时，一首名为《陔》的乐曲会缓缓响起，送别依依不舍的宾客。《陔》的乐谱和歌词均已失传。不过，想象一下，大约与我们现在所唱的《难忘今宵》差不多，既要表达宴飨将散深情告别时的真挚祝福，同时也寄托着下次再聚首相会的美好愿望。

宴会结束了，你可能还会有饥肠辘辘的感觉，那就要恭喜你做对了，因为在西周参加宴请，客人是不可以吃饱的：“凡侑食，不尽食；食于人不饱。”(《礼记·玉藻》)而“不尽食不饱者”，乃“谦退不敢自足”(《礼记正义·玉藻》)也。

注 释

1. 张广志:《西周》(“文明的历程”丛书 / 李学勤主编), 上海科学技术文献出版社 2020 年版, 第 99～100 页。

2. 史念海:《周原的历史地理与周人考古》, 人民出版社 1988 年版, 第 366 页。

3. 北大历史系考古教研室商周组:《商周考古》, 文物出版社 1979 年版, 第 168 页。

4. 于省吾:《商代的谷类作物》,《东北人民大学人文科学学报》1957 年第 1 期。

5. 张广志:《西周》(“文明的历程”丛书 / 李学勤主编), 上海科学技术文献出版社 2020 年版, 第 234～245 页。

6. 许倬云:《西周史(增补二版)》, 生活·读书·新知三联书店 2018 年版, 第 256 页。

7. 王鑫、毕经纬:《商周之际饮酒思想的转变》,“文博中国”公众号 2022 年 12 月 28 日。

8. 刘昱午:《铜禁及相关问题探讨 》,《中原文物》2014 年第 3 期。

9、10. 刘军社:《宝鸡石鼓山惊现西周铜禁》,《收藏》2013 年第 9 期。

11. 佚名:《周铜勺》,《文化艺术报》2021 年 11 月 8 日。

12. 张宏杰:《楚国兴亡史: 华夏文明的开拓与融合》, 天地出版社 2023 年版, 第 172～184 页。

13. 引自河南三门峡虢国博物馆。

14、15. 宝鸡青铜器博物院:《宝博微课堂: 铜镜博览会系列》, 宝鸡青铜器博物院官网 2021 年 12 月 29 日。

16. 王光永、曹明檀:《宝鸡市郊区和凤翔发现西周早期铜镜等文物》,《文物》1979 年第 12 期。

17、18. 宝鸡青铜器博物院:《宝博微课堂: 西周兽面纹贝形铜镇》, 宝鸡青铜器博物院官网 2023 年 12 月 15 日。

19. 佚名:《出土文物(部分)》, 达州新闻网 2019 年 5 月 6 日。

20. YOYO:《西周青铜杈禁: 独一无二的国之重器》,“环球精英 YOLO”公众号 2019 年 6 月 25 日。

21. 田建文:《晋侯苏钟》,《山西档案》2012 年第 2 期。

22. 佚名:《宫廷戏曲研究所所长王跃工一行四人赴湖南省博物馆库房考察古琴藏品的报告》, 故宫博物院官网 2019 年 5 月 18 日。

23. 吴小燕:《听・见湖湘 | 音律相和》, 湖南博物院官网 2022 年 10 月 24 日。

24、25. 张树国:《礼图与笙诗: 贵族社会的仪式与文艺生活》,《东方论坛》2023 年第 4 期。

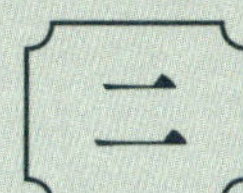

穿

头上大作文章

华夏民族最终形成于西周时期[1]，先人之所以自称“华夏”，其中有一个重要因素是与周围“戎狄蛮夷”比起来，自觉文明化程度较高，讲究礼仪，服饰华美：“中国有礼仪之大，故称夏；有服章之美，谓之华。”(《春秋左传正义》)“冕服采章曰华，大国曰夏。”(《尚书正义》)而被华夏视作“戎狄蛮夷”的那些华夏边缘族群，或是“被发衣皮”，或是“衣羽毛穴居”(《礼记·王制》)，似乎还处在未经开化、茹毛饮血的原始野蛮时代。

当然，从现在考古学的成果来看，这种观点是站不住脚的，就文明起源历程而言，东西南北四方都不迟于中原，有的发展甚至比中原还早很多，如著名的浙江余杭良渚古国、陕北榆林石峁古国等。不过，自公元前 2300 年以后，由于种种原因，这些早期文明先后灭绝而汇入到了华夏文明的主流中，他们原来所在的地方就逐渐落后了，到西周时，这些华夏边缘确实处于比较落后的状态中，周人的自溢自美也不是完全没有道理，这在服饰方面体现得尤为明显。

西周人的服装款式，从头到身，自腿至脚，穿花纳锦，应有尽有，可谓名目繁多，异彩纷呈。仅戴在头上的“帽子”一类就有冠、冕、弁、巾绩、台笠等多种，古人统称为首服，顾名思义，就是头上佩戴的服饰。

冠是古代贵族男子头上戴的头饰的统称，其作用是固定发型，展示人的精神气质和仪表：“冠，贯也，所以贯韬发也。”(《释名·释首饰》)《礼记·冠义》云：“君臣正，父子亲，长幼和，而后礼义立。故冠而后服备，服备而后容体正、颜色齐、辞令顺。”故“男子二十而冠，冠而列丈夫”(《穀梁传·文公十二年》)。就是说，男子在 20 岁时要举行加冠礼，加冠以后就意味着成为成人，要担负起成人的责任了，就是“弃尔幼志，顺尔成德”(《仪礼·士冠礼》)。

冠的颜色，平时用黑色，穿丧服时则用缟素色。古人戴冠不像我们现在一样，随随便便将帽子扣在头上就行，而是需要束发而冠。既然要束发，那就意味着冠的体形高大，周人谓之峨冠。冠里面沿内壁固定有一个冠圈，中间横贯一根 2 寸宽左右的冠梁，这就是冠又名之为“贯”的原因所在。冠梁的作用是束住头发。冠外两侧还配有丝绳和缨，将缨拴在下巴下面，其余在颔下的部分，就是緌（ruí）。用丝绳将下巴兜住，再将丝绳的两头系在冠圈上，则称纮（hóng）。

冠的形制也不是一成不变的，会因时因地因人而异，就如同我们现在戴帽子一样，基本结构不会变，但外在的形式却会呈现出不同的花样来。

考古发现多件西周时期头顶戴冠的玉人头像，如山西曲沃晋侯墓地 63 号墓出土的一件圆雕玉人像[2]，玉人作正面站立形，头顶戴一高冠，冠前端有一小孔，有学者推测是用来插笄固冠的；8 号墓也出土了一件头顶戴冠的平雕玉人，玉人作站立状，头顶是上卷的发型，佩戴云纹形冠，冠上同样留有可能是插笄之用的小孔。[3]

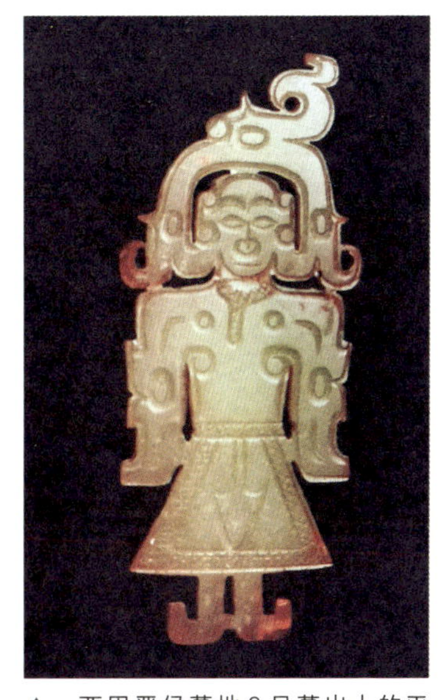

▲ 西周晋侯墓地 8 号墓出土的平雕玉人像[4]

一般认为，西周社会只有贵族才有资格戴冠，但也不尽然，《礼记·郊特牲》说到“野夫”腊月祭祀时，佩戴的也是“黄冠”。“野夫”就是农夫野老，看来，戴冠不一定就是贵族的专利。

冕，从严格意义上来说，也属于冠，是冠中最高级的一种，是在冠顶平加一块长方形覆板，前低 1 寸多，长 16 寸，宽 8 寸，前后两端吊垂有多串珠玉组缨，是为旒。旒的数量根据爵位高低而有不同。《礼记·玉藻》记载：“天子玉藻，十有二旒。”玉是指垂旒上所穿的玉珠，藻是垂旒上穿玉的五彩丝绳，合称玉藻。意思是说，王冠有 12 旒，前后一样多，用红、白、苍（深蓝）、黄、黑色玉相间穿成。旒长一般是 12 寸，垂而齐肩。

冕是王公诸侯的专用首服，与其所穿衣、裳共同称为冕服。一般贵族和平民不得使用，士只用冠、玄冠、缁布冠等，而弁则通用于从天子到士大夫所有贵族阶层。

弁其实就是用来包头发的黑帛。西周人在戴冠之前，先要在头顶或脑后盘起发结，此所谓髻。然后再用一块黑帛将头发包住，就是弁。弁的形状像双手展开合在一起的样子，其缝合之处叫会，《周礼·弁师》云：“会五采玉璂。”意为，合在一起的每条缝都镶嵌有成串的五彩玉饰。弁也叫缁布冠，因是黑色麻布制成，后世就有人称之为黑色麻布

▲ 甘肃灵台白草坡西周墓地出土的圆雕玉人立像[6]

帽。《礼记·郊特牲》记载，举行加冠礼时，要先戴缁布冠。因为上古时候，人们都是戴白麻布冠，到斋戒时才戴缁布冠，所以先用缁布冠，也是尊重古制。弁一般为诸侯卿大夫所用，分皮弁、韦弁、弁绖（dié）等，因身份贵贱不同而有不同的差异。

甘肃灵台白草坡西周墓地曾出土一件圆雕玉人立像，无足，头戴一顶歧角形高冠，学者推测可能就是《春秋公羊传·宣公三年》注所云"皮弁武冠，爵弁文冠……周曰弁"之"弁"，为周代典型的冠式之一。[5]

巾是黑色的包头布，缋则说法不一，有说是头巾的，也有说是用幅巾制成的帽子，一般认为用于庶民和卑贱执事之人。

台笠，是用莎草制成的笠帽。《诗经·小雅·都人士》云："彼都人士，台笠缁撮。"意思是说，当日京都的人士，把用莎草编成的草帽套在黑布束发小帽上，吊在下面的丝带飘来飘去。

"披蓑戴笠"大概在原始社会就已经出现了，到西周时期应该是一种很普遍的现象了。《诗经·小雅·无羊》记载："尔牧来思，何蓑何笠，或负其糇（hóu）。"意思是说，你到这里来放牧，披着蓑衣，戴着斗笠，有时还背着干粮。

与这些首服连在一起的是笄，就是一种一头粗钝、一头尖细的钎子。其作用是插进发髻和弁冠之间，使二者固定到一起，不至于散开。由于西周时期的人们，讲究"身体发肤，受之父母，不敢毁伤"（《孝经·开宗明义章》），不管是男人还是女人，都留的是长发，所以用来束发的笄就成为从贵族到平民都经常使用的一种头饰。区别等级身份的不是用不用笄，而是用什么原料制作的笄。通常而言，平民多用竹笄，贵族常用骨笄、玉笄、象牙笄等。高级昂贵的笄，粗钝的一端还雕刻有各色花纹，有的甚至还镶嵌有绿松石等宝贝物件。

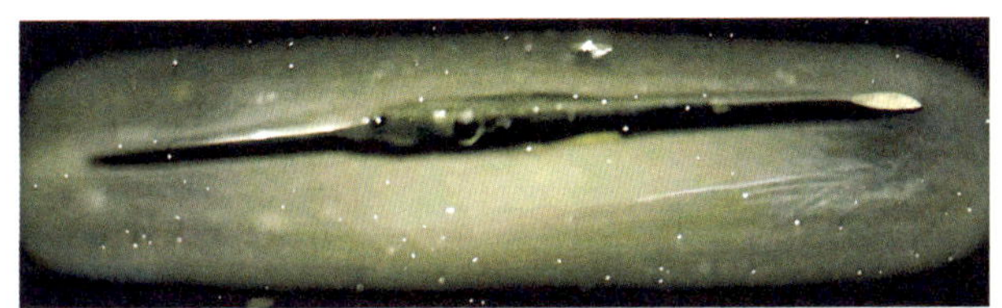

▲ 河南三门峡虢国墓地出土的西周骨笄

西周妇女梳理头发也不仅仅是用笄，还用飘带和其他物件。《诗经·小雅·都人士》是西周末年平王东迁后，周人思念昔日繁华的凭吊之作，全诗通过对昔日京城贵族衣着、容止和言语栩栩如生的描写，表达了对故都人物仪容的怀念之情：

彼都人士，台笠缁撮。彼君子女，绸直如发。我不见兮，我心不说……

彼都人士，垂带而厉。彼君子女，卷发如虿（chài）。我不见兮，言从之迈。

匪伊垂之，带则有余。匪伊卷之，发则有旟（yú）。我不见兮，云何盱矣。

——那时京都的人，头上戴的都是丝带飘飘的草笠帽。娴雅端庄的君子和少女，稠密的头发就像那丝绦一样华亮。看不见往日的景象，心里真是郁闷又苦恼……那时京都的人，丝绦在身边垂下前后飘动。娴雅端庄的君子和少女，卷着的头发就像那翘起来的蝎子尾。不见过去繁华的景观，就跟在人们身后随便一看。不是故意将丝带垂吊下来，而是丝带本来就有点长。不是故意将头发卷起来，而是头发本来就向上扬。看不见昔日繁盛的景象，我的心情怎能不忧伤啊。

由此可以看出，当时人们的发型、发式也是变化多端的，比今天有过之而无不及。

黑衣红裳是常态

“衣裳”是西周人对上衣和下衣的统称，相当于今天普通话所说衣服。衣为上衣，裳为下衣。上衣右衽，就是左前襟掩向右腋系带，将右襟掩覆于内，由胸前围包肩部。这个穿衣习惯从考古出土的商代石刻人像到战国木俑，一以贯之，没有太大的差别。

上衣既有右衽，当然就有左衽。商周至秦汉的风俗是，亲友亡故后穿丧服时上衣才是左衽，阴间与阳间正好相反。华夏边缘族群可能也流行的是上衣左衽风俗，孔子在《论语·宪问》中说：“管仲相桓公，霸诸侯，一匡天下，民到于今受其赐；微管仲，吾其被发左衽矣。”意思是，齐桓公任用管仲为相时，称霸诸侯，一匡天下，百姓至今还在受益。假如没有管仲的话，我们现在都还是披头散发，上身穿着左衽的服装。言外之意是说，“被发左衽”乃野蛮人的风俗。

金文中常见有周天子赏赐下属名曰“某衣”的命服，如“玄衮（gǔn）衣”“歆（xīn）衣”“玄衣”“门衣”等。据考证，“玄衮衣”是绘有黑色卷龙的上衣。“歆衣”是用练丝织成的上衣，“歆”的本字是织。“玄衣黹（zhǐ）屯”或许是用青铜器上的云雷纹作纹饰缘边的赤黑色上衣，“黹”是缝纫、刺绣的意思，“屯”是聚集的意思。“门衣”则是用苘麻织成的上衣。[7]

裳的形制，西周是用七幅布围绕下体，前面是三幅，后面是四幅，两侧则重叠相连，类似于现在女子穿的裙子，差别是折裥在两旁，中央部分方正平整，不留缝隙，是为“袧（gōu）”。郑玄注《仪礼·丧服》云：“袧者，谓辟两侧，空中央也。祭服朝服，辟积无数。凡裳，前三幅，后四幅也。”

衣裳的颜色一般为“玄衣纁（xūn）裳”，即上衣是黑色，下裳是红色。衣上绘有日、月、星、山、龙、禽鸟等图案，裳上绣有宗彝、火、藻、粉米、黼（fǔ）、黻（fú）等图案。宗彝是宗庙祭祀所用酒器，也指天子祭服上所绣虎与蜼（一种体形较大的长尾猴）的图象；黼是指礼服或礼器上绣的黑白相间的斧形花纹；黻是指礼服上绣的黑青相间的花纹，或是缝合处纵横交错的纹饰。

这些花纹都有特定的含义，不是随便乱绣乱用的，而是根据等级的不同，都有着严格规定。如诸侯只能使用龙以下的纹样，士只能用藻与火纹，大夫的衣服上可加粉米纹。一旦用错了，轻者处之以牢狱之罚，重者项上人头可能就有搬家的风险。

裳的下面是袴（kù），一种无裆的套裤，或可称为上胫衣，就是文献所说的“芾（fú）”，是用来保护腿膝的：“赤芾在股，邪幅在下。”（《诗经·小雅·采菽》）郑玄引汉制解释说：“芾，大古蔽膝之象也，冕服谓之芾，其他服谓之韠（bì）。以韦为之，其制上广一尺，下广二尺，长三尺，其颈五寸，肩革带，博二寸。胫本曰股。”（《毛诗正义·采菽》）

“芾”属于命服的一部分，《诗经·小雅·采芑》云：“服其命服，朱芾斯皇，有玱（qiāng）葱珩（héng）。”意思是说，身穿天子赐予的官服，红皮蔽膝光亮辉煌，葱绿玉佩铿锵鸣响。诗人是通过夸赞主人公的服饰来展现英勇善战的西周将领形象。西周金文中提到天子赐予下属命服时，就屡屡提及芾，而且种类众多，有赤芾、朱芾、载芾、叔芾等，应该是不同颜色和不同形制之芾。

芾上还有“邪幅”，大概就是现在军人所用“绑腿”一类。朱熹在《诗经集传·采菽》中解释说：“邪幅，偪（bī）也。邪缠于足，如今行縢，所以束胫在股下也。”

衣、裳、芾、幅虽然已经很齐备了，但穿着行动还不是很方便，于是就出现了“深衣”——一种上衣下裳相连的服装。这种衣服宽大而又合体，长及脚背，袖子比较宽松，长度可以覆盖肘部，腰部稍有收缩，外面用长带束缚，适用各种正式场合。深衣通用于贵族和庶民各个阶层，但也有所区别，对贵族而言，只是通常着用的便服，对庶人而言，则是正式场合穿的礼服。

过去人们一直以为西周时期还没有出现满裆的裈裤，但1990年在河南三门峡虢国墓地虢仲墓中出土的一件西周麻布短裤颠覆了人们的这一认知。虢仲生活的年代大约在周厉王至周宣王时期。该短裤出土时裤腰部分已经残损。裆部相连，裤腿平齐。短裤由内外两层、两种不同颜色的麻布做成，外层为土黄色的粗麻布，内层为鲜艳红色。这一发现打破了赵武灵王胡服骑射推行合裆裤的说法，意味着古人早在西周晚期就已经开始穿合裆裤了。

西周人穿的鞋可以分为屦（jù）、舄（xì）两种。屦是单层，舄是双层：“复下曰舄，禅（dān）下曰屦。”（郑玄注《周礼·天官冢宰》）“赤舄”常见于金文记载的周天子赏赐命服中，说明舄比屦更为珍贵。

▲ 虢国墓地虢仲墓出土的西周麻布短裤

屦更简单、更平民化一些，所用质料多为麻、葛，《诗经·魏风》就收录有《葛屦》一诗，描述的是魏国贫家女与贵妇人的不同境遇，表达了劳动者对贵族统治者的不满。其中有“纠纠葛屦，可以履霜”这样一句，意思是说，已经到了寒冷的时节，还穿着破旧的葛鞋。

王公贵族阶层也穿屦，周代王宫就设有“屦人”一职，专门用来掌管王室的服饰和鞋的相关事务：屦人“掌王及后之服屦”（《周礼·天官冢宰》）。这里的屦不仅仅是指单层的屦，还包括了双层的舄。换言之，屦还是单层屦和双层舄的统称。

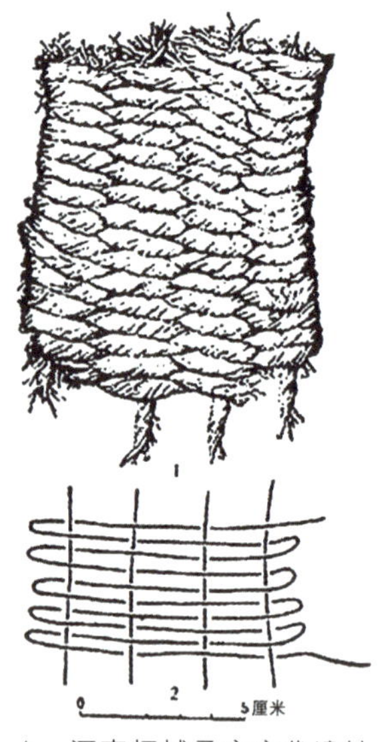

▲ 河南柘城孟庄商代遗址出土的鞋底素描图[9]

20 世纪 80 年代，考古人员曾在河南柘城孟庄商代遗址出土了一片鞋底，系由树皮纤维织成，编制方法类似后世的草鞋。[8] 这是考古发现的最早年代的鞋，一般认为就是文献记载的行屦，供普通百姓日常使用。商代已经有了，西周继续使用是顺理成章的事儿。

除了这些衣裳鞋帽以外，西周人衣着上还有衣带和一些佩饰。这些物件虽小，但对后世的服饰文化影响深远，不可等闲视之。

衣带通常称带，亦称大带、绅，就是我们现在说的腰带，宽 4 寸，用丝编织而成。其作用是束腰，以图精干利索，同时也是美观和显示身份的需要。《礼记 · 玉藻》记载了其具体使用规制：天子素带朱里终辟，诸侯素带终辟，大夫素带辟垂，士练带率下辟，居士锦带，弟子缟带。就是说，天子的腰带用熟绢制作，衬里是朱红色的，而且全部镶边；诸侯的腰带也是用熟绢制作，全部镶边，但没有朱红色的衬里；大夫也用熟绢制成的腰带，但只在身体两侧及垂下带子的这些部位镶边，腰后部分不镶边；士的腰带用丝织品制作，两边用针线像编辫子一样交叉缝纫，不能镶边，只允许在下垂的带子部分镶边；居士用锦制的腰带；学生用生绢制成的大带。

服饰礼仪是西周封建礼制的一项重要内容，各种礼仪场合对服装配饰的要求都极为严格。以周天子的着装为例。《周礼 · 春官宗伯》记载，仅周天子行吉礼所穿服装林林总总就有六种款式。祭祀昊天上帝或五帝时，穿大裘（皮衣）而戴冕；祭祀先公、举行飨礼、射礼时，穿鷩（bì，赤雉，即锦鸡）服而戴冕；祭祀四方名山大川和一般的山川时，穿毳服（皮毛所制衣服）而戴冕；祭祀社稷和五行之神时，穿絺（chī，细葛布）服而戴冕；祭祀小神时，穿黑色的衣服而戴冕；有军事行动时，穿韦（熟皮）服而戴韦弁；处理朝政时，穿白布衣裳而戴皮弁；出外田猎时，穿缁衣白裳而戴玄冠。

大裘冕、衮冕、鷩冕、毳冕、絺冕和玄冕，是周礼中对后世影响最大的六冕礼服。自西周诞生后沿用近三千年，其间虽然因战乱等因素有过短暂的断档，形制与使用的场合也曾有所改变，但始终没有完全中断，直到清代才废除，可见冕服制度对后世的影响之大。

▲ 宋代聂崇义《新定三礼图》中的六冕图

周王以下，公、侯、伯、子、男、大夫、士，在行吉礼时，着装也有不同的要求。公从衮冕以下如同王的服装；侯伯从鷩冕以下如同公的服装。依此类推，至士这一级则是从皮弁服以下，就同大夫一样着装。

周礼还规定，一旦天下发生大瘟疫、大饥荒、大灾害时，君臣都要穿戴白色的衣帽“大札、大荒、大灾，素服”(《周礼·春官宗伯》)，同时，“大丧则不举，大荒则不举，大札则不举，天地有灾则不举，邦有大故则不举”(《周礼·天官冢宰》)。“大丧”是指帝王、皇后、世子及父母去世后举行的丧事礼仪活动。“不举”，是指不举行乐舞一类的娱乐活动。这也从一定程度上反映了周王朝治理天下确实贯彻了以人为本的“德政”思想。

品种单一的服装面料

西周时期，人们衣服的原料比较单一，主要有皮毛、麻、葛及丝织品寥寥几种。皮毛早在茹毛饮血的原始社会就是古人最主要的衣料来源，进入文明社会，与之相关的皮毛加工业逐渐兴起。到西周时，皮毛加工技艺更加成熟，皮毛加工成为有专业团体操作的家庭手工业，可以生产出羊、牛、鹿、虎等材质的皮衣、披肩、围裙、车幔、鞋桶子、皮罩、革绳、把手等物件。皮衣在古代称作裘。《周礼・天官冢宰》有《司裘》篇,《冬官考工记》有《裘氏》篇。

1975 年，在陕西省岐山县董家村发现的青铜器窖藏，里面藏有 37 件西周青铜器，其中 30 件铸有铭文，总计 2000 多字。从内容看，这些青铜器属于世袭司裘官职的裘卫家族，其具体职责是“掌为大裘，以共王祀天之服”和“邦之皮事”(《周礼・天官冢宰》)。大裘是天子祀天时所着之礼裘，为黑色羊皮制成，无纹饰以示质朴。裘卫家族因制裘而冠氏以裘，是古人以官职为氏的一个例子。[10]

卫盉是裘卫在西周共王时期铸造的温酒器，口径 20.2 厘米，重 7.1 千克，盖内铸铭文 12 行共 132 字，记述了裘卫用鹿皮披肩、杂色蔽膝和玉礼器等与贵族矩伯进行土地交换的全过程。此时裘卫已经受周王册封，成为周王朝一个掌管皮革的官员。

▲ 卫盉及其铭文拓片

天子的礼裘用黑色羊皮制成，而一般官员穿的朝服则是用羔羊皮制成，即所谓的“羔裘”。《诗经·郑风》收录了一首名为《羔裘》的诗歌，描述“羔裘”的皮毛质地是如何的润泽光亮，袍子上的豹皮纹饰又是怎样的鲜艳美观。通过对羊皮裘子的赞美，诗人歌颂了穿“羔裘”官员的正直、威武和勇毅。总之，人衣相配，美德毕现，这才是国家的贤俊：

> 羔裘如濡，洵直且侯。彼其之子，舍命不渝。
>
> 羔裘豹饰，孔武有力。彼其之子，邦之司直。
>
> 羔裘晏兮，三英粲兮。彼其之子，邦之彦兮。

诗中的“三英”是指用皮毛在衣服的袖口、领口或者衣边所做的三道装饰，既保暖实用，又显雍容华贵，所以谓之“粲兮”。“司直”是负责正人过失的官吏。“郑”在西周时期大致位于今甘肃千阳东北及北部、陕西凤翔北部、麟游东北部，甚至可能还延伸至今甘肃陇东、灵台南部一带。直到西周末春秋初才迁往今河南新郑一带。[11]

郑国官员穿的是“羔裘”，晋国、桧国等诸侯国，还有西周王畿的官员，也都穿的是“羔裘”，如《诗经》中《唐风・羔裘》《桧风・羔裘》《召南・羔羊》等诗篇，就反映的是这个事情。唐是晋国的前身，位于今山西临汾一带；西周时期的桧国大致在今河南密县、新郑和荥阳一带，西周末年为东迁的郑国吞并；召南是召公统治的区域，位置大体在今陕西中南部到汉水一带，属于西周王畿地区。或许是因为西周时期家庭饲养业比较发达，羊又是容易饲养且繁殖力较强的家畜，而羊皮本身保暖实用、美观大方，所以“羔裘”就成了周人朝服的首选。

用粗毛制成的毛褐，也是毛皮制品之一，较为粗糙实用，一般为庶民冬季所穿，有时候也用作工作服。《诗经》对西周时期人们穿戴皮毛衣有所反映，如《豳风・七月》：“无衣无褐，何以卒岁？”这里的褐就是用毛布制作的衣服，说明褐是百姓冬天常穿的衣服。

麻是西周时期常见的一种植物，麻丝纤维柔韧度较高，经过加工以后常被用作衣料。制作麻丝的方法是，将成熟的麻收割后，除去秆上的叶子和果实，成捆地放进水池里，再用石头压住，经过八九天浸泡，生麻（青麻）变成了熟麻（白麻），捞出晒干后，再将麻皮剥下来，就变成了麻丝，然后经过纺织加工，就可以织成人们需要的衣料。《诗经》里也有不少描写种麻的诗，如《王风・丘中有麻》：“丘中有麻，彼留子嗟。”如《陈风・东门之池》：“东门之池，可以沤麻。”

葛也是西周时期常见的一种植物，其纤维织品比较轻薄，一般用作夏天的衣料。葛丝织品，精者为绵，粗者为络。葛丝细软柔绵，所以《诗经·周南·葛覃》就把它比喻成了剪不断理还乱的愁思：“葛之覃兮，施于中谷，维叶莫莫。是刈（yì）是濩（hù），为絺为绤（xì），服之无斁（yì）。”只见一派清碧如染的葛藤，蔓延在幽静的山谷中，刚看到心上人弯腰收割葛藤，转瞬间她又在家中煮葛了。于是那满山谷的青青葛藤，又幻化成了一匹匹轻轻飘拂的葛布。而心上人这时候已在铜镜前披着用粗葛和细葛纤维织成的“絺绤”，喜滋滋地在试着长短宽窄。

《诗经·魏风·葛屦》中，葛屦又成为新娘送给新郎的礼物：“纠纠葛屦，可以履霜。掺掺女手，可以缝裳。要之襋（jí）之，好人服之。”我用葛藤给你编制的鞋子，你怎能一直穿到寒霜。女孩瘦弱纤细的双手，缝制出多么漂亮的衣裳。她提着衣领托起衣腰，正在服侍主妇穿在身上。全诗不着一个“思”字，然而缠缠绵绵的思念之情却无时无刻不在打动着读者的心扉。

除了麻、葛，还有一些植物纤维也常被用作衣料。《左传·成公九年》引佚名诗云：“虽有丝麻，无弃菅（jiān）蒯（kuǎi）；虽有姬姜，无弃蕉萃。”意思是说，纵有丝麻也不要丢弃蒯草，纵有美女也不要抛弃糟糠之妻。菅蒯是多年生草本植物，属于茅草一类，坚韧耐实，多生于山坡草地。菅适宜制作绳索，蒯适宜制作草鞋。

丝织品是中国的发明，有着悠久的历史。早在五六千年前先人们就发明了蚕丝，并可能生产出了丝织品。《易经·系辞下》记载：“黄帝、尧、舜垂衣裳而天下治。”孔颖达疏说，以前人们穿的衣服比较短小，后来才逐渐变得宽大起来。“垂衣裳”表明早在黄帝时代，人们就发明了丝麻布帛之类的质料。《蚕经》对蚕桑丝绸起源于黄帝时期更有明确的说法：“黄帝元妃西陵氏始蚕。”（王祯《农书》卷六引淮南王《蚕经》）西陵氏就是传说中的嫘祖，黄帝的原配妻子。她因为植桑养蚕，缫丝织绢，而被后人尊为先蚕，即蚕神。

嫘祖的传说可能多出于后人的杜撰，其中掺杂了不少虚无的成分，所谓西陵氏应该是同黄帝部族有姻亲关系的一个氏族或部落。这个传说反映了一个真实的历史事实，那就是黄帝时期，人们已经能够植桑养蚕，缫丝织绢。

五六千年前的黄帝时期，在考古学上对应的是西阴文化（亦称庙底沟文化）。[12] 1926 年，中国考古学先驱李济在晋南夏县的西阴村遗址内发现了一个半割状的茧壳切割部分，有着整齐的切割边缘，表明西阴文化时期中国已有了养蚕业。但由于此后 80 余年的时间里，没有再发现相关的遗存证据，西阴文化时期的中原大地是不是已经有了养蚕业还是受到不少人的质疑，一直到 2017 年，在属于西阴文化中晚期的河南巩义双槐树遗址出土了一件牙雕蚕才让这些怀疑者闭上嘴巴。这件牙雕蚕是一枚用野猪獠牙雕刻而成的蚕，造型与现代家蚕极为相似。长 6.4 厘米，宽不足 1 厘米，厚 0.1 厘米，“蚕雕背部凸起，头昂尾翘，呈绷紧的‘C’形姿态，仿佛即将吐丝或正在吐丝……发掘者推测该雕刻蚕是一只处于吐丝阶段的家蚕”[13]。

▲ 河南巩义双槐树遗址出土的牙雕蚕[14]

2019 年下半年，考古人员在山西夏县师村遗址又出土了四枚距今6000年左右的石雕蚕蛹。发掘者认为该石雕蚕蛹与李济1926年在夏县西阴村发现的蚕茧一脉相承。师村遗址距运城盐池直线距离约7公里，总面积大约3.5万平方米，属于西阴文化的前身东庄类型遗存。能把蚕蛹雕成石刻，表明早在东庄类型时期，先人们就已经掌握了养蚕技术。[15]

同是2019年，考古人员在河南省荥阳市汪沟遗址出土的一具瓮棺的亡童头盖骨附着物和瓮底土样中，检测到了桑蚕丝残留物。汪沟遗址发现的丝织物残存，是世界范围内迄今发现时间最早的丝制品，距今5500～5300年。[16]

到西周时，丝织品制作技艺水平有了飞速的发展，丝织品种琳琅满目，种类繁多，但人们常用的是平纹帛以及地、花皆为斜纹的绮，另外，染色刺绣品也已经出现了。西周时期的蚕丝及丝织品残物在考古中屡有所见，层出不穷，陕西宝鸡茹家庄西周中期墓葬、山西临汾晋侯墓地、河南浚县辛村西周遗址和三门峡虢国墓地等，都出土了相关遗迹遗物。

▲ 宝鸡竹园沟西周早期墓地出土的圆雕玉蚕[17]

尤其是陕西省宝鸡市竹园沟西周早期墓地和茹家庄西周中期墓地，出土了数量较多的玉蚕和丝织残物。玉蚕大小不一，最大的长约4厘米，最小的则不到1厘米。丝织残物有的贴附在铜器上，有的压在淤泥上，三四层重叠在一起。大多是平织纹，还有一块淤泥印痕的菱形图案，经鉴定是斜纹提花织物。刺绣印痕色彩鲜艳，有朱红和石黄两种颜色。其绣法是采用了辫子股绣的针法，就是先用单线勒出轮廓，然后在个别部分加上双线。线条流畅，舒卷自如；针脚细腻，均匀整齐，反映了西周人高超的刺绣技巧水平。[18]

西周时期，生产力水平不高，丝织品一般只有贵族才能穿得起，庶人平常穿的是麻织品，所以孟子才把“老者衣帛食肉，黎民不饥不寒”（《孟子・梁惠王上》）作为他的理想。麻织品在古代称为“布”，平民百姓因而有“布衣”之称。用粗麻织的褐，更是等而下之，为贫贱者日常所穿，所以古人又称贫贱者为“褐夫”。

琳琅满目的佩饰

爱美之心，人皆有之。自从人类诞生以来，佩饰就成为人们穿戴打扮不可或缺的一部分，在汉语中，服装和佩饰被合而为一称作“服饰”，就是一个明证。在原始社会，先人们主要是用贝壳和兽骨来作佩饰，这时的佩饰有两个作用，一是美化仪表，二是避邪祛灾。这类考古发现比比皆是，如距今 1.8 万年左右的北京山顶洞人，他们的装饰品是小型兽牙、小烁石、骨管等。这些小饰品上还大都钻有小孔，显然是留作系带之用。进入阶级社会后，佩饰又有了区分等级身份的作用，因而具有了更多的文化意味，佩饰不但品种日益增多，其品质和等次也越来越被人为地拉大了距离，甚至成为人们身份的象征。

西周是一个非常讲究等级的礼制社会，佩饰就成为用来美化仪表，并以此体现身份等级和文化修养的标志。那是一个“佩缤纷其繁饰兮”（《离骚》）的繁花乱眼的时代：“有匪君子，充耳琇莹，会弁如星。”（《诗经 · 卫风 · 淇奥》）意思是说，君子的打扮，是充耳挂在冠冕两旁的良玉，美丽的宝石镶嵌在冠冕上，就像灿烂的星星一样在闪闪发光。

玉晶莹剔透，象征着高洁，是西周贵族须臾不离之物。正如《礼记·玉藻》所云“古之君子必佩玉”“君子无故，玉不去身”，在西周，贵族佩玉不止意味着权势和财富，更意味着一种精神和信仰，一种品格和气度。

▲　虢国墓地出土的玉佩饰

1. 玉环　2. 龙纹碧玉环　3. 双鸟纹玉饰　4. 龙纹玉佩　5. 凤鸟纹玉佩

《诗经》收录了很多描写佩玉的诗歌，佩玉不仅是君子的象征，是贵族身份的标志，更是对心上人的一种美好祝愿的表达，如《齐风·著》：

俟我于著乎而，充耳以素乎而，尚之以琼华乎而。
俟我于庭乎而，充耳以青乎而，尚之以琼莹乎而。
俟我于堂乎而，充耳以黄乎而，尚之以琼英乎而。

“著”是古时正门与照壁（亦称影壁）之间的空间地带，西周春秋时期举行婚礼前，新郎要在此等候新娘。

古代男子冠帽两侧各系有一条丝带，在耳边打个圆结，圆结中穿一块玉饰。丝带称纨（dǎn），饰玉称瑱（tiàn）。因纨上圆结与瑱正好塞着两耳，故称“充耳”。素，指白色。

这首诗描写的是新郎迎娶新娘的情景，花轿在热闹的吹打声中来到新郎家门口。新娘被人搀扶着向大门走来，这时新郎已经站在照壁前等待着她。新娘想看新郎，又因为害羞，不敢抬头正眼看，就偷偷瞟着，但看不到身体全部，瞟在眼里的只有新郎冠冕上垂下的丝带和玉石。新娘在憧憬与期待中被新郎引导着一步步走进他们的洞房。但充满她眼帘的只有新郎冠冕上的丝带和那几颗精美璀璨的玉石。在照壁前，新郎冠冕上的丝带还是白色的；到了中庭，就换成了青色的；到了堂前，又换了黄色的。然而，不管丝带的颜色如何变换，美玉却依然是那样华丽璀璨。“琼华”“琼莹”“琼英”三个词，不但写出了玉石的晶莹绚丽，还以隐喻的笔法写出了新郎如美玉一般的君子风度。

《郑风・子衿》也是这样一首诗歌。一个少女被心上人的“青青子衿（jīn）”勾起无限缠绵的情思，她想去与他约会，然而她放不下少女的矜持，希望心上人来找她，可是始终不见男孩前来，她很懊恼，心里暗骂：你这个傻瓜，我不找你，你就不可以来找我吗？“青青子衿，悠悠我心。纵我不往，子宁不嗣音？”骂归骂，女孩还是抑制不住地想念男孩，而晃动在眼前的总是男孩腰间的那块佩玉，晶莹剔透，泛着青绿色的微光，让人心碎：我不找你，你就真的不来了吗？“青青子佩，悠悠我思。纵我不往，子宁不来？”女孩站在高高城楼上，左顾右盼四处张望：一天不见你的面，如同过了三个月那样长啊！“挑兮达兮，在城阙兮。一日不见，如三月兮！”

在这首诗里，“衿”和“佩”都成为女孩心中男孩的指代物。衿，一般是指上衣或长袍的前幅，佩就是指佩戴在身上的玉饰。

《礼记·经解》曾提到“行步则有环佩之声”，说的是西周男子佩戴玉石走路时玉石碰撞发出“叮当叮当”有韵律的声音，是谓“金声而玉振”(《孟子·万章章句下》)，可以帮助佩玉者以听觉规范自己的步态，与玉声保持相同的韵律节奏。这也成为西周乃至秦汉时期君子佩玉行走的一大景观。

佩带玉饰不是男子的专利，也是女人的最爱。《郑风·有女同车》就描写了一幅这样的场景。一对少男少女同车而行，女孩容貌美丽，像刚刚绽放的花儿一样光艳照人；体态轻盈，像飞翔的鸟儿一样楚楚动人。她腰间的几块佩玉泛着光芒，随着车的摇晃发出叮叮当当的脆响声，让男孩心猿意马，魂不守舍：

> 有女同车，颜如舜华。将翱将翔，佩玉琼琚。彼美孟姜，洵美且都。
>
> 有女同行，颜如舜英。将翱将翔，佩玉将将。彼美孟姜，德音不忘。

当然，西周时期人们佩戴的饰品不仅仅是玉石，还有玛瑙、黄金、蚌壳，乃至皮毛制品等，如前述《郑风·羔裘》描写的“三英粲兮”，就是用皮毛在衣服的袖口、领口和衣边所做的三道装饰，既保暖实用，又显雍容华贵：“羔裘晏兮，三英粲兮。彼其之子，邦之彦兮。”而豹饰羔羊皮袄很可能就是当年盛行的一种“公务员”服饰：“羔裘豹饰，孔武有力。彼其之子，邦之司直。”“子”是古代对男子的尊称，“司直”是负责正人过失的官吏，属于我们今天所说的“公务员”序列。

▲ 虢国墓地出土的玉与玛瑙组合项饰（1、4）、腕饰（2）和玛瑙珠项饰（3）

从文献记载看，西周时期的玉饰种类主要有冠饰之玉、发饰之玉以及各种鸟兽状佩玉等，种类繁多，琳琅满目。《诗经·郑风·女曰鸡鸣》云：

> 知子之来之，杂佩以赠之。知子之顺之，杂佩以问之。知子之好之，杂佩以报之。

诗中的“杂佩”，又叫“佩玉”，是指西周至春秋时期盛行的由多件玉饰串联组成的悬于身上的佩饰玉，是国君或高级贵族区别贵贱、等级的标志。这些“杂佩”包括珩（héng）、璜、琚、瑀（yǔ）、冲牙等，在有关西周的考古中屡有发现，而且数量庞大，如陕西宝鸡周原遗址岐山贺家村出土的饰品，总计达到了 90 多件，包括玉鱼、玉串饰、玉贝等[19]；山西临汾曲村—天马遗址晋侯墓地 63 号墓葬中，发现一组“杂佩”，由玉璜、玉珩、冲牙、玉管等组成，共计 204 件。这座墓葬的主人是晋国第八代君主晋穆侯后娶的夫人杨姞。我在前文已述及，杨国是一个在西周前期位于今山西省洪洞县域的姞姓小国，不见于史籍，为考古所发现。杨姞是由杨国嫁到晋国的宗室贵族之女。由 204 件玉石等组成一组奢华无比的“杂佩”，充分说明了杨姞作为晋侯夫人的显赫地位。[20]

除此以外，考古工作者还在北京琉璃河燕国墓地、河南三门峡虢国墓地、陕西宝鸡强国墓地等都发现了大量西周“杂佩”和其他佩饰，总的特点是品种多，数量大，质量精。这些佩饰从人体悬挂部位看，可分为发饰、项饰、腕饰、胸佩四种；从造型看，主要有天然圆球形、几何形、人神合体形、动物肖像形等，我们以河南三门峡虢国墓地为例予以简单说明。[21]

虢国墓地在20世纪50年代发掘了234座墓葬，共出土组合佩饰32组；在20世纪90年代发掘了18座墓葬，共出土组合佩饰19组。这些组合佩饰中，项饰数量最多，共计20组，其次是腕饰和胸佩，发饰、耳饰数量最少。

20组项饰大都是玛瑙珠、玉佩，其中单个饰件数量从90件（颗）到173件（颗）不等，这些小饰件包括人龙合纹佩、兽首形佩、蝉形佩、马蹄形佩、绢形佩、红色玛瑙珠、橘红色玛瑙珠等。

▲ 虢国墓地虢仲墓出土的六璜联珠组合胸佩

腕饰主要有以下四种组合，一是玛瑙珠、绿松石珠组合，二是玉管、佩组合，三是玛瑙珠、玉佩组合，四是玛瑙珠、料珠和玉佩组合。这些组合中，单个饰件数量从20件（颗）左右到126件（颗）不等。

胸佩主要有三种组合，一是七璜联珠组玉佩，一组374

▲ 虢国墓地 1647 号墓出土的玛瑙珠、料珠和玉佩组合腕饰 [22]

件（颗）；二是五璜联珠组玉佩，一组 390 件（颗）；三是玛瑙珠、玉管组合，一组 71 件（颗）。每种组合中，单个饰件数量从 70 件（颗）到 390 件（颗）不等。

发饰有两种组合，一是玛瑙珠、玉管和玉环组合，二是玉佩、玉璜、玉玦和玉管组合。

以上佩饰组合，我们以 1956 年出土于虢国墓地的 1647 号墓中的一串玛瑙珠、料珠和玉佩组合腕饰为例具体说明一下。这一腕饰是由 23 颗红色玛瑙珠、2 颗管形料珠、7 颗菱形料珠、3 件管形玉饰、1 颗球形玉珠、1 件蚕形玉饰组成。出土时散落在墓主人骨架的腕部。玛瑙珠直径 0.4～0.5 厘米，蚕形玉饰长 4.5 厘米，玉珠长 0.6 厘米，料珠长 0.5 厘米。玛瑙珠、料珠和玉佩所用材料的质地和颜色各不相同，但都是上好的玉料，晶莹剔透，五彩缤纷，互相辉映。

虢国墓地组合佩饰有以下几个特征：

一是在同样级别的墓葬中，男女用玉在总数量上旗鼓相当，但组合佩饰在女性墓中使用的比例高于男性墓，说明在西周时期，组合佩饰更多地体现了女性色彩。

二是等级越高的墓葬，组合佩饰的结构越复杂，质量越好。在国君及其夫人墓中出土的组合佩饰不但结构复杂，而且质量很高，如七璜联珠和五璜联珠组玉佩，颜色纯正，在身份低下的贵族墓中都不曾出现。在更低一级的士或较为富裕的平民墓中出土的组合佩饰，结构更为简单，而且大多由廉价的绿松石、料器、彩石等假玉组成。这种情形与西周社会严格的封建等级制较为符合。

三是在虢国墓地已经发掘的众多墓葬中，多璜组玉佩只存在于国君及其夫人墓中，其他的墓中一概不见，而且这一情况同样出现在山西晋侯墓地中，说明多璜联珠组玉佩的使用可能存在等级的限定，譬如用玉多少、佩饰的复杂程度以及长短等，都是区别身份地位高下的标志。《周礼・冬官考工记・玉人》记载："天子用全，上公用龙，侯用瓒，伯用将。""全"是说，玉器颜色纯正划一；"龙"是说，玉器颜色混杂不一。"瓒"和"将"都是用石头占一半。这是用玉颜色的差别来明贵贱、分尊卑。

西周是贵族时代，贵族在服饰上除了佩玉，还有个标志是男子佩剑搢（jìn）笏（hù）。笏即笏板，即古代臣子朝见君王时手中所拿狭长板子，用玉、象牙或竹片制成，上面可以记事。搢笏就是将笏板插在腰带上，呈现给人的是儒雅君子的风度。剑象潇洒，搢笏儒雅，这种装束在后世颇为流行，《墨子・公孟》中就有对战国初期公孟子搢笏去见墨子情状的描写："公孟子戴章甫，搢忽，儒服，而以见子墨子。"笏在汉以后成为朝服的一部分，不过，在西周时期则仅仅是青年贵族日常衣饰的附件。

《礼记・内则》记载，西周人还经常随身携带一些大小物件，包括佩巾、佩刀、小刀、火石、火钻等，因为那个时候还没有后来的火柴、打火机一类，携带火石、火钻主要是为了引火方便，这也是当时人们必备的生存技能之一。

一般来说，男子搢笏带笔，女子携针线包，这也算是西周时期男女分工不同的外在表现吧。

纺织是女人终生的职业

男耕女织是中国传统社会的一大特征。考古发现，在距今9000～7000年的裴李岗文化遗址和距今7000～6000年的半坡文化遗址，就出土了大量的陶纺轮，而且大都是作为女性随葬品出现的[23]，至距今6000～5300年的西阴文化时期，西阴人的手工纺织业更有了长足的发展，这主要表现在，裴李岗文化时期和半坡文化时期的陶纺轮一般是圆饼形一种，而到西阴文化时期至少增加至馒头形、圆台形和圆饼形三种。由于御寒蔽体和礼仪审美的需要，手工纺织已成为当时不可或缺的一个行业。这也就是说，在距今6000～5300年时，整个黄河流域男女的劳动分工就已基本稳定。男性一般担负手工业和渔猎业生产职能，在农业生产中起主导作用，而女性的基本职能仅限于纺织等家务劳动，只起辅助性作用。

由于耕犁是在春秋时期才出现，我们一般将男耕女织制度确立的时间定于这个时段，但实际上这是一种狭义概念下的界定，如果我们将“耕”视作农业翻地种植的一般体力行为，那么至迟在公元前4000年的西阴文化初期，传统意义上的男耕女织制度就已经基本确立，并成为后世社会各个阶层所遵行的不二法则。

根据考古发现，并借助现代科学技术手段的分析，商周两代已经有了原始腰机、双轴织机、踏板织机和多综式提花机四种织机。[24] 多综式提花机更为先进，是一种可以织出菱形花纹的丝织品。目前，考古人员已在多处商周遗址中，发现了诸多的玉蚕、青铜器上装饰的蚕纹，以及包裹玉器和青铜器的绢丝织物残留印痕，有的墓葬还发掘出了帷荒（丝织品棺罩）残片。甲骨文中桑、蚕、丝、帛等字也频繁出现。

▲　虢国墓地 2118 号墓出土的帷荒残片遗迹

相比于商代，西周的纺织技术水平有了更为显著的提高，这不仅体现在多种织机的发明和使用上，还体现在纺织品的品种和数量上。从金文看，周天子在封建、册命、祭祀、战争、朝聘中的赏赐活动中，丝束、帛束、服饰、旗帜等纺织品都是较为重要的赏赐物品，仅衣物就有织衣、玄衣、玄衮衣等多个品种，数量之大、种类之多前所未有，充分体现了周王朝纺织业的发达程度。

西周纺织业的发达和周王朝对纺织业的重视是分不开的，周王和王后每年都要按时按节定期举行躬桑劝农活动，号召全国上下要因地制宜种植桑麻等与纺织有关经济作物，为纺织所需原料提供保障。

从传世文献和金文观察，西周的纺织业和毛皮手工业作坊，分为官营和民营两大类，均在王朝直接或间接控制下，有条不紊地进行纺织品和皮毛制品生产加工。但不管是哪一种，妇女都是其中的主力军。当时庶民家庭的生产生活都是在官府管控之下的有组织的氏族公社集体行为，很少有自己自由支配的时间和空间。《汉书·食货志》记载，百姓在结束一年的田间劳动后，要搬回有里胥和邻长管理的“邑里”家中过冬。过冬也不能闲着，同一里巷的妇女，还要集中在一起加班进行夜间纺织。这样做，会使女工在一月以内完成四十五天的工作。

为此，国家还专门制定了相关法律，规定妇女不得无故停止纺织生产活动：“妇无公事，休其蚕织。”(《诗经·大雅·瞻卬》) 如果妇女放弃纺织本职，就是违法行为。

西周王朝设立了典妇功、典丝、典枲（xǐ）、内司服、缝人、染人、追师、屦人等许多衣物和纺织管理部门，从征收原料、组织织造，到成品交纳入库等，样样俱全。其中，典妇功掌管妇功用材数量的标准，据以授给九嫔、世妇及女御从事妇功所需取用的材料。凡分配给嫔妇的任务，到秋季呈献成绩时，要辨别活计的质量、比较数量的多少。还要书写标签注明，再交内府收藏，以供给周王和王后所用：

> 掌妇式之法，以授嫔妇及内人女功之事赍（jī）。凡授嫔妇功，及秋献功，辨其苦良，比其小大而贾之物书而楬（jié）之。以共王及后之用，颁之于内府。(《周礼·天官冢宰·典妇功》)

妇功，亦称妇工，《周礼·冬官考工记》云：“治丝麻以成之，谓之妇功。"《周礼·地官司徒》云:"任嫔以女事,贡布帛。"让妇女们从事纺织劳动,给国家生产布料和丝制产品。显然,周王朝是将妇女纺织同百工、商旅、农夫同等看待的,说明纺织生产在西周经济中占有重要地位。

在周代,纺织是女人必须从事的终生职业,而且是光荣的象征,是所谓的妇德之一。女孩从呱呱坠地那天起,就被家长赋予了未来成为一名优秀纺织技工的重托。《诗经·小雅·斯干》云:"乃生女子,载寝之地,载衣之裼,载弄之瓦。""瓦",《毛诗正义》解释说:"纺砖也。"就是纺线用的陶制纺锤。这句诗的意思是说,当时的人家生了女孩,就让她玩弄纺锤,目的是希望她长大之后,可以胜任女工、纺绩之事。"弄瓦"因而成为女性的象征。

《礼记·内则》记载:"女子十年不出,姆教婉娩听从,执麻枲,治丝茧,织纴组紃(xún),学女事以共衣服。"女子长到十岁后,便不能随便出门,母亲要从制作麻线开始,教她们如何养蚕纺丝,织布制帛,教她们学习女子该做的纺织一类事情,以供家庭和社会穿衣所需。

周代纺绩之事,基本上都是由女性承担的,不分贵贱,不讲究地位,上自王后、公主,下至庶民之妇、之女,都以纺绩为分内职责,都必须掌握纺绩的基本技能。《国语·鲁语》记载,春秋时期,鲁国显贵公父文伯的母亲在论及女织一事时曾说,王后、公侯之妻、命妇、列士的妻子都有责任亲自为其夫织作礼仪性服装和相关配饰;普通人的妻子则要为丈夫提供日常的衣着:"王后亲织玄紞(dǎn),公侯之夫人加之以纮(hóng)、綖(yán),卿之内子为大带,命妇成祭服,列士之妻加之以朝服,自庶士以下,皆衣其夫。"

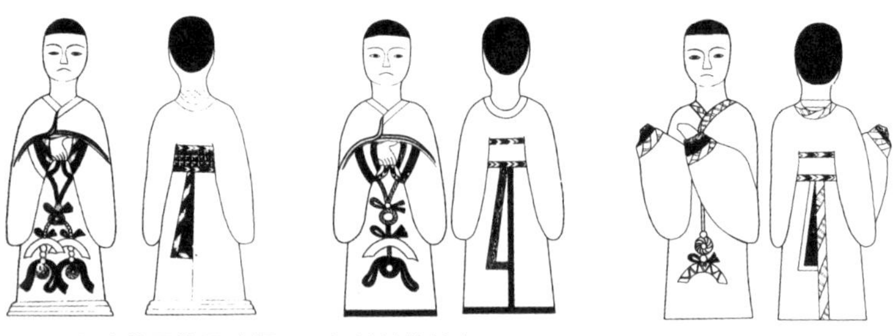

▲ 西周贵族服饰图（摄于三门峡博物馆）

这里虽然说的是春秋的事情，但春秋时期的政治、经济、文化、礼仪、习俗等与西周一脉相承，所以，在一定意义上说，公父文伯母亲关于女织之论，也反映的是西周当时的社会风尚和礼仪。当然，贵族妇女亲自纺织，可能更多的是一种礼仪性的象征，是在向天下垂范：纺绩乃女子之本分、本职，是礼制规定的妇功。女子与纺绩的关系，不能因地位差别而有所废弛。

女子从事纺绩对于一个普通的庶民家族来说有更为重大的意义——家庭成员所有的穿戴大都来自女子成员的纺绩贡献。所以，我们在《诗经》中可以看到来自社会底层的大量反映女子纺绩的诗篇。

《豳风·七月》是一首反映西周早期农业生产和农民日常生活的诗篇。全诗共八章，其中第二章描写的就是妇女蚕桑的情景：春日阳光明媚，黄鹂婉转。姑娘提着竹筐，沿着小道采摘鲜嫩桑叶和白蒿。姑娘心中有些伤悲，害怕要随贵人嫁往他乡。

春日载阳，有鸣仓庚。女执懿筐，遵彼微行，爰求柔桑。春日迟迟，采蘩祁祁。女心伤悲，殆及公子同归。

第三章描写的是女子纺绩的情形：三月开始修剪桑树枝，取来锋利的斧头，砍掉那些又高又长的枝条，攀着细枝采摘鲜嫩的桑叶。七月到了，伯劳鸟一声声地叫唤。八月到来时，开始织麻。染丝有黑也有黄，但我的红色更鲜亮，将它献给贵人做衣裳。

> 蚕月条桑，取彼斧斨（qiāng），以伐远扬，猗彼女桑。七月鸣䴗（jú），八月载绩。载玄载黄，我朱孔阳，为公子裳。

《陈风·东门之池》是写男子与心上人相会，女子美丽、能干，在水塘里“沤麻”“沤纻”“沤菅”，男子无比兴奋地唱道：

> 东门之池，可以沤麻。彼美淑姬，可与晤歌。
> 东门之池，可以沤纻。彼美淑姬，可与晤语。
> 东门之池，可以沤菅。彼美淑姬，可与晤言。

麻在古代既是重要的纤维作物，也是粮食作物，其所结的籽粒即《豳风·七月》里提到的“苴”，可以食用：“九月叔苴，采荼薪樗，食我农夫。”麻茎部的皮较为坚韧，在我国古代数千年的历史中，一直是一种重要的纺织原料。

除此以外，《陈风·东门之池》《陈风·东门之枌（fén）》《小雅·大东》《唐风·葛生》《魏风·葛屦》《齐风·南山》等诗篇，也都描写了同女子纺绩有关的场景。

《孟子·尽心上》说：“五亩之宅，树墙下以桑，匹妇蚕之，则老者足以衣帛矣。”这段话一方面反映了至迟到战国时期，蚕桑依然是当时社会的一个普遍现象；另一方面特别指出养蚕和织布是当时女性的标配性工作，强调了女性对于家庭所作的重要贡献。

总之，在西周，纺织业已经是当时最重要的手工业部门之一，是西周人民日常生活不可或缺的一个行业，而在其中占主导地位的手工业者是各个阶层的女子。这种状况一直持续到春秋战国时期，《史记·吴太伯世家》就记载了一件吴楚两国女子因采桑发生争执而导致两国发生大规模战争的事情：

> 九年，公子光伐楚，拔居巢、钟离。初，楚边邑卑梁氏之处女与吴边邑之女争桑，二女家怒相灭，两国边邑长闻之，怒而相攻，灭吴之边邑。吴王怒，故遂伐楚，取两都而去。

不过，在《史记·楚世家》的记载中，两女子争桑却变成了两小童争桑，虽然主角换了，但主题没变，依然是争桑。蚕桑女织对于国家的重要性由此可见一斑。

注 释

1. 李琳之:《何以华夏:从传说时代到西周》,研究出版社 2023 年版。

2. 李夏廷、张奎:《天马—曲村遗址北赵晋侯墓地第四次发掘》,《文物》1994 年第 8 期。

3. 孙华、张奎、张崇宗、孙庆伟:《天马—曲村遗址北赵晋侯墓地第二次发掘》,《文物》1994 年第 1 期。

4、20. 谢尧亭:《晋国兴衰六百年》,三晋出版社 2019 年版。

5. 田小娟:《从出土文物看西周的服饰与发型》,《碑林集刊》(第五辑),陕西人民美术出版社 1998 年版。

6. 黄建强:《风物志丨白草坡神秘玉人,揭示 3000 年前镇抚陇东的一方诸侯》,《兰州晨报》2021 年 7 月 29 日。

7. 许倬云:《西周史(增补二版)》,生活·读书·新知三联书店 2018 年版,第 274 页。

8. 胡谦盈:《河南柘城孟庄商代遗址》,《考古学报》1982 年第 1 期。

9. 马学庆:《朱襄城(二):"中华第一鞋"出土孟庄》,《京九晚报》2014 年 4 月 10 日。

10. 王进锋:《西周时期小贵族家族的崛起——以董家村铜器所见裘卫家族为中心》,《历史教学问题》2018 年第 6 期。

11. 李琳之:《商周时期不止一个郑国》,《返璞归真:考古纠错的中国史》,研究出版社 2024 年版。

12. 李琳之:《前中国时代:公元前 4000～前 2300 年华夏大地场景》,商务印书馆 2021 年版。

13、14. 桂娟、李文哲:《河南巩义双槐树遗址出土五千年前牙雕蚕,见证丝绸之源》,新华网 2019 年 4 月 25 日。

15. 段天璟:《十大考古候选项目:山西运城夏县师村遗址发现仰韶时代早期聚落》,《文博中国》2020 年 1 月 5 日;王晓毅等:《不忘初心 砥砺前行——2019 年山西考古综述》,《中国文物报》2020 年 3 月 6 日。

16. 陈若茜:《五千多年前的世界最早丝织品!仰韶文化再现重大考古发现》,

《科技日报》2019年12月4日。

17. 刘明科:《西周玉蚕:丝绸之路上的曙光》,《东方收藏》杂志公众号2018年7月26日。

18. 李也贞等:《有关西周丝绸和刺绣的重要发现》,《文物》1976年第4期;刘明科:《西周玉蚕:丝绸之路上的曙光》,《东方收藏》杂志公众号2018年7月26日。

19. 孙庆伟:《两周"佩玉"考》,《文物》1996年第9期。

21、22. 李清丽、胡云飞:《虢国墓地出土的组合佩饰》,《文物鉴定与鉴赏》2014年第7期。

23. 张忠培、朱延平:《黄河流域史前葬俗与社会制度》(上),《文物世界》1994年第1期。

24. 王若愚:《从台西村出土的商代织物和丝织工具谈当时的纺织》,《文物》1979年第6期;马强:《论新识的一种西周纺织工具——打纬刀》,《考古与文物》2022年第5期。

三

住

庶民的里居生活

据《周礼》记载，西周实行的是乡遂制度。乡是相对于“国”而言的。在周初及其以前，所谓“国”是以城圈为限的，城圈以内为国中，住在城圈里的人称“国人”；城圈以外为郊，住在城圈外的人称“野人”。后来随着时代的发展，人们关于“国”的概念也逐渐发生了变化，“国”的空间范围扩大到了周天子和诸侯都城之外的四郊以内，而“野”也就变成了四郊以外的地区。住于“国”者称“国人”，住于“野”者称“野人”“庶人”。“野”又作“鄙”，故又称“鄙人”。

“国人”和“野人”身份不同。“国人”有权议政、参政，也有纳军赋、服兵役的义务，“野人”则没有。“国”“野”对立的制度，自春秋中叶以后，逐渐废弃。

“国”划分为若干乡，采取的原则是，五家为比，五比为闾，五闾为族，五族为党，五党为州，五州为乡；“野”划分为若干遂，采取的原则是，五家为邻，五邻为里，四里为酂，五酂为鄙，五鄙为县，五县为遂。这有点类似于现在城市和农村的行政区划，城市按级别分设市、区、街道，农村按级别分设县、镇（乡）、村。乡一般来说是贵族居住之地，遂则为平民居住之所。

《周礼》记载的这种行政划分，有点理想化的色彩，实际情况可能要复杂很多，至少到西周中期，“里”也广泛设置于“国”亦即设于周天子和诸侯都邑之中。西周中期青铜器令彝记载，周王在成周命令明保：“舍三事令眔（dà，亦写作遝 tà）卿事寮、眔诸尹、眔里君、眔百工、眔诸侯：侯、田、男，舍四方令。”“眔”在这里是领导、管理的意思。这句话是说，周王命令明保主管“三吏四方”，执掌卿事寮。“三吏”，是朝廷内以司马、司徒、司空为首的三类官员；“四方”，就是指四方诸侯。西周的卿事寮主管行政、军事、法律等军政法令方面事宜，相当于现在的国务院。铭文中“里君”，亦见于《尚书·酒诰》《逸周书·商誓解》等典籍，乃一里之长，相当于《周礼·地官司徒》中的“里宰”。“里君”作为官职出现在金文中，表明“里”已具备一定的地方行政组织特征。

一般认为，令彝里的周王是西周第四任君主昭王（也有认为是第二任君主成王），明保可能是周公的小儿子，也有说是周公孙子或曾孙的。

▲ 令彝及其铭文拓片[1]

乡遂的划分虽然掺入了后来战国人的想象成分，但大体应该还是可信的，因为金文中除了有不少“里”的记载，还有一些关于“遂”的记载，如青铜器史密簋：“齐师、族徒、遂人乃执鄙宽亚。师俗率齐师、遂人左□伐长必。”这里的“遂人”一般认为就是“六遂之人”的意思。更重要的是，采自民间的《诗经》有一些诗篇，也反映了“乡遂制度”下人们的居住和生活情况。譬如，前文提到的《郑风·将仲子》：

将仲子兮，无逾我里，无折我树杞。岂敢爱之？畏我父母。仲可怀也，父母之言，亦可畏也。

将仲子兮，无逾我墙，无折我树桑。岂敢爱之？畏我诸兄。仲可怀也，诸兄之言，亦可畏也。

按《周礼》五家为邻、五邻为里的说法，1里就是25户人家，1家按一对夫妻有5个孩子算，是175人，正好就是个不大不小的村落。西周时期还是以家庭为基本单位的氏族公社社会，也就是说，同一个“里”里面居住的往往是一个彼此存在血缘关系的氏族大家庭，而作为一“里”之长的“里宰”或“里君”一般就由族长来担任。当然，对于更大的氏族来说，“里”也仅仅是其所属的一个支族而已。“里”是一个单独的村落，所以“里”外筑有城墙，墙下种有树木。从《诗经》其他诗篇来看，这些树木主要有桑、杞、榛、栗、椅、桐、梓、漆等。《郑风·将仲子》中的“将仲子兮，无逾我里，无折我树杞”反映的正是“里”的这一布局。这与明清乃至民国时期的晋南乡村有异曲同工之妙。不同的是，那时晋南乡村墙下都挖有两米左右的城壕，树木都种在城壕里和道路两边。城壕、城墙是为了防盗，种树是为了观赏和净化空气，当然也有采伐木材的经济实用功能。晋南在西周时期属于晋国，始封君是周成王的弟弟唐叔虞。看来，明清和民国时期的晋南村落布局也是其来有自，源远流长。

“里”内25户人家各自为一个独立的住宅单元。住宅有院，院外有墙。院墙内都种有树木，既为间隔之用，也有绿化装饰之功能，正是因为有这样的布局，所以恋爱中的姑娘，才在心中焦急地呼唤：仲子哥啊，可别翻我家的围墙，别折了我家的绿桑。不是舍不得桑树，我是害怕我的哥哥。仲子哥实在让我牵挂，但哥哥的话也让我害怕啊。

诗中还写了“园”：

> 将仲子兮，无逾我园，无折我树檀。岂敢爱之？畏人之多言。仲可怀也，人之多言，亦可畏也。

——仲子哥啊，可别越过我家的菜（果）园，别折了我家的青檀。不是舍不得檀树，我是害怕邻人的谗言。仲子哥实在让我牵挂，但邻人的谗言我也害怕啊。

“园”可能是菜园，也可能是果园。说明那时候，一户人家除了有院落，有住房，另外还有自家的菜园或果园。园在当时也被称为“圃”，《豳风·七月》就有“九月筑场圃”这样的诗句，意思是九月需要修理菜园。《齐风·东方未明》则说“折柳樊圃”，意思是折来柳树枝条编织篱笆。“樊”就是篱笆。

果园应该就在庭院之中，所以有学者也称之为庭园。庭园所种植的果树有桃树、酸枣树等，如《魏风·园有桃》：

> 园有桃，其实之殽。心之忧矣，我歌且谣。不知我者，谓

我士也骄。彼人是哉，子曰何其？心之忧矣，其谁知之？其谁知之？盖亦勿思。

园有棘，其实之食。心之忧矣，聊以行国。不我知者，谓我士也罔极。彼人是哉，子曰何其？心之忧矣，其谁知之？其谁知之？盖亦勿思。

——园中有桃树，桃子已经成熟。心中真郁闷啊，姑且放声高歌吧。有人不知我，说我傲慢又骄狂。他是对还是错，你说我该怎样做？心中真忧闷啊，有谁知我？有谁知我？何必想它辛苦思索！园中有枣树，枣子已经成熟。心中真忧闷啊，姑且到城外散散心吧。有人不知我，说我多变无准则。他是对还是错？你说我该怎样做？心中真郁闷啊，有谁知我？有谁知我！何必想它辛苦思索！

棘，是一种比较矮小的酸枣树，其果酸甜。《毛诗正义》云：“棘，枣也。”

庶民除了在家庭院落内外搞一些种植外，还养鸡养牛养羊，院内置有鸡窝、鸡架，也设有牛圈、羊圈、鸡窝等，如《王风·君子于役》云：

君子于役，不知其期，曷至哉？
鸡栖于埘，日之夕矣，羊牛下来。君子于役，如之何勿思？
君子于役，不日不月，曷其有佸（huó）？
鸡栖于桀，日之夕矣，羊牛下括。君子于役，苟无饥渴！

大意是说，郎君远出服役，不知何时才能归乡？日头垂挂天西，鸡儿知道回窠栖止，牛羊也知道下山歇息。郎君远出服役，如何不叫人思念？郎君远出服役，不知道何时才能重聚？日头垂挂天西，鸡儿回栏栖止，牛羊也缓缓回家歇息。郎君远出服役，会不会忍渴挨饥？

▲ 山西新绛阳王镇稷益庙明代后稷诞生壁画（旃檀君 摄）

这首诗以院内所养鸡、牛、羊能够按时作息，来反比君子远出服役，不能按时回家，别有一番风味。“埘”是在墙壁上挖洞砌泥而成的鸡舍，“桀”是在树上用木头搭成的鸡窝。[2]诗中写了牛羊回家，但没写牛圈、羊圈，实际上是走了暗场，在读者这里是不言而喻的事情。

“里”内各家院墙外中间的道路称为巷，《诗经·大雅·生民》云：“（弃）诞置之隘巷，牛羊腓字之。”是说周人祖先后稷出生后，被母亲抛弃到“隘巷”里，由于牛羊哺乳，他才活了下来。这里的“隘巷”是指狭窄的里巷胡同。这是周人根据当时社会里巷划分情况想象后稷诞生后被母亲抛弃又被牛羊哺乳的情景。实际上后稷生活在尧舜禹时代，前后跨度有二三百年之久，距今4000年左右，因此后稷像尧舜禹一样，都是他所在的族群数代首领的统称，不是一个具体的人。[3]

《诗经·郑风·丰》称“俟我乎巷”，《毛传》注“巷”为“门外”，意思是你在院门外的巷子里等我。《诗经·郑风·叔于田》也有“巷无居人”“巷无饮酒”“巷无服马”这样的诗句，意思是巷子里就像没有人住，巷子里没有人饮酒，巷子里没有人骑马。

住宅布局名堂多

有了住宅，就有了一个完整的家庭。西周时的家叫家室或室家，但家和室意思是不一样的，《左传·桓公十八年》云："女有家，男有室。"《孟子·滕文公下》进一步说："丈夫生而愿为之有室，女子生而愿为之有家。"意思是说，男女结婚始有家室，在女为家，在男为室。

但朱熹在《诗经集传》中给出了另一种说法："室，谓夫妇所居；家，谓一门之内。"这里的"门"指家院之门，院门之内就是家庭所在了，其中最重要的当然是家人的居住场所，即室。

综合家、室以上两种含义看，二者结合起来表达的是一个完整的家的意思，既指建筑学意义上的住宅布局，亦指血缘人伦意义上的家庭。《诗经·周南·桃夭》就是这样一首祝贺姑娘出嫁有了"家室"的诗篇。在桃花怒放、鲜艳如火的时节，这位姑娘要出嫁了，有了属于她自己的家，可喜可贺：愿她早生贵子后嗣旺，就像桃树结下的那累累香甜的果实一样；愿她能和夫家人和睦相处，就像那随风招展的茂盛绿叶一样：

桃之夭夭，灼灼其华；之子于归，宜其室家。

桃之夭夭，有蕡（fén）其实；之子于归，宜其家室。

桃之夭夭，其叶蓁（zhēn）蓁；之子于归，宜其家人。

这首诗里的“室家”“家室”都指的是血缘人伦意义上的家庭，亦即“家人”。这种用法在《诗经》里屡见不鲜，如《召南·行露》：“虽速我狱，室家不足。”纵然将我关进监狱，逼我成家的理由也不充足。《豳风·鸱鸮》：“予口卒瘏（tú），曰予未有室家。”我的嘴巴累得满是伤痕，然而家里还是不安全。再如《小雅·常棣》：“宜尔家室，乐尔妻孥（nú）。”全家人平和相处，妻儿都快乐欢喜。如此等等。

▲ 明代文徵明《豳风图》局部摹本

这一节我们要聊的是作为建筑学意义上的西周家室。《仪礼》记载了西周到春秋时期贵族士大夫家庭住宅院落的布局结构，主要是由“门”“著”“庭”“堂”“室”“仓”几部分组成，《诗经》对此也有明确的反映。

先说“门”。西周平民住宅最初的门可能是“衡门”，即横木为门。直到春秋时期，很多贫民仍然选择衡门。《诗经·陈风·衡门》便有“衡门之下，可以栖迟”这样的诗句，意思是说用横木做门这样简陋的房屋，照样可以栖身，作为住处。因为后来仅有贫民才选择使用衡门，所以衡门就逐渐演变为贫穷之家的代名词。《毛诗正义·衡门》云："横木为门，言浅陋也。"朱熹注说："门之深者有阿、塾、堂、宇，此惟横木为之。"(《诗经集传》)

衡门之外还有一种用荆竹编制的门窗，一般也为普通人家所用。《豳风·七月》云："穹窒熏鼠，塞向墐（jìn）户。"墐，是用泥涂抹的意思。户，乃筚户："'筚户，以荆竹织门。'以其荆竹通风，故泥之也。"(《毛诗正义·七月》）在冬天北风呼啸、雪花飘零之时，这样四处漏风的贫寒之家，只能用泥涂抹门户，防止严寒入侵，勉强过冬。

再说"著"。著在古代通"宁"，本义是伫，即伫立等待的地方。就住宅而言，特指大门与照壁这个区域："门屏之间谓之宁。"(《毛诗正义·著》）这里的"屏"就是我们现在说的照壁、影壁。照壁在古代又被称为"萧墙"，《论语·季氏》曰："吾恐季孙之忧不在颛臾，而在萧墙之内也。""祸起萧墙"由此而来，意思是家庭内部由于兄弟不和，发生争端，由此带来了灾祸。贵族和一般人家的照壁在庭院大门内，但天子宫殿的照壁是设置在大门外的，这一点我们在后文中有详细介绍。

周代是一个礼制社会，外人进入别人家的院落，没有经过主人的允许，是不能登堂入室的，所以特将院落大门和照壁之前的这块空间设为客人等候时站立的地方，既没有将客人拒之门外，又保护了主人的隐私和权利，合情合理，大方得体，可见西周时期的人们是颇为讲究君子风度的。

《诗经·齐风·著》是一首反映西周到春秋时期齐地民间的一场婚礼过程，全诗以想嫁而未嫁的少女口吻诉说，开篇就写到了新郎在女家"著"等候主人指示的场面情景："俟我于著乎而，充耳以素乎而，尚之以琼华乎而。"我的郎君在照壁前恭谨地等候，冠上缀饰着美玉，洁白的丝绦垂在两耳边。

接着，写的是新郎进入“庭”后的场景：“俟我于庭乎而，充耳以青乎而，尚之以琼莹乎而。”我的郎君在庭院恭谨地等候，冠上缀饰着美玉，青绿的丝绦垂在两耳边。“庭”即庭院，就是我们现在说的院落。

周人对院落的布局很讲究，大都追求中正平直，在周边种植各种树木，中间留下一块较大的场地。《诗经·小雅·斯干》云：“殖殖其庭，有觉其楹。哙（kuài）哙其正，哕（huì）哕其冥，君子攸宁。”意思是庭院宽阔平正，屋柱高大挺直，明亮、宁静，有庄严肃穆之感。住在这样的地方，君王心里才能安宁。一般认为，这里虽然描述的是周天子宫室的院庭，但也反映了西周一般民居院庭对于平正追求的情况。[4]

之所以有如此追求，是因为庭院不但是主人平常休养生息的私人空间，往往还是他们举行盛大典礼和集体娱乐活动的地方，如婚丧嫁娶等，是他们集中向外人展示自己形象的一个重要场所。

有时，有些贵族的庭院里还悬挂着从庶民手里掠夺而来的猎物，借以炫耀自己的权势和地位。《诗经·魏风·伐檀》就借底层百姓的嘴愤怒地谴责了这一不公平的社会现象：“不狩不猎，胡瞻尔庭有县貆（huān）兮？……不狩不猎，胡瞻尔庭有县特兮？……不狩不猎，胡瞻尔庭有县鹑兮？”不冬狩也不夜猎，你的庭院为什么会悬挂着猪獾？……不冬狩也不夜猎，你的庭院为什么会悬挂着野兽？……不冬狩也不夜猎，你的庭院为什么会悬挂着鹌鹑？

“庭”在普通居民为庭院，在诸侯为“公廷”，在天子为“宫廷”，在庙宇则为“庙庭”。《诗经·邶风·简兮》说英俊魁梧的男子在“公廷”舞剑，气壮如虎：“硕人俣（yǔ）俣，公庭万舞。有力如虎，执辔如组。”“万舞”是一种手执干戚表演的舞蹈。这里的“公廷”说的就是作为诸侯的卫国宫廷。

《诗经 · 周颂 · 有瞽》云：“有瞽（gǔ）有瞽，在周之庭。设业设虡（jù），崇牙树羽。”人们在周庭悬鼓、张幡、树旗，举行祭祖活动，歌颂祖先神。这里的“周之庭”说的则是周人的庙庭。

“堂”，一般位于庭院的北端。古代传统的民居都是坐北朝南，面向阳光，周代也是如此。在这种格局中，“堂”就成为庭院之中坐北朝南的主体建筑，后面是寝室，所谓前堂后室，登堂才能入室就是这个意思。《论语 · 先进》：“由也升堂矣，未入于室也。”

“堂”是主人接待宾客、聊天议事的地方，作用相当于今天住宅里的客厅或会客厅。“堂”的面积一般较大，但结构比较简单。正门面积比居室门的面积要宽大两三倍，连接庭院的东西两阶均可直通堂内。普通贵族之“堂”，里面没有内室，但高级贵族一般在大门东西两侧设置厢房，周人称之为“序”（一说认为序是指隔开中堂与东西两夹室的墙）。不过面积很小，深度只有堂深的一半或 2/3。由于“堂”后就是“室”，因此二者共同使用一堵墙，墙上开有户牖。户指单扇的门，居中。牖就是我们现在说的窗户，开在户两侧。也有只开一扇窗户的，一般是开在户的西边。

上述《诗经 · 齐风 · 著》在描写了新郎在“著”在“庭”等候的情景后，接下来描写的就是新郎登“堂”等候的情景：“俟我于堂乎而，充耳以黄乎而，尚之以琼英乎而。”我的郎君在堂内恭谨地等候，冠上缀饰着美玉，黄色的丝绦垂在两耳边。

《诗经 · 郑风 · 丰》中也有描写新郎在女方“堂”中等候新娘，迎娶她回去成亲的情景，遗憾的是，尽管新郎体格魁伟，相貌堂堂，这个女子却与新郎赌气，没有和他一起去成婚，以至于发出了悔之晚矣的叹息：“子之昌兮，俟我乎堂兮，悔予不将兮。”

从“著”到“庭”，再到“堂”，这是西周婚礼的一个迎亲礼节形式，就是新郎须亲自到女家迎亲，先在“著”等候，再在“庭”等候，女方父母出迎后，新郎然后走西阶而登“堂”，等新娘出来后，新郎再引领新娘下西阶乘车回家成婚。朱熹《诗经集传》云：“升阶而后至堂，此昏礼所谓‘升自西阶’之时也。”

“堂”在私为堂，在公为“公堂”，在天子则为庙堂、明堂。《诗经·豳风·七月》说：“跻彼公堂，称彼兕（sì）觥，万寿无疆。”意思是大家齐上公堂，把牛角杯儿举起来，颂祝一声“万寿无疆”。这里的“公堂”不是一般民居里的客堂，而是规模较大的专门为贵族或奴隶主议事、祭奠所提供的公共场所。

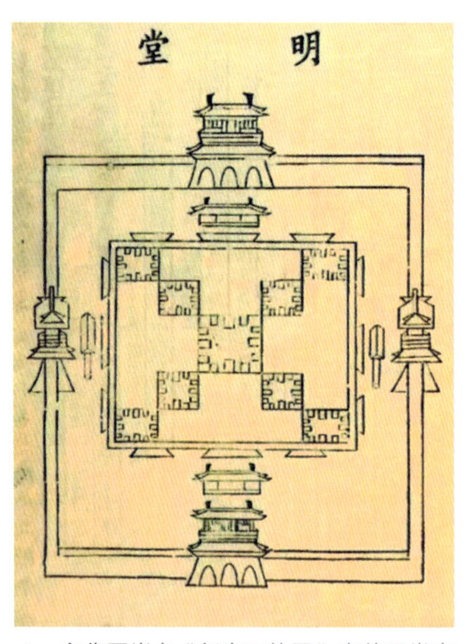

▲ 宋代聂崇义《新定三礼图》中的明堂布局图

《礼记·明堂位》记载：“昔者周公朝诸侯于明堂之位，天子负斧依南乡而立。”“斧依”又称为斧扆（yǐ），是古代帝王朝堂所用的状如屏风的器具，以绛为质，高八尺，设在东户西牖之间。其上有斧形图案，故名。斧在上古时期化身为钺，是军权和王权的象征。这句话的意思是说，过去周公在明堂接受诸侯朝见，天子背朝斧扆，面向南站立。这里的“明堂”即为天子进行政治教化，主持朝政、议事、祭祀、封赏、选士、庆典等活动的朝堂。

“室”，就是今天说的寝室、卧室，古人也叫内室，是人们睡觉休息的房间。《诗经·齐风·东方之日》是一首男主人公回忆与女子在寝室偷偷幽会的情诗：

东方之日兮，彼姝者子，在我室兮。在我室兮，履我即兮。

东方之月兮，彼姝者子，在我闼兮。在我闼兮，履我发兮。

——旭日东升，那美丽的姑娘，就在我的寝室里啊。在我的寝室里啊，悄悄伴我情意浓。月儿东悬，那美丽的姑娘，就在我的寝门旁啊。就在我的寝门旁啊，悄悄伴我情意长。

这里的“室”就是指寝室，“闼”是寝室的门。寝室不同部分有不同的称呼，《豳风·七月》对此有明确的反映：

七月在野，八月在宇，九月在户，十月蟋蟀入我床下。

穹窒熏鼠，塞向墐户。嗟我妇子，曰为改岁，入此室处。

这首诗通过对蟋蟀随着四季的变化而改换活动的地方，以及对农人整理过冬房屋的描写，展现了寝室等各部分空间及其名称——宇、户、床下、穹窒、向、室，为我们提供了一幅西周时期庶民居室的清晰画卷。

“宇”，是指屋外的房檐，《毛诗正义·七月》云：“宇，屋四垂为宇。”

当时的民居大都是地面建筑，人们已经使用上了窗户，就是上述的“牖”。但这是指朝南的窗户。《诗经·豳风·鸱鸮》云：“迨天之未阴雨，彻彼桑土，绸缪牖户。”意思是说，趁着天晴还没下雨的时候，赶紧剥点桑树根皮，把那门窗修好。

朝北的窗户，周人称之为“向”。有的底层庶民家境贫寒，门扉大多是以荆薪枯竹之类编制而成，因此进入秋天就需要涂泥塞缝以御寒气。[5]后世所用门户一词，大概就源于此，门是屋门，户为窗户。人走正门，而蟋蟀昆虫类则是从屋檐下穿窗而入，所以诗中称蟋蟀“在宇”“在户”。

周代贵族室内的地面一般用火烘烤而成，因此周人又称“室”为“穹窒”。类似的说法在《诗经·豳风·东山》中也有体现：“妇叹于室，洒扫穹窒。”高亨《诗经今注》云：“穹，借为烘，用火烤。”为什么要用火烤地面呢？因为当时人们还没发明桌椅板凳一类，都是席地而坐，就是在地上铺一张席子，人们在席子上就座。用火烘烤地面后，可以防潮，防止湿气入身。

“仓”又称廪、仓廪，是用来储藏农用和生活物资的仓库。《诗经·小雅·甫田》是一首反映周人祈求风调雨顺、人寿年丰的祭祀诗，其中就有描写“仓”的诗句：

> 曾孙之稼，如茨如梁；曾孙之庾（yǔ），如坻如京。乃求千斯仓，乃求万斯箱。黍稷稻粱，农夫之庆。

——周王土地上收割下的庄稼，堆得像茅屋、车顶梁一样高；粮食装满一座座仓库，赛过那一处处丘陵和小山岗。还需要再建一千座粮仓，还需修造一万个车箱。黍米稷稻粱五谷丰登，天下百姓幸福无量。

“曾孙”是周王自称，一般认为是西周第二任君主周成王，《毛诗

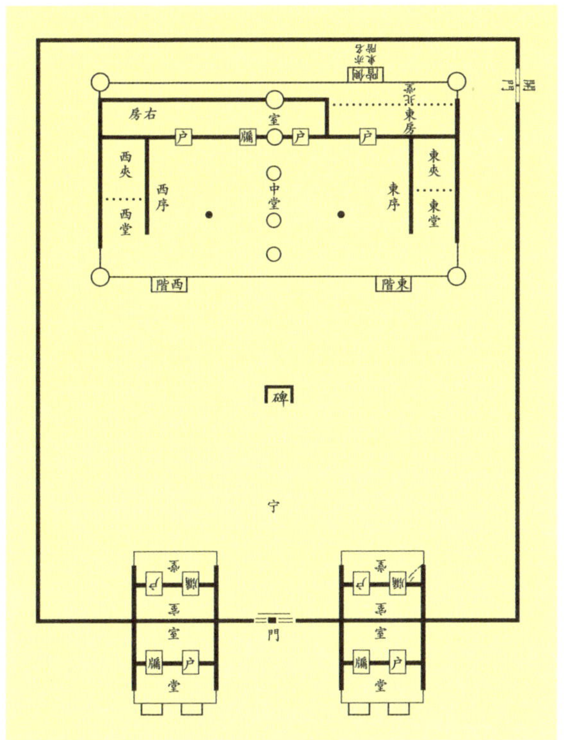

▲ 宋代聂崇义《新定三礼图》中的士大夫住宅布局图

正义·甫田》解释此诗说："成王见禾谷之税，委积之多，于是求千仓以处之，万车以载之。"

反映周人秋冬祭神、祈求丰收的乐歌《诗经·周颂·丰年》，有描写"廪"的诗句：

> 丰年多黍多稌。亦有高廪，万亿及秭。为酒为醴，烝畀（bì）祖妣，以洽百礼，降福孔皆。

——丰收年谷物收获多多，到处都是高大粮仓，储存着数不清的新粮。将来酿成美酒会是多么香甜，配合祭典，献给祖先尝尝，普降恩泽该是多么吉祥。

这两首诗反映的都是周王室的仓库，一般家庭是不会有这样的排场的。不过，西周一般人家备有仓廪应该是无可争议的史实，只不过是有条件的人家往往分室储存，无条件的人家则人物共处一室而已。

前文已谈及，西周时期大部分农耕家庭还设置有牛圈、羊圈、猪圈等，猪圈在一定意义上就是厕所，一物二用，是家庭必备场所。除此以外，还有马厩。马厩就是养马的场所："乘马在厩，摧之秣之。君子万年，福禄艾之。"（《诗经・小雅・鸳鸯》）拉车辕的马养在马房，每天喂草还喂杂粮。祝福君子万年长寿，福禄祯祥。诗中的"厩"就是马厩。

当然，这并不是说所有的农家院落都建有牛、羊、猪圈和马厩。家庭富裕一点、条件好一点的人家，一般会单独设立牛、羊、马圈等。可以说，后世农村传统民居布局大体上是沿袭西周风格而来的。

室内日常陈设

贵族和庶民室内的日常陈设是不一样的，贵族室内陈设物品种类更多，品质也更为精致一些，贵族追求的是与其等级身份符合的高等家具物品，庶民的室内陈设则相对简单、朴素，他们主要是以实用为目的。从《诗经》来看，西周人室内主要陈设有席、床、几、案、枕、衾等家庭日常生活用具和用品。

先说席。我们在《席地而坐，手抓而食》一节中讲过，周代由于还没有现在所谓桌椅板凳一类家具，人们就在地面上铺张席子，或坐或卧，用于进餐和就寝。尽管从天子到王公贵族，再到庶民百姓，人们都是席地而餐，席地而卧，但各个阶层所用席的质量却有天壤之别。《礼记·丧大记》云："君以簟（diàn）席，大夫以蒲席，士以苇席。"

簟席就是竹席，也称"箦（zé）"。蒲席是用蒲草编织而成的席子，《礼记·杂记上》云："蒲席以为裳帷。"裳帷，即车围子，看来蒲席是士大夫出行时装备车辆的必备之物。苇席是用芦苇编成的席子，称"莞（guān）"："莞，小蒲之席也。竹苇曰簟。"（《毛诗正义·斯干》）为什么此处称"莞"为"小蒲之席"？因为周代贵族用席一般是两重，

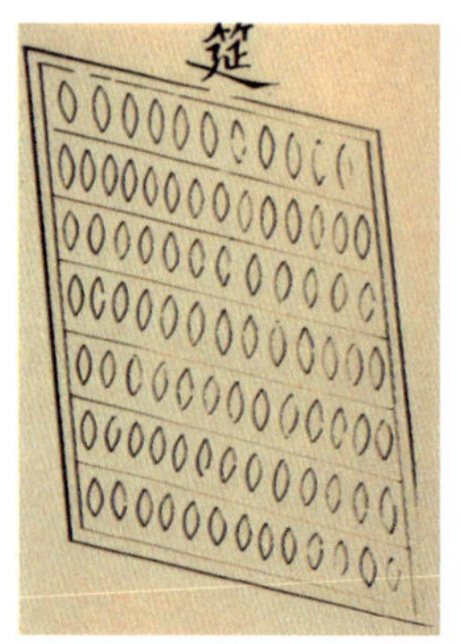

▲ 宋代聂崇义《新定三礼图》中的筵

即所谓重席，就是在大席子上再铺一张小席："下莞上簟，乃安斯寝。"(《诗经·小雅·斯干》)在苇席上面再铺一张竹席，才能安然就寝。铺在下面的那张席子也称筵，《周礼》郑玄注云："筵亦席也。铺陈曰筵，藉之曰席。"

庶民之家一般用的就只能是最简陋的草席，家里光景稍微好点的可用苇席。而王公之家除了用竹席外，还普遍使用昂贵无比的象牙席，其工艺制作水平达到了十分高超的地步。

设重席招待客人，意味着对方有尊贵的地位。《左传·襄公二十三年》记载，春秋时鲁国正卿季孙宿没有嫡子，按周礼，有嫡立嫡，无嫡立长。但季孙宿不喜欢长子弥，欲立小儿子悼子为继承人。季孙宿不敢随便破坏规矩，就去找臧孙纥（hé）帮忙。臧孙纥答应得很干脆：你请我喝酒，我帮你立悼子。季孙宿于是就请众大夫喝酒，尊臧孙纥为上宾。众人对此议论纷纷，因为季孙宿是鲁国政治势力强大的"三桓"之一，而臧孙纥只是鲁国一个小小的司寇。

按照宴请的规矩，作为主人的季孙宿要向宾客们一个个敬酒，这在周代叫作"献"礼。敬完酒后，臧孙纥就开始了预谋好的表演。他先是令人在北面尊位铺上两层席子，即"重席"，然后换上新酒杯，洗干净，令人去请悼子进来。随后，臧孙纥又走下台阶亲自去迎接悼子，大夫们随之就都站了起来。

"重席"是《周礼》中大夫这个级别应该享用的席子，再往上，诸侯是三重，天子是五重。臧孙纥这一连串的举动是在告诉大家，悼子是非常尊贵的人，只有他才有资格坐到面南背北的重席之上。臧孙纥作为上宾又亲自下台阶去迎接悼子，是在告诉大家，季孙宿已经决定立悼子为季氏宗主继承人，成为世袭的鲁国大夫。

等到宾主互相敬酒酬答后，臧孙纥才召来季孙宿的长子弥，让他同其他人按年龄大小排序就座。弥见弟弟悼子坐在尊位的重席上，就明白了一切，只能无奈地接受了这个事实。

需要说明的是，天子所用五席和诸侯所用三席并不是用同一种原材料编制而成，而是分别用了五种和三种不同的质料，《周礼注疏·司几筵》云："五席：莞、藻、次、蒲、熊。"五席分别是莞席、藻席、次席、蒲席和熊席。这五席中，除了熊席是用猛兽皮革制成的以外，其余四席都是用不同的草木竹藤等编织而成。

次说床。殷商时期，人们就开始用床了，《易经》云："巽（xùn）在床下，用史、巫纷若，吉，无咎……巽在床下，丧其资斧，贞凶。"大意是说，一人生病后惊恐而伏于床下，巫师施以巫术则平安无事，或有贼人入室，病人藏匿床下，丧失财产，结果就是凶。

甲骨文也显示，商代已存在无围子的榻和有围子的床。甲骨文中的病、梦、葬、戕（qiāng）等字部首全从"爿"字。"爿"是床的本字，意为供人睡卧的家具。商人认为病、梦、葬等都是先祖对后人的警示、惩罚，所以商王对此极为重视。不过，床在那时还仅局限在贵族阶层中使用，并未在底层百姓中流行起来。

到西周时，床开始得以广泛使用，这在《诗经》诸多诗篇中都有体现。如《小雅·斯干》"乃生男子，载寝之床"，如果生下男孩，就让他睡到床上；如《豳风·七月》"十月蟋蟀入我床下"，到阴历十月，蟋蟀就钻到了床底下；再如《小雅·北山》"或息偃在床，或不已于行"，有的人安睡在床不起来，有的人奔波劳作不停止。

《周礼·天官冢宰·玉府》记载，周王室还专设官员，掌管天子寝宫所用的衣被、卧席、床铺，以及便溺之器："掌王之燕衣服，衽席床笫，凡亵器。"

床不仅用于日常生活，行军打仗时也成为必备的物品。《左传》记载，宣公十五年（前 594 年）秋九月，楚王兵围宋国，宋人恐惧，就让大夫华元深夜潜入楚营，摸进楚帅登子反的寝帐，直接上了登子反的床，叫醒登子反："使华元夜入楚师，登子反之床，起之。"这里虽然说的是春秋时期的事情，但春秋的礼制、习俗和社会经济文化，均沿袭西周而来，差别不大，在对床的使用这件事上应该也是大体相同的。

不过，遗憾的是，考古至今没发现西周到春秋时期床的实物，目前考古发现的最早的床是著名的"战国三床"，分别为四川成都商业街船棺墓出土的漆木帐架床、河南信阳长台关战国楚墓出土的漆绘围子木床和湖北荆门包山 2 号墓出土的黑漆围子折叠木床。其中，成都商业街船棺墓出土的漆木帐架床是我国目前所见最早的漆床，距今有 2500 年之久。

▲ 成都商业街船棺墓出土的战国早期漆木帐架床[6]

再说几。几一般为长方形，不太高，面较窄，类似于现在北方农村的小炕桌或茶几、案头几一类，但前者的作用主要是用来坐时凭依并调整坐姿、稍事休息。几在有关商周的文献中，屡有所见，说明在商周时期已得到普遍使用。

《诗经·大雅·公刘》是周人怀念先祖公刘的一首诗，公刘所处年代大体在商代中期。其中有云："笃公刘，于京斯依。跄跄济济，俾筵俾几。既登乃依，乃造其曹。"大意是说，我忠厚的先祖公刘，定都京师立下鸿业，威仪孔时。铺席立几，群臣依次入席，觥筹交错。这里，"俾几"就是将几立起来，"依"则是倚几而坐的意思。

《诗经·大雅·行苇》是一首反映周王室与族人饮宴的诗篇，其中有"授几"的描写："或肆之筵，或授之几。肆筵设席，授几有缉御。"意思是，有的铺席，有的陈几。凡是倚几而坐者，都相继有人侍候。周代有尊老的习俗，在举行大型宴会时一般要给老人加几，让他们有所凭依。但倚几对客而坐毕竟是一种懒散而不严肃的、不礼貌的行为，有碍观瞻，所以，年轻人一般是不设几的。这一点，《毛诗正义·行苇》说得很明白："年稚者为设筵而已，老者加之以几。"

我们现在常把几、案连起来使用，二者的内涵其实是不一样的。案是春秋战国时期才出现的新兴家具，为放置东西的用具，案面比较宽，但比几要矮。主要种类有食案、书案、奏案、毡案、欹案等。案的老祖宗是"俎"，就是切肉的案板。俎直到秦朝末年还在使用，所以这才有了樊哙那句著名的语录："如今人方为刀俎，我为鱼肉，何辞为？"（《史记·项羽本纪》）这就是"人为刀俎，我为鱼肉"这句成语的出处。

上古时期的人们常常以打猎为生，吃肉是日常行为，但吃肉首先得切肉、剁肉。但不管是切肉还是剁肉，必须有案板才行，所以俎应该很早就被发明出来了，后来还变身为一种祭祀时切牲和陈牲的礼器。《礼记·明堂位》说，俎在虞舜时期称椀（kuǎn），在夏代称嶡（jué），在商代称椇（jǔ），在周代称房俎："俎，有虞氏以椀，夏后氏以嶡，殷以椇，周以房俎。"

《诗经》里也有描写俎的诗句，如《小雅·楚茨》："执爨（cuàn）踖（jí）踖，为俎孔硕。"掌膳的厨师谨慎而麻利，切肉盛肉的俎硕大无比。《鲁颂·閟宫》则称之为"大房"："牺尊将将。毛炰胾羹，笾豆大房。""牺尊"，是放有牺牲的大缸。"毛炰"，意为带毛涂泥燔烧，这里是指烧小猪。"笾"，是竹制的献祭容器,"豆"是木制的献祭容器。"大房"，古时祭祀用半牲之体，后来就用"大房"来指盛放牲体用的俎，多为木质漆器，也有青铜俎。《毛传》曰："大房，半体之俎也。"

西周时期的俎在考古中至今不见，可能与俎料多为木质，容易腐化有关。春秋时期的俎已经出土了几件，多为青铜铸造而成。如现收藏在河南博物院的"镂空龙纹俎"，1978 年出土于河南省南阳市淅川下寺 2 号墓。俎面长 35.5 厘米，宽 21 厘米，通高 24 厘米，重 3.85 千克。俎面略有下凹，两端稍宽，中间略窄。四足为扁平形状，上端宽，下端窄，断面呈凹槽形。

▲ 河南淅川下寺 2 号墓出土的春秋时期镂空龙纹俎[7]

最后说说枕和衾，枕就是俗称的枕头，衾是我们现在所说的被子。枕和衾都放在席或床上。《诗经·唐风·葛生》云：“角枕粲兮，锦衾烂兮。”这里的枕头为什么会“粲兮”？因为这是个“角枕”，就是用牛角缀饰而成的枕头，所以在灯光照耀之下会发出光芒。诗中的被子也不是普通的被子，而是用织有花纹图案的丝织品做成的锦被，所以也是光华灿烂。《世说新语·排调》云“角枕粲文茵，锦衾烂长筵”，说明角枕和锦衾都是古代贵族家庭常见的床上用品。

贫民多住窑洞和半地穴式土屋

自新石器时代以来直至商周时期，半地下室就一直是东亚大陆居民的主要居住形式。《诗经·大雅·绵》记载，周太王古公亶父早年时，周人从上至下都还是“陶复陶穴，未有家室”。所谓“陶复陶穴”，“陶”通“掏”，指掘土为穴。“陶复”就是在山川谷地、半山腰或在塬边的沟壑上挖出的窑洞。“陶穴”就是孟子所谓“上者为营窟”（《孟子·滕文公下》）的半地穴式土屋窑洞。西周早中期平民的住宅主要还是这两种。

《诗经·大雅·绵》这一记载在考古工作中得到了证实。陕西长安沣西张家坡、河北磁县下潘汪、北京刘李店、邯郸邢台寺、洛阳王湾等西周时期遗址都发掘出了这种半地穴式的房屋。我们以沣西张家坡遗址为例予以说明。[8]

沣西张家坡总计发现有 15 座西周早期居室，均为挖在地面下的洞穴式房屋。洞穴可分为深浅两类。浅穴只残存一间，呈长方体状。长 4.1 米，宽 2.2 米，最高处为 1.4 米。筑有土坑，坑壁即室墙。墙根和地面都残留有红烧土，说明用火烧烤过，应该是为了防潮。房中偏东有柱洞，推测是留作架设屋顶的柱子之用。西壁偏北处为寝卧之处，壁上凿有放置生活用品的小龛。靠南墙中部发现一凹下的小火坑，椭圆形，当系火灶所在。房内北部发现有路土，考古人员推测为房屋出口。

▲ 张家坡浅穴房屋遗迹（由南往北）[9]

深穴有14间，均作圆形，直径在5米以上，深度超过2米。其中一间椭圆形房址，口径有7.8～9.5米，坑壁最高处有3米。房间面积比浅穴大了两三倍，深度也比浅穴多了一倍。房间出口设在南面，有一条向南的斜坡走道。坑底北壁下发现一半圆形浅火坑，当为炉灶。坑底偏南还发现有一条隔墙的墙根，将房间分为南北两间，墙根中部设有一小门，宽1.2米。专家推测，南面房间应该为待客之用，北面里间为寝卧之用，这种布局可看作外堂内室的雏形状态。

▲ 张家坡深穴房屋遗迹（由北往南）[10]

特别需要说明的是，居址附近还有很深的洞穴，从平面看，有的是长方形，有的是椭圆形，长方形的口部长1.6～2.4米，宽0.7～1.05米；椭圆形的直径为1.3～1.95米。令人感到不可思议的是其深度，有的竟达 9 米以上。这样深的洞穴显然不可能住人。考虑到这些深穴的坑口规整，四壁光滑，还凿有对称的脚窝，考古人员推测为水井或是用来储藏物品的窖穴。

西周时期半地穴式房屋的建筑方法是[11]：先在地面挖出长方形、椭圆形或圆形土穴，然后在地基上涂抹草泥，用火烧烤，变硬后再进行平整。一般情况下，穴壁在经过涂抹细泥修饰后就作为室墙使用。有些浅土穴在地面上还筑有一段土墙，用以增高室内高度。室内及其墙外四周再分挖数量不等的大小柱洞，栽立木柱，上面覆以茅草。房顶有四面坡式和圆锥式两种形式。考古发现的西周半地穴式房屋大都是单间，呈现复间形式的，如上述张家坡深穴，只是个别现象。

半地穴式房屋一般为贫民所居，这种情况一直延续到春秋战国时期，都没有什么改变，《左传·襄公十年》中就有王叔陈生讥讽他的政敌伯舆为“筚门闺窦之人”这样的记载，“筚门闺窦”因此成为一句著名的成语而流传于后世。筚门，就是柴门。闺窦，意为在夯土墙上凿壁透光，上尖下方的窗户，甚至没有窗框：“闺窦，小户，穿壁为户，上锐下方，状如圭也。”（《春秋左传正义·襄公十年》）

《庄子·让王》记载：“原宪居鲁，环堵之室，茨以生草，蓬户不完，桑以为枢，而瓮牖二室，褐以为塞，上漏下湿。”许倬云先生认为，这里虽然记载的是战国时的情形，但以此推想西周时的半地穴式房屋的情形，大概率也是如此：小小土屋，柴扉零落。门轴是用桑树干做的，屋顶是用草束覆蔽的，窗户是用破了底的瓦罐做的。为了抵御寒气，人们就把破麻布、破毛毯一类塞在门缝窗缝里，甚至挂在居室中间，一分为二，以分别内外。雨天，屋顶漏水是免不了的，地面也因是挖在地下，进水是自然而然的。“大致由新石器时代以至战国，最差的居室，就始终停在这个水平之上。”[12]

这类房屋大概就是《诗经·小雅·甫田》所云“曾孙之稼，如茨如梁”一类草屋。“茨”本义是以茅覆屋，这里意指屋盖。诗中以此形容王侯之家的粮食堆积如茅草屋顶一样高。

《诗经·豳风·七月》叙写农夫们在为贵族干完农活之后还要赶着回去修理的草屋，可能也是这类：

嗟我农夫，我稼既同，上入执宫功。

昼尔于茅，宵尔索绹，亟其乘屋，其始播百谷。

——叹一声我农夫真辛苦，庄稼刚收完，就要给官家修筑宫室。白天割茅草，夜里还要赶着搓绳索。赶紧上去修好房顶，开春还得种谷子。

当然，也不能排除这里所描写的草屋是地面建筑，类似于唐朝诗人杜甫《茅屋为秋风所破歌》中所描写的茅屋：

八月秋高风怒号，卷我屋上三重茅。

茅飞渡江洒江郊，高者挂罥长林梢，下者飘转沉塘坳。

……

布衾多年冷似铁，娇儿恶卧踏里裂。

床头屋漏无干处，雨脚如麻未断绝。

▲ 明代周臣《毛诗图》局部

西周平民除了住洞穴和半地穴式房屋外，还住木屋和板屋。木屋一般架设在河涧、山坡、高原等处，可能为隐者所居。《诗经·卫风·考槃》对此有反映：

> 考槃在涧，硕人之宽。独寐寤言，永矢弗谖（xuān）。
>
> 考槃在阿，硕人之薖（kē）。独寐寤歌，永矢弗过。
>
> 考槃在陆，硕人之轴。独寐寤宿，永矢弗告。

“考”，是筑成之义。“槃”，明人黄一正《事物绀珠》云：“架木为室，盘结之义也。”就此而言，“考槃在涧”是指木屋架在溪谷旁；“考槃在阿”是指木屋架在山坡上；“考槃在陆”是指木屋架在平原阔野上。

诗中的“硕人”，与其说是美人，不如说是隐居的贤者，正如朱熹在《诗经集传》中所说：“言成其隐处之室也。……诗人美贤者隐处涧谷之间，而硕大宽广，无戚戚之意，虽独寐而寤言，犹自誓其不忘此乐也。”

有鉴于此，姜亮夫等编《先秦诗鉴赏辞典》就按上述含义对这首诗作了如下翻译：

> 筑成木屋山涧间，贤人居住天地宽。独眠独醒独自言，永记快乐不言传。
>
> 筑成木屋山之坡，贤人居如安乐窝。独眠独醒独自歌，绝不走出这山阿。
>
> 筑成木屋在高原，贤人在此独盘桓。独眠独醒独自宿，此中乐趣不能言。

居住在偏远的河涧、山坡、高原，水灵灵的美人大概不会感到什么快乐，只有看透人生的贤者才可能有如此豁达、乐观的心态。

板屋，是指用木板搭盖的房屋，主要流行于西北地区，乃西北戎人的居住房屋。《诗经·秦风·小戎》是一首描写独守空闺的女子思念丈夫的诗篇。丈夫出征西戎，女子想到丈夫住在西戎木板房的情形，不觉翻肠搅肚，心乱如麻：“言念君子，温其如玉。在其板屋，乱我心曲。”

《汉书·地理志下》记载：“天水、陇西，山多林木，民以板为室屋，……故秦诗曰‘在其板屋’。”板屋居住的习俗后来还传到了中原乃至江南，并且从西周一直延续到清代。

西晋左思的《三都赋序》里有描写秦地板（版）屋的名句：“见‘在其版屋’，则知秦野西戎之宅。”

唐代王维的《送李太守赴上洛》一诗中也提到了板屋：“板屋春多

雨，山城昼欲阴。”

明人王士性在《广志绎》卷三中说：“宝鸡以西盖屋咸以板，用石压之,《小戎》曰‘在其板屋’，自古西戎之俗然也。”这个时期，连江南吴中也出现了板屋，归庄在《湘云阁记》一文中说：“其尤绝者为湘云阁，盖板屋而铺以湘妃竹，斑然可爱。”

西周的板屋具体是什么样子，史籍无载。不过考虑到西戎族群属于游牧民族，这种板屋应该属于易搭易拆一类轻便住宅，这大概也是它能够风靡大江南北，流传两千多年的原因所在。

文王大院长啥样

从文献记载来看，西周的都城有两处，一处是位于今西安沣河流域的镐京，是为首都；一处是位于今洛阳老城区和西工区东半部一带的洛邑，是为辅都。但从近年的考古发掘成果来看，西周王权很可能是三都并存，而且首都并非镐京，而是文献记载的“周”城，即地处今陕西扶风、岐山的周原遗址。

2020—2021 年，周原考古队通过读图和调查，发现周原遗址上有城墙线索。他们随后运用铲刮断面、钻探、试掘、大面积揭露等手段，确认存在大、小两座大致呈长方形的规整城址，并发掘了大城东南角和一座东城门。小城东西长 1480 米，南北宽 1065 米，面积 175 万平方米。大城是在小城基础之上往东往南扩延而成，建筑有城墙，东西长 2700 米，南北宽 1800 米，面积 520 万平方米。根据出土遗物和碳十四测年，小城始建年代大致在商末周初，废弃于西周末年；大城始建年代在西周晚期，也是在西周末年被废弃的。[13]

这是个什么概念呢？如果就遗址规模来说，整个周原遗址面积约 33 平方公里，而地处西安沣河流域的镐京遗址是由沣东和沣西两处遗

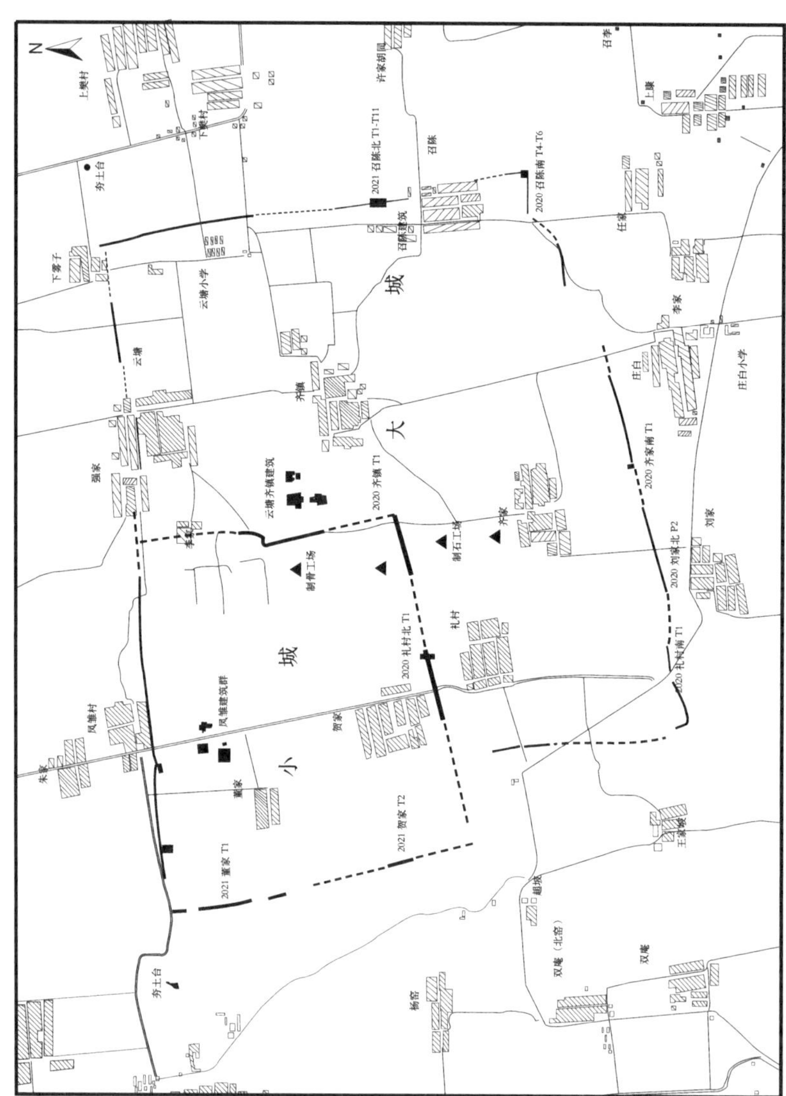

▲ 周原大小城址示意图[14]

址组成，沣东面积约 9.2 平方公里，沣西面积 8.6 平方公里，二者加起来也仅是周原遗址面积的一半。镐京被认为是西周的首都，但目前尚未发现城墙遗址。根据镐京现有的遗址面积和地形、地势来看，不太可能容纳 500 万平方米以上的城址。地处豫西被称为西周东都的洛邑，其面积也仅仅与刚发现的周原大城面积相当。

曹大志先生撰文，从遗址内涵、布局和区域视角等方面，对周原和镐京两处遗址进行了详细比较，最后得出结论：新发现的周原大小两座城址应该也是西周的都城，而且极有可能是西周真正的政治、经济和文化中心。[15] 曹大志先生这个结论是否正确，暂时不去管它，我们先来看看更为重要的小城宫殿等的建筑情况。

小城位于周原遗址的西北部，北起凤雏南，南至礼村北，西界王家沟，东抵李家—强家一线。方向 352°。城址北、东、南三面都有人工城壕环绕，西面以自然形成的王家沟为壕。城内西周遗迹丰富，星罗棋布。凤雏宫殿建筑群位于城内北部正中，齐家北玉石作坊和云塘制骨作坊位置靠近东墙内侧，云塘水池位于城内东北角，裘卫家族铜器窖藏位于西墙边上。此外，城内还散布着西周时期的多座墓葬。

甲组建筑基址是凤雏宫殿建筑群的重心所在，发掘于 1976 年，南北长 45.2 米，东西宽 32.5 米，面积 1469 平方米，相当于三个国际标准篮球场面积加起来的总和。基址方向为南北偏西北 10 度，以照壁（影壁）、门道、前堂和过廊为中轴线，东西两边配置门房、厢房，各有 8 间，左右对称，布局整齐有序。无论是照壁的设置、厢房的布置，还是精致的东西小院，体现出的都是封闭私密的四合院性质。考虑到在两间东厢房中发现的有可能是作为庖厨之用的烧灶，考古人员推测甲组建筑是周王的寝宫。

考古队曾在南面第二间厢房下面挖出了两座储存甲骨的窖穴，发掘出1.7万多片甲骨，但大都是破碎的小块，其中刻字的有282片。这些甲骨文与殷墟发现的甲骨文全然不同，殷墟甲骨都是在牛肩胛骨或龟甲上刻辞，而这里都是小碎块，刻痕如同蚊子腿一般粗细，所刻文字只有米粒大小，须借助高倍放大镜才能看清楚。李硕认为[16]，这些甲骨文为周文王所刻，是周文王对商朝和周人战争、祭祀等事项的卜问实录。因为在商王朝，占卜者多系商王本人，不允许其他人染指，否则就是僭越，一旦发现，人人得而诛之。而且此举还可能会给整个周人族群带来灭顶之灾，所以，文王在占卜刻辞时，是在极为保密的状态下进行的。如："八月辛卯卜曰：其梦启；往西，亡咎，获其五十人？"[17]意思是，八月辛卯这天占卜，做梦得到启示，往西方没有灾祸，能捕获50个人吗？

文王为什么想要捕获50个人？李硕推测是商王要求周人提供具体数量的人牲，并因此认为，甲组建筑基址最早的主人就是"出师未捷身先死"的周文王姬昌，他称之为"文王宅院"。李硕的解读比较合乎情理，我改其一字，借用这个概念，姑且称为"文王大院"。

王恩田先生将甲组建筑基址对照文献记载，一一做了详细说明。[18]按文献中所用名称，这座宫室建筑主要由大庭、屏、门、塾、中庭、大堂（室）、东西庭、寝、闱、东西厢、阙、庑等部分构成。

大门向外对着一道5米宽、1米厚的短墙，就是《尔雅·释宫》所记的"屏"或"树"，也就是后世所说的照壁或影壁。因为照壁只发现了基址部分，考古人员推测其正反两面应该绘有图案。

屏与门之间距离约4米的空间，为"宁"，也称"著"，就是前述《诗经·齐风·著》中那位新郎迎亲时最初等候新娘的地方。不过，民

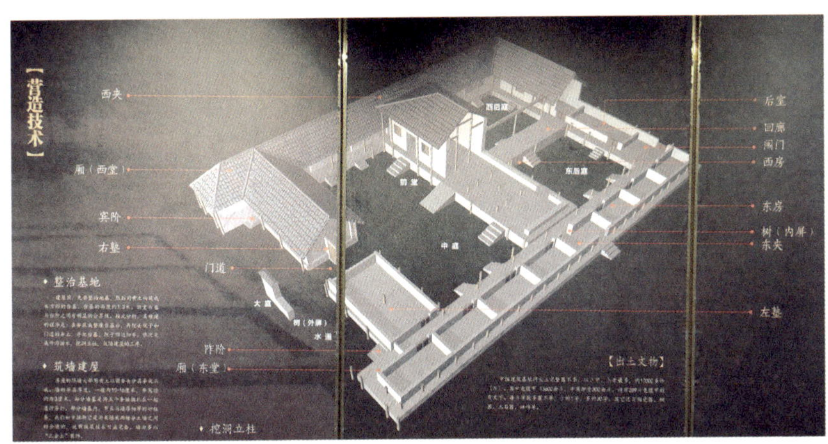

▲ 文王大院（甲组基址复原解剖图）[19]

宅里的照壁和宁一般是建在大门内，这与周天子的殿堂寝宫建筑格局是不一样的。

屏外的广场，称为“大庭”，也有称为“外朝”的，是周王大朝会时王公大臣聚会的地方，平常管理不严，可任人通行。

大门两侧各立有一根柱子，作用在于支撑屋顶。门道中间有三个柱洞，应当是为安置大门和门扉留下的。门旁两侧各设房三间，是为“塾”，里面居住的当是迎宾和安保人员，这里是《仪礼》所说举行“士冠礼”和“士丧礼”时卜筮的地方。

门内的大院子是金文中屡见的“中庭”，即中间庭院，是周王册命及赏赐官员的地方。

中庭北面、大堂前设有三组台阶，东为阼阶，西为宾阶，《仪礼》中均有记载。东西两面回廊前也各设二组台阶，称为侧阶。那座大堂就是《广雅·释草》所记的“大室”，是整个建筑的中心，也是举行礼仪活动的主要地点。里面宽阔，不分间，内部设有两排木柱，用以支撑房顶。

堂后中间有一条过廊将庭院分为两个小庭，即所谓的“东西庭”。

“东西庭”最北面一排房屋，一般三间或五间设置，亦可视作明三暗五，此即“前堂后寝”之“寝”。

寝室两边，在北墙上开有两个小门，称为“闱”，是后宫嫔妃等出入的便门。

在整个庭院东西两边各建有 8 间房，使用面积为 11～16 平方米，是为东西厢房，亦称旁屋、侧屋。两间厨房都在东厢房，一间在南数第三间，一间在北数第二间。两间厨房内各发现一个宽 1 米左右的灶坑遗迹。

东西厢房最南面一室，突出在门塾之外，显然不是“厢”房，而是东西对峙的双“阙”——宫殿门前两边的楼台。

整个庭院包括大堂，四周都围绕有回廊建筑，是为“庑”，乃宫室宗庙建筑常见部分。

从考古遗迹观察，院落整体为夯土木结构，墙壁厚 0.6～1 米，屋顶是由檩条捆束芦苇，再抹泥而成。所有地面、墙面和屋顶都涂抹有 1 厘米厚的白灰砂浆，平整而光洁。室内墙面白灰砂浆的白灰比例相对要高一些。专家判断，整个院落所有的房屋都有屋檐探出，因为下面有用以栽插支撑屋檐木柱的柱洞，檐下还发现大量的小石子，应该是铺设散水面所用。

前院与后面东小院内还设有下水管道通向院外，主要是用来向外排除积水。前院用的是套接的六节陶制排水管，东小院用的是石砌的下水道，从东厢房下面横穿而过。

凤雏甲组建筑基址是目前所见中国较早的相对完整的四合院，全面围合，封闭性、私密性极强，周文王可能正是在此秘密筹谋了惊天动地的翦商大业。

周天子宫殿建筑群

周原遗址的凤雏宫殿建筑群，除了作为周天子寝宫和朝会之所的甲组建筑之外，还有乙组、F3、F4 以及 F6～F10 等建筑基址。[20]

乙组基址位于甲组西侧，相距约 12 米，二者大致平行。乙组与甲组前堂结构类似，但规模要大一些，并且呈现出更多的开放性，有学者推测是朝会的宫室，也有学者推测为天子或王子的寝宫，毕竟从文献记载看，周文王生子多达百人，仅嫡子就十余人，只一个甲组建筑显然是不够住的。

甲乙两组基址空间位置毗邻，共同组成了宫殿的主要建筑——周王的朝寝之所。

F3 平面呈“回”字形状，四面为夯土台基，中间为长方形庭院，庭院中部偏西有长方形铺石和长方体立石遗迹。基址主体部分东边南北残长 48 米，西边残长 46 米，北边东西宽 56 米，南边 58.5 米，总面积约 2810 平方米，是迄今发掘的最大规模的西周单体建筑基址。推测是供奉周人祖先的太庙。

▲ F3 建筑基址平面图[21]

周代的太庙也称周庙、周太室，《尚书·武成》记载：武王灭商之后于四月丁未日这天，在周庙举行祭祀大典，向祖宗报告伐纣的武功成就。邦甸、侯、卫三服诸侯，奔走忙碌，手执豆笾，参与祭祀。

《逸周书·世俘解》更详细地记载了武王战胜商王朝凯旋后举行的献俘告祖礼。武王命人杀掉所俘殷王武士百余人和40个小氏族的首领后，又命司徒、司马在外朝南门处剥掉众多俘虏的衣服，夹道示众，然后再将他们驱赶到内朝杀掉，取下他们的头颅献祭众位先公先王。之后又由太师吕尚用白、红两种旗杆挑着商纣及其二妻的首级进入太庙，作为牺牲，燎祭位居上帝左右的先祖木主（祖先牌位），以示伐纣事业大功告成。

西周青铜器小盂鼎铭文也有类似的献馘（guó）仪式记载，盂在周庙向康王报告征伐鬼方的战果，两次战役共执获敌人头目3名，俘敌13081人，斩获敌人左耳4802只，另缴获车30辆、牛355头、羊38只、马若干。康王命令审讯敌人头目，对方回答，因为周人先在边界挑衅，故而叛周。审讯后，康王命人将敌人头目斩首，献于宗庙。康王祭祀后，对盂予以赏赐，盂作此鼎以纪念。

根据上述文献、金文以及西周青铜器免簋、盠（lí）尊、三年师兑簋、卌三年逑鼎等铭文记述的周王在太庙或周庙举行册命礼等情况，推测太庙可能是包括太王古公亶父、王季姬历、文王姬昌、武王姬发及成王姬诵五位庙主在内的庙室。

F4是F3的附属建筑，可能是周庙在使用过程增建的“图室”，是存放地图或者先王图像的地方，也有王宫典籍文献和档案文书保藏室的性质。西周晚期的无叀（zhuān）鼎记载，周王曾在周庙图室中，举行对无叀的册命礼：“王格于周庙，赠于图室，司徒南仲右无叀入门，立中廷，王呼史翏册命无叀。”

F6～F10位于甲组基址东侧约50米处，五组建筑面积从70多平方米到278.59平方米不等，建筑年代有早有晚，从西周早期一直延续到西周晚期。它们环绕分布但又各自独立，组成一组相对闭合的建筑单元，因其位置在周原的核心地区，推测应是西周康宫宗庙。

“康宫”是周康王之宗庙。西周中期的望簋铭文记载，周昭王在其继位十三年六月初吉戊戌日，曾在周康宫新宫对“望”进行册命。周康宫新宫是昭王为父亲康王后来建成的宫庙建筑。除此以外，辅师嫠（lí）簋、扬簋、申簋、夹簋、走马休盘等西周中晚期青铜器铭文中还有周康宫、周康寝、周康庙、周康昭宫、周昭宫、周康穆宫、周康宫穆宫、周康宫穆太室、周穆王太室、周康宫夷宫、周康夷宫、周康宫夷太室、周康厉宫等字样，表明康宫是一座包含康宫、昭宫、穆宫、夷宫、厉宫在内的宗庙建筑群，分别供奉的是康王、昭王、穆王、夷王和厉王。

▲ F6～F10 建筑群模型复原场景

十余座大型建筑绵延成群，构成了周天子蔚为壮观的大型宫殿。《诗经·小雅·斯干》一诗很有可能就是对这座宫殿壮观场景的描写：

似续妣祖，筑室百堵，西南其户。爰居爰处，爰笑爰语。

——承续祖先的宏业，建造规模宏大的宫室，门户面朝西南。生活在此，休息在此，每天都是欢声笑语，多么让人羡慕啊。

约之阁阁，椓之橐（tuó）橐。风雨攸除，鸟鼠攸去，君子攸芋。

——绳索勒得筑板"咯咯"响，石杵夯墙响"橐橐"。大屋坚固，风雨不侵，鸟儿啄不透，老鼠啃不动。这就是君主安居的王宫寝殿。

如跂（qí）斯翼，如矢斯棘，如鸟斯革，如翚（huī）斯飞。君子攸跻。

——宫殿建筑如同踮脚那样危耸而立，如同射出的箭那样不偏不倚，探出的屋檐如同鸟儿展翅飞翔，如同五彩斑斓的野鸡凌空飞起。这就是君主安居的王宫寝殿。

殖殖其庭，有觉其楹。哙哙其正，哕哕其冥，君子攸宁。

——宫殿庭院宽阔平整，殿前柱子高大挺拔。正厅宽敞明亮，后殿富丽堂皇。这就是君主安居的王宫寝殿。

《周礼》记载，宫殿、宗庙等高规格的大型建筑内，各个部分都有各自的名称。室之西南隅称作奥，室之西北隅称作屋漏，室之东北隅称作宧，室之东南隅称作窔（yào），室之中央称作中霤（liù）。但从《诗经》诸多诗篇反映的情况来看，“屋漏”只出现在《大雅·抑》一处：“相在尔室，尚不愧于屋漏。”意思是说，一个人有慎独之德，就会不欺暗室，在室内的角落之处，也能表现得与在明处一样，不愧于心。

西周时期的建筑，不论是天子所居宫殿，还是贫民住的半地穴式土房，大都采用的是土木结构，墙体都是夯土打成，几乎不用或者是很少用石头作为建筑材料。这同夏商以来的建筑风格如出一辙。

凤雏宫殿建筑群营建于商末周初，在这处遗址中尚未发现瓦类建筑材料，但在距离凤雏宫殿建筑群 2.5 公里的召陈村建筑遗址中却发现了板瓦和筒瓦，上面还有用以固定位置的瓦钉和瓦环。在同时期的西安客省庄、洛阳王湾和北京琉璃河董家林等西周遗址中还发现有用泥条盘筑拍制的瓦片以及尚未烧制的瓦坯。这些遗址的时代都属于西周中期，说明西周中期以后，建筑用瓦已经较为普遍。考古人员估测，

▲ 周原召陈建筑遗址出土的瓦当和筒瓦

西周以前的房顶一般是用草类植物，西周中期可能开始在屋脊等重要部位用瓦，西周晚期及其以后整个屋顶就可能都用瓦覆盖了。

▲ 周原云塘西周中期灰窖遗址出土的陶砖

另外，西周中期也开始用砖了，不过是陶质的。考古人员在靠近周原小城东墙内侧的云塘西周中期灰窖遗址中，发掘出了反面四角都有乳钉的大型陶砖，推测是用来贴墙面的。

凤雏宫殿建筑群虽然营建于商末周初，但考虑到它一直延续到西周晚期才废弃，很有可能在后期修葺时，也采用了砖瓦这类最新的建筑材料。

注 释

1. 沈长云:《也谈义方彝和令方彝的年代问题》,“中国学派”公众号2022年6月23日。

2. 朱彦民:《从〈诗经〉看先秦时期的民居院落》,《中原文化研究》2023年第1期。

3. 李琳之:《元中国时代——公元前2300—前1800年华夏大地场景》,商务印书馆2020年版。

4. 王魏:《诗经民俗文化阐释》,商务印书馆2004年版,第140页。

5. 张连举:《论〈诗经〉中的住宅文化》,《深圳职业技术学院学报》2016年第2期。

6. 贺劭清、安源:《春秋战国时成都人的豪华大床啥模样?成都文物考古研究院17年修复“古蜀第一床”》,中国新闻社四川分社2018年1月9日。

7. 南阳市博物院:《行走河南 读懂中国|南阳出土国宝文物:镂空龙纹铜俎》,南阳市博物院官网2023年9月19日。

8. 中国科学院考古研究所:《沣西发掘报告》,科学出版社1962年版,第73～78页;许倬云:《西周史(增补二版)》,生活·读书·新知三联书店2018年版,第261～263页。

9、10. 中国考古研究所:《沣西发掘报告》,科学出版社1962年版。

11. 张广志:《西周》(“文明的历程”丛书/李学勤主编),上海科学技术文献出版社2020年版,第114页。

12. 许倬云:《周代的衣食住行》,《历史语言研究所集刊》第47本,1976年,第519页。

13、14. 周原考古队:《2020～2021年周原遗址西周城址考古简报》,《中国国家博物馆馆刊》2023年第7期。

15. 曹大志:《周原与镐京——关于西周王朝的都城》,《中国国家博物馆馆刊》2023年第7期。

16. 李硕:《翦商:商周之变与华夏新生》,广西师范大学出版社2022年版,第331～339页。

17. 周原甲骨 H31：3。

18. 王恩田:《岐山凤雏村西周建筑群基址的有关问题》,《文物》1981 年第 1 期。

19、21. 周原遗址博物馆。

20. 周原考古队:《扶风召陈西周建筑群基址发掘简报》,《文物》1981 年第 3 期；北大历史系考古教研室商周组:《商周考古》，文物出版社 1979 年版。

四

行

周道如砥，其直如矢

“周道如砥，其直如矢”出自《诗经·小雅·大东》，意思是说，周王朝的大道像砥石一样平，像箭杆一样直。《诗经·小雅·四牡》也有大同小异的描写：“四牡骈（fēi）骈，周道倭（wō）迟。”意思是，行者乘着四马驾的车，不停地奔驰在一眼望不到头的宽阔大道上。《左传·襄公五年》引《诗》云：“周道挺挺，我心扃扃。”这是用周道的平直来比喻一个人心志的高洁。看来，笔直宽阔是周道的一个特点。

历史学家杨升南认为[1]，“周道”有两层含义，一是指周王朝畿内的大道，二是指由王室通向各诸侯国境内的道路。由周王室通向各诸侯国境内的“周道”主要有以下五条：

一是西向及西南方向，由镐京通往矢、散等国。矢国就是虞国，在西周早中期位于今宝鸡千河流域的陇县一带；散国位于今宝鸡千河流域南部地区，由秦岭和陇山交接形成的大散关是其南疆关隘。

二是东向，由镐京通往洛邑和桧、谭、齐等国。桧国大致在今河南密县、新郑和荥阳一带，西周末年为东迁的郑国吞并。谭国在今山东省济南市章丘区一带。齐国在今泰山以北地区。

三是南向，由洛邑通往南申、鄂、曾等国。南申国，在今河南南阳地区；鄂国，在今湖北随州安居镇一带；曾国，也就是随国，在今随州市区一带。

四是东南向，由洛邑通往蔡、息等国。蔡国，在今河南上蔡县一带；息国，在今河南息县一带。

五是北向，由洛邑通往晋、邢、燕等国。晋国故都在今山西临汾翼城、曲沃一带；邢国，在今河北邢台一带；燕国，在今北京琉璃河燕国遗址一带。这正是《史记·周本纪》所谓："此天下之中，四方入贡道里均。"

此外，在周王畿之外的各诸侯国中还有属于诸侯国自己的"国道"，如《诗经·齐风·南山》所说的"鲁道"就是一例："鲁道有荡，齐子由归。""鲁道有荡，齐子庸止。"这两句的意思是说，鲁国大道很宽阔，文姜嫁人从此经过。

文姜是春秋时期鲁桓公的夫人、齐襄公的同父异母妹妹，她婚前就罔顾人伦，与她的哥哥齐襄公有私通行为。公元前694年，鲁桓公出访齐国，文姜借此还乡，再度与齐襄公私通。鲁桓公发现两人的淫乱行为后，斥责了文姜几句，文姜就入宫告诉了齐襄公。齐襄公害怕鲁桓公回国后报复，遂安排人谋杀了作为国宾的鲁桓公。

《春秋》记载，文姜在丈夫死后，又先后于鲁庄公二年（前692年）、四年（前690年）、七年（前687年）三次通过齐鲁两国之间的这条鲁道与齐襄公相会，可怜鲁桓公的儿子鲁庄公无力也无法阻止他母亲与他舅舅这种败坏风俗的不伦行为，丢尽了脸面，文姜和齐襄公因此臭名远播，成为时人赋诗讥刺的对象，这条鲁道也因此变得赫赫有名，变成了文姜和齐襄公私会淫乱的象征物。

《诗经·齐风·载驱》与《诗经·齐风·南山》有异曲同工之妙，述说的也是同一个主题，描写的是同一个对象，走的还是同一条“鲁道”。

“鲁道有荡，齐子发夕”：宽阔的鲁道上，文姜在黄昏时上了车；

“鲁道有荡，齐子岂弟”：宽阔的鲁道上，文姜乘车一直到天亮；

“鲁道有荡，齐子翱翔”：宽阔的鲁道上，文姜放飞心情，任意游荡；

“鲁道有荡，齐子游敖”：宽阔的鲁道上，文姜往来多么逍遥自在。

由此看来，“周道”相当于我们今天说的国道，而“鲁道”这类诸侯国境内的道路就相当于今天各省的省道。当然，也有学者认为，周道就是周王朝境内所有大路的总称。

官府和民间还在道路旁种植树木，“列树以表道”（《国语·周语中》），并设置馆舍，供旅客停脚，休息养神，恢复体力：“凡国野之道：十里有庐，庐有饮食；三十里有宿，宿有路室，路室有委；五十里有市，市有候馆，候馆有积。”（《周礼·地官司徒》）在道路每10里、30里以及50里的节点上，周人设置有庐、路室和候馆三种不同的馆舍，以便旅客休息。

庐最为简易，“立鄙食以守路”（《国语·周语中》），就是在路边摆个饮食摊；路室就是“舍”，比庐要好一点，“舍有委”（《逸周书·大聚解》），就是建有房屋，旅客可以夜宿休息；候馆的设施最为周全，有室，有高楼亭榭，可以供客人候望观眺，还储备有“禾米薪刍之属”。对于利用观望乘机行窃者，则毫不留情地予以击杀：“若有宾客，则令守涂地之人聚柝（tuò）之，有相翔者诛之。”（《周礼·秋官司寇》）

西周道路种类繁多，有道、径、涂、路等。清乾隆年间出土于陕西凤翔西周宣王时期的青铜器散氏盘，在其总计只有357字的铭文中，就提到了原道、眉道、同道、根木道、井邑道、刍道、逨道等多种不同道路的名称。主要干道明确分为王城、诸侯、封都三个等级层次。这同《周礼·冬官考工记·匠人》所云如出一辙："国中九经九纬……经涂九轨，环涂七轨，野涂五轨……环涂以为诸侯经涂，野涂以为都经涂。"

▲ 散氏盘及其铭文

"涂"是道路，"经涂"是纵向（南北向）的道路，"环涂"是环城道路，"野涂"是城外的道路，"轨"是指一辆马车的两车轮轨道。这句话的意思是说，西周天子所在的王城中南北、东西各设有九条大道。每条大道都是九轨制，就是可以容九辆马车同时并行。环城道路是七轨，城外道路是五轨。七轨制和五轨制也分别是诸侯国南北大道及其都城南北大道的通行标准。

除"国道""省道"外，西周还有许多乡村的田间小道，一般是根据人口的多少和田地的肥力情况进行划分："凡治野：夫间有遂，遂上有径；十夫有沟，沟上有畛（zhěn）；百夫有洫（xù），洫上有涂；千夫有浍，浍上有道；万夫有川，川上有路，以达于畿。"（《周礼·地官

司徒》）

吕友仁先生解释说[2]，“径”，宽大约 4 尺，只能容一个人和一头畜牲步行；“畛”，宽 6 尺，可以容一辆牛拉的大车通过；“涂”，宽 8 尺，可以容一辆乘人的车子通行；“道”，宽 1 丈 6 尺，可以同时容纳两辆乘人的车子并行；“路”，宽 2 丈 3 尺，可以同时容纳三辆乘人的车子并行。“遂”，宽、深各 2 尺；“沟”，宽、深各 4 尺；“洫”，宽、深各 8 尺；“浍”，宽、深各 1 丈 6 尺。遂之水流入沟，沟之水流入洫，洫之水流入浍，浍之水流入川。由此构成了一个道路、水流相互连通的网络系统。

当然，《周礼》上述关于西周道路相关情况的记载，明显是一幅理想化的蓝图，其中有不少是战国时期儒家的美好想象，但也不完全是凭空杜撰，应该有一部分真实的因素在内。这可以从周原岐邑齐家遗址所发现的“周道”遗迹得到证实。

1999 年考古工作者在对周原岐邑齐家遗址进行挖掘时，发现了“周道”。这是一条呈西北—东南走向的大路，宽达 10 米，路面硬实，中间略高，两边略低，路面上遗留有 8 条明显的并列凹状车辙痕迹，辙宽约 20 厘米，深约 10 厘米。并列的 8 条车辙，可分为四组，每组车辙轮距为 1.82 米。[3]

这一发现为我们提供了西周时期就有四轨四马并行大道的证据。但它并不像《周礼·冬官考工记》所说的那样，王城内南北、东西各设有九条大道，每条大道都是九轨制，也不是环城道路的七轨制。

周人最爱商系车

中国的车出现于什么时候？文献记载不一，有说是出现在夏朝，由当时的车正奚仲发明的："奚仲居薛，以为夏车正。"（《左传·定公元年》）车正就是管理车的官员。《世本·作篇》云："奚仲始作车。"《墨子·非儒》《荀子·解蔽》《管子·形势》《吕氏春秋·君守》等文献也有类似的说法。奚仲作车说，见于文献记录最早，影响也最大。

也有说车出现于夏初，与舟一起是由大禹发明的："禹作舟车。"（出土文献《孙膑兵法·势备》）还有说车是出现在黄帝时期，发明人是黄帝。《太平御览》卷七七二引《释名》曰："黄帝造车，故号轩辕氏。"《太平御览》成书于北宋时期，学界多认为该说法属于臆造，不能相信。更荒唐的说法还有伏羲（庖羲）作车说，出现于南北朝时期的《宋书·礼志五》中。

从考古看，晚夏二里头遗址发现了目前所见最早的车辙印痕，但不见实物。此后在属于早商时期的河南偃师商城也发现过车辙印痕，在同期的郑州商城遗址中则发现了两件铸造青铜车軎（wèi）的陶范，但仍然没有发现实物。目前发现马车实物最早的地方是晚商都邑殷墟车马坑遗址，如果按照考古学把殷墟文化层分为四期的话，这些车马坑多集中在三、四期，二期也有少部分出现。这也就是说，车至迟应该在公元前 13 世纪中叶商王武丁时期，就已经投入使用了。

▲ 殷墟单辕两轮马车复原场景

殷墟发现的马车已经是一种非常成熟的形态了，具备了早期中国马车的所有典型特征：一是单辕，辕前有衡和轭；二是两轮，采用辐式车轮，轮径较大；三是舆（车厢）呈方形，车轴架在车厢的中部下面，车厢的门开在后面。商代的这些车一般是两马驾。两匹马拉上一辆载有人或物资的重车跑，马力有限，速度保证不了，用在战场上威力也要受到限制，所以晚商稍靠后时又出现了四马驾车，不过，不是很多。[4]

商代的马车质量很高，所以在周代得以延续使用，连生活在春秋时期的孔子都对它赞不绝口："行夏之时，乘殷之辂，服周之冕……"（《论语·卫灵公》）这是孔子的学生颜渊询问治国之道时孔子对他的回答，就是说按照夏代制定的历法耕种和生活，使用商代的车辆出行和运输，穿戴周代的服饰出入庙堂。“辂”就是车辆的意思。显然，在周人的心目中，殷人制造的车辆就是最好、最大、最响亮的品牌了，堪比今天德国制造的奔驰、宝马牌轿车。

迄今为止，考古工作者已经在山西曲沃晋侯墓地、河南三门峡虢国墓地、陕西宝鸡周原遗址、北京琉璃河西周遗址等地发现和发掘出了大量的车马。从考古看，商周时期的马车皆为木制，少数构件为青铜制品。主体部分主要由两轮、一轴、一辕（辀 zhōu）、一舆和一衡组成。但具体到各个细节和部件则名称繁杂，多达 30 余种。其中最核心也最能显示技术水平的当属车轮。[5]

▲ 晋国博物馆西周二马驾车复原图

车轮一般由辋、毂（gǔ）、辐三部分组成。辋是指车轮外圈与地面直接接触的部分；毂是指车轮中心与车轴衔接的部分，起转动和固定支撑作用；辐是指辋与毂之间连接的轮条，既起支撑作用，防止车轮变形，又起带动作用，促使车辋转动，从而带动全车向前运行。

在车轮这三部分组件之中，制作难度最大的是车辋，因为它既需要有圆曲度，又需要有强硬度。西周那时候还没有冶铁技术，青铜硬度不够，而且造价成本又太高，所以，一般采用的是木质材料。那么，怎么制作车辋呢？《荀子·劝学》对此有简明扼要的记载：“𫐓以为轮。”就是说，先将木料浸湿，再用火慢慢烘烤使之弯曲，然后再将它变形为规整的圆轮。这一技术的操作难度极大，在遥远的两三千年前，大概也称得上是高科技了。

车轴的连接和支撑也是一个技术要求极高的工作，因为车毂与车轴之间既需要恒久的固定，防其走偏变形，又需要足够的润滑，使整个车轮能够灵活转动。如果不够润滑，轮轴间将会产生巨大摩擦力，造成车轮毁坏，大大缩减其使用寿命。周人继承了商人使用动植物膏脂使其润滑的技术。《诗经》中就有“载脂载舝（同‘辖’），还车言迈”（《邶风·泉水》）和“尔之亟行，遑脂尔车”（《小雅·何人斯》）这样的记载。前者的意思是说，抹好车油上好车轴，掉转车头再往回走；后者的意思是说，你的车子跑那么快，连给车毂润滑的时间都没有了。这两句诗其实反映了周人用车的一个史实，那就是当时人们驾车上路时，需要先给车子上油，如同我们今天给机动车保养一样。

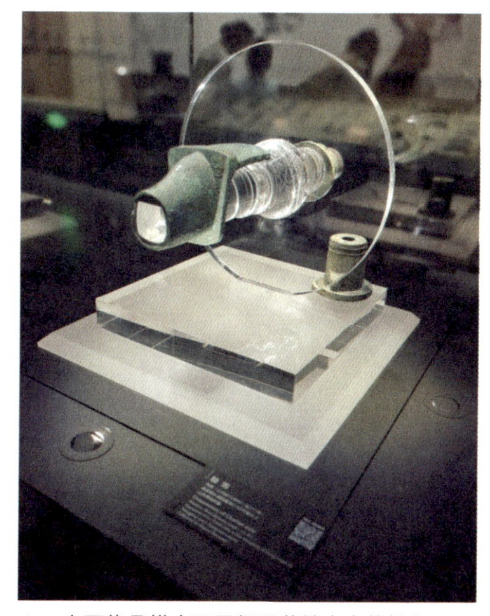

▲ 山西绛县横水西周倗国墓地出土的轴饰

考古发现的周代马车构造情形同《周礼·冬官考工记》的记载基本一致。车的各部位构件都有相应的名称，其尺寸有详细、明确的规定，各部分比例协调，美观大方，坚固耐用。

由于一辆车的零部件繁多复杂，需要众多工匠予以配合，所以西周时期产生了制造车辆配件的专业工匠，如车人、轮人、舆人、辀人等。车人就是指制造车子的工匠，是总称；轮人是指专门制造车轮的工匠；舆人是专门制造车厢的工匠；辀人是专门制造车辕的工匠。

西周的马车形制沿袭了殷商时期的一马驾、二马驾（骈 pián）、三马驾（骖 cān）和四马驾（驷 sì），但在使用比例上有了明显的变化，最为显著的就是一车驾四马的情况越来越多了。同时车子的结构和性能也得到明显的改进，如车轮间距（轨距）变小，轮辐增多，使得车子更加坚固结实，车子的速度、牢固度、舒适度等方面的性能由此得以提升，大大加强

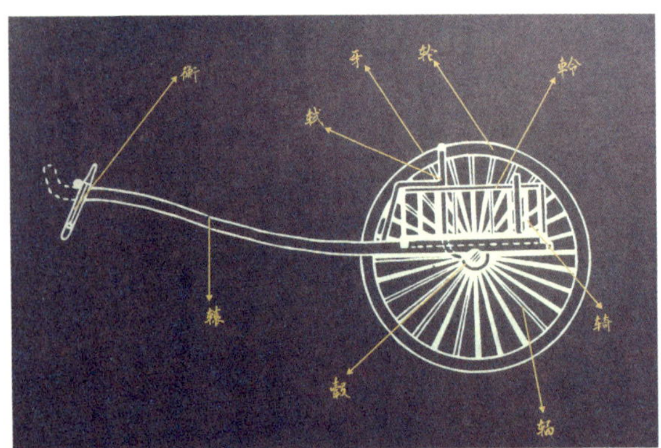

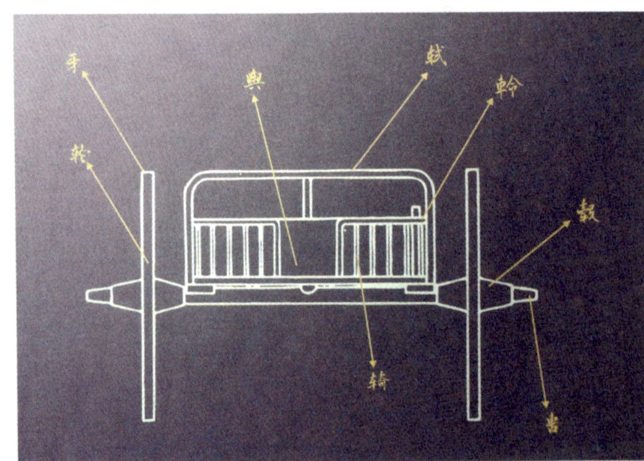

▲ 西周二马驾车结构示意图（下为后视图，上为侧视图，摄于三门峡虢国博物馆）

了车子在人们生活中的作用。

这个时期，由于生产力水平的提高和经济文化的大发展，政府和私人用车急剧增多，周王室为此专门成立了车辆管理机构，下设有巾车、典路、车仆、道右、小司徒等分支机构和官职。巾车的职责是掌管有关官车的政令，分辨它们的用途和所当建树的旌旗，区别等级和尊卑次序，管理它们的接收和分配："掌公车之政令，辨其用与其旗物而等叙之，以治其出入。"(《周礼·春官宗伯》) 这其中包括周王和王后的各五种礼仪用车，以及周王的五种丧车。凡车辆，不管是派出还是收回，年终都要对车辆的完损情况做一次统计。赏赐出去的车不在统计之内。损毁的车要交赔偿金到掌管官府余钱的官员（职币）那里。

典路的职责是掌管周王和王后的五路车事，辨别它们的名称种类以及套马驾车、解马卸车等相关事宜。

车仆的职责是掌管战车、供补空缺的兵车等类车的副车。

道右是负责站在道车前等候周王上车，为周王扶持驾马的参乘一类人员。

小司徒是负责按年度将各家财产包括"车辇"登记造册的低级官员。

这些车辆管理人员也有明确的建制和等级标准，如巾车下设"下大夫二人，上士四人，中士八人，下士十有六人；府四人，史八人，工百人，胥五人，徒五十人"，典路下设"中士二人，下士四人；府二人，史二人，胥二人，徒二十人"(《周礼·春官宗伯》)，如此等等。

王公诸侯的豪华仪仗车

西周车辆按照用途可分为兵车、田车和乘车三种，其尺寸大小也不一样：“兵车之轮六尺有六寸，田车之轮六尺有三寸，乘车之轮六尺有六寸。”（《周礼·冬官考工记·总叙》）其中，乘车又可分为乘人和运输货物两类。

▲ 宋代聂崇义《新定三礼图》中的玉辂

在车马外型与配置方面，不同的场合、用途、等级，车辆的规格、数量及其装饰也不相同。周王的乘车叫王辂（lù），李贤注《后汉书·董卓列传》说：“《周礼》巾车氏掌王之五辂。”“五辂”是五种不同的礼仪用车，分别称为玉辂、金辂、象辂、革辂和木辂，五种车的用途和装饰都不相同。

玉辂，用于祭祀。驾马装配有以金镂饰的当卢，繁和缨系用五彩丝绸缠绕 12 匝而成，车上树大常旗，旗旁饰有 12 条飘带。当卢，是系放于马鼻革与额革部位交接处的饰品。繁，是指马颈鬣（liè）上的丝制装饰物或马腹带。缨，是指套马的革带。

金辂，用于宴会宾客，封赐同姓。驾马配有金饰钩，繁和缨是用五彩丝绸缠绕 9 匝而成，车上树大旃旗。

象辂，用于上朝，封赐异姓。驾马配有朱饰的络头，繁和缨系用五彩丝绸缠绕 7 匝而成，车上树大赤旗。

革辂，用于军事，封赐守卫四方的诸侯。驾马配有白黑杂饰之熟皮作络头，繁和缨系用丝绦缠绕 5 匝而成，车上树大白旗。

木辂，用于田猎和封赐九州以外的蕃国。驾马饰有浅黑色的繁和白色的缨，车上树有大麾旗。

就乘人而言，车是一种特权，是身份的象征。乘坐专门的马车的人只局限于贵族阶层，平民阶层富有的人顶多使用个牛车而已，对于绝大多数穷人来说，是可望而不可即，只有眼巴巴地瞅着的份儿。

《逸礼 · 王度记》记载，周代的车子在具体使用中也有严格的等级差别，具体是天子乘坐六马驾车，诸侯和卿乘坐四马驾车，大夫乘坐三马驾车，士乘坐两马驾车，庶人乘坐一马驾车："天子驾六马，诸侯驾四，大夫三，士二，庶人一。"但这是迟至春秋战国时期才出现的情形——洛阳市东周都城洛邑遗址两"甲"字形墓旁随葬的 18 座车马坑中，就出土了多乘马车，其中规模最大、车马数量最多、气势最为宏伟壮观的 5 号车马坑，就是著名的"天子驾六"车马陪葬坑。但迄今为止，尚未发现西周时期有"天子驾六"这类马车的蛛丝马迹。

1992 年，北京大学考古文博学院联合山西省考古研究所对位于山西曲沃和翼城交界处的天马—曲村西周遗址进行发掘，发现了晋侯墓地，总计有 9 组 19 座大墓，9 组墓主人分别是晋侯燮父及其以下 9 代晋侯与夫人，距今 3000～2800 年。这 19 座大墓均为南北方向，每组墓葬的东面还有一座长方形的陪葬车马坑。其中最大的一座是专门为晋献侯苏夫妇陪葬的，时间为公元前 812 年。东西长 21 米，南北宽 15 米，车坑和马坑中间有一条较窄的夯土隔梁，马坑在东，车坑在西，埋着 48 辆车和至少 105 匹马。

▲ 晋献侯苏夫妇车（上图）、马（下图）陪葬坑

这48辆车共分六列摆放，整体看是一个车阵，威风凛凛而又庄严肃穆。中间两列是一种具有仪仗性质的“彩车”，均为形制相同开有车门的箱式车。在车厢和车门外面，皆绘有黑、红、绿三种髹漆间杂的精美图案，富丽堂皇，气势宏伟，再现了晋献侯波澜壮阔而又奢华无比的政治生活场景。由于大多数车子的车身腐朽比较严重，除了有几辆尚可勉强辨析为辎重车外，其他都不甚清楚。[6]

按照当时一般情况下一车两马的配置，48辆车应配备96匹马，但实际出土了105匹马的骨骸，说明有的车应该是配备了4匹马，即所谓“诸侯驾四”，但无论配置2匹马抑或4匹马，所得马匹数量应该是偶数才对。105匹马的出现或许是考古人员对杂乱无章的马骨计算上有误所致，也或许当时有个别车辆是属于三马驾车。总之，现在还是个不解之谜。[7]

晋侯墓地发现了晋侯的仪仗用车，周王朝宫殿所在的周原遗址也发现了一辆同时期的仪仗用车，而且比前者更为豪华[8]。这辆车是2014年8月，考古人员在陕西岐山贺家村凤雏遗址南侧100米的一座西周早期的车马坑里出土的，系一辆巨大的四马驾车遗骸，距今大约2800年。马车长3.13米，宽2.7米，高1.5米，车轮直径约1.4米，周长约4.4米，轮间距宽达1.82米。其大小已经完全比得上今天的一辆轿车了。这样的尺寸在西周时期算得上是超长车子了。车子木轮外面包裹着青铜，车軎表面饰有兽面纹并镶嵌有上百颗绿松石，部分配件上还饰有玉雕。

一般而言，车轮包裹着青铜并不适合在路面上行驶。从车轮上的痕迹观察，这辆马车也的确很少使用。专家们又对四匹马的遗骸进行了DNA分析，结果显示，与马车配套的四匹马不仅都是纯黑的成年雄马，而且还都属于不擅长交替步法的四步态马。

▲ 贺家村凤雏遗址南出土的豪华青铜车马[9]

汉朝初立时，高祖刘邦曾感叹说："天子不能具钧驷。"（《史记·平准书》）就是说，连天子乘坐的车子都配备不齐毛色完全一样的四匹马！因为当时物资匮乏嘛。这句话从另一个角度去理解，就是说，天子座驾拉车的马的毛色应该是一色的。

令人不解的是，在这个车马坑西北角还设有一个小坑，里面也埋葬着四匹马，经 DNA 检测发现，这四匹马都是枣红色的公马。这倒暗合了《诗经·小雅·采薇》一诗中"驾彼四牡，四牡骙骙"的说法。有学者认为，他们可能是"备胎"——前面的四匹黑马一旦跑乏了，相关人员就会把后面这四匹枣红色马换上去。

▲ 小型马坑中的四匹马经鉴定为枣红色公马[10]

这种整个车轮的外沿全部由青铜装饰而成的马车，是目前考古所见唯一一例保存完整的西周"青铜轮牙马车"。专家们根据上述情况推测，这辆马车不是一般的普通用车，而极有可能是西周高级贵族举行某种仪仗时所用专车，其主人应该是仅次于周天子的公卿一类人物。

专家的说法不一定就对，这辆马车就出土于凤雏宫殿遗址附近，且其装饰的豪华程度足可睥睨天下，说不定就是周王的礼仪专车呢。毕竟，《周礼》《毛诗》《尚书 · 顾命》就有西周天子坐车“驾四”的记载。

车既然成了等级身份的象征，自然就成了乘车人的脸面，倍加爱惜自不必说，如果突然要他抛弃这一切，恐怕比要了他的命还难受，难怪连孔圣人都不能免俗。《论语 · 先进》记载，孔子的学生颜渊死了，颜渊的老爸颜路请孔子卖掉车来为颜渊买一副椁（外棺）。孔子回答说：“虽然颜渊是个有才的人，我的儿子鲤是一个无才的人，但对各人来说都是自己的儿子。孔鲤死的时候也和颜渊一样有棺无椁，但是我并没有把我的车子卖掉再买椁。因为我过去做过大夫，如果我上街走路而不是坐车，是不符合礼法的：

> 才不才，亦各言其子也。鲤也死，有棺而无椁。吾不徒行以为之椁，以吾从大夫之后，不可徒行也。

孔老夫子的回答理直气壮，颜渊的老爸也只好悻悻而去。

道路服务和交通管制一样不落

西周重要的道路都设有专门的守路人员。《国语 · 周语中》云："立鄙食以守路。"就是说路边之庐舍除了为过往者提供饮食外，还负有守路的职责。

守路人员有行夫、遗人等。行夫掌管传车驿马等小事："掌邦国传遽（jù）之小事。"（《周礼 · 秋官司寇》）遗人负责道路上储备的粮草等物资："掌其道路之委积。"（《周礼 · 地官司徒》）

这些道路还设有其他专项管理人员，如环人、修闾氏、候人等。环人的职责是迎送各诸侯国因国事往来的宾客，发给符节使他们能通行王畿内四方各地。如果有宾客住宿就负责安排馆舍，并下令相关人员组织民众打更守卫。宾客带有器物，则令人环绕巡视，以防盗贼。凡有环人迎送的宾客经过门卡关口时都无需检查，自动放行。环人不管是送客还是迎客，都要抵达王畿的边疆："掌送邦国之通宾客，以路节达诸四方。舍则授馆，令聚柝；有任器，则令环之。凡门关无几，送逆及疆。"（《周礼 · 秋官司寇》）

修闾氏的职责是禁止行人走小路、捷径和逾越沟渠堤防，禁止武装的人和车马在都城中疾行，禁止骑马者在都城中的快跑行为。王国有变故时，下令守卫闾里之门和关卡，只有持符节过往的人可以不经检查通过："禁径逾者，与以兵革趋行者，与驰骋于国中者。邦有故，则令守其闾互。唯执节者不几。"（《周礼·秋官司寇》）

候人的职责是掌管其所分管片区道路的治安和有关禁令，如果某方诸侯派使者为国事而来，就引导并护送使者到朝廷；到回国时，再把他们送出国境："各掌其方之道治与其禁令，以设候人。若有方治，则帅而致于朝；及归，送之于竟。"（《周礼·夏官司马》）

▲　虢国博物馆西周二马驾车行驶复原图

西周道路的总管理机构为野庐氏，主要职责是掌管从王都通往四畿的道路，检查过往者宿息的庐舍以及相关的水井和树木：野庐氏"掌达国道路，至于四畿。比国郊及野之道路、宿息、井树"（《周礼·秋官司寇》）。有宾客经过，要及时给附近居民下令，让他们组织起来打更守卫。如果发现有徘徊观望者就要予以相应的责罚。路上车辆一旦发生拥挤堵塞现象，相关人员要按顺序进行疏通。倘若遇有外交使臣或有爵位的人经过，则要让其他人回避。禁止横穿田野、越过沟堤的乱闯行为。遇有国家大事，要督促检查养护道路的人履行职责。遇有大的军事行动，要下令清扫道路，查禁不按规定时间通行和穿着奇装异服及携持特殊物品之人："邦之大师，则令埽（sǎo）道路，且以几禁行作不时者、不物者。"（《周礼·秋官司寇》）

野庐氏等还掌管着道路上相关禁令的制定、颁布和执行。这些禁令包括禁行、戒严、限行等几个方面。[11]

首先是禁行。实施禁行令，一般发生在两种情况下，一是在周王出行时："凡邦之事，跸，宫中庙中则执烛。"（《周礼·天官冢宰》）国家有大事时，禁止行人来往走动，在宫中、庙中的隶仆要拿火把为王照明。"跸"，是指帝王出行时要清道、禁行。二是王室有重大祭祀活动时："若祭山林，则为主而修除，且跸。"（《周礼·地官司徒》）祭祀山林，是一种主祭，必须整治好道路、祭场、祭坛，禁止闲杂人等通行。

其次是戒严。实施戒严令，一般是在两种情况下：一是在国家遇有重大事件时："凡邦之大事，使其属跸。"（《周礼·秋官司寇》）凡王国有大事，就派属吏禁止闲人通行。二是国家遭遇特殊变故时："若国有大故，则致万民于王门，令无节者不行于天下。"（《周礼·地官司徒》）如果国家遭遇大变故，就召集万民到王宫门前待命，并下令，没有符节的人不得在全国各地任意通行。

再次是限行。提到限行，很多人会以为是近十来年才发生在我们日常生活中的事情，其实，早在西周时期就开始有了限行令。不过，西周时期的限行一般仅局限于移民前往地区和货物运送范围以内。如都城某“比”内居民要迁徙到都城其他地方或郊区居住，就放行并授予相关文书。如果要迁往其他地方，则要发给符节（通行证）让其通行。倘若既无相关文书亦无符节，那就要抓起来送进监狱：“徙于国中及郊，则从而授之。若徙于他，则为之旌节而行之。若无授无节，则唯圜土内之。”（《周礼·地官司徒》）

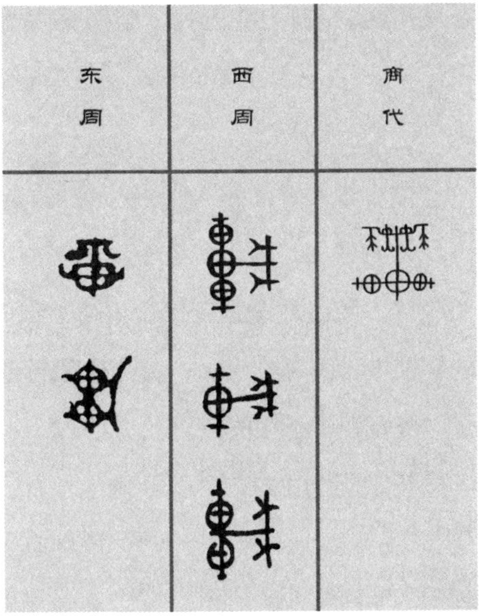

▲ 金文中不同时期“车”字的写法

这里的“比”是指“国”内由五个家庭组成的最小的居住建制单位。我们在《庶民的里居生活》一节中已述及，西周时期，都城及其近郊称为“国”，划分为若干乡，采取的原则是，五家为比、五比为闾、五闾为族、五族为党、五党为州、五州为乡。

商人在运送货物时，亦需以“以玺节出入之”。但不同地域、不同部门颁发的“通行证件”各有不同：“守邦国者用玉节，守都鄙者用角节。凡邦国之使节，山国用虎节，土国用人节，泽国用龙节，皆金也，以英荡辅之。门关用符节，货贿用玺节，道路用旌节，皆有期以反节。”不管是什么玉节、角节、虎节，还是人节、龙节、玺节等，必须有节方能“通达于天下”，“无节者，有几则不达”（《周礼·地官司徒》）。

西周是一个讲究礼仪的君子社会，无论何时何地，都要讲君子风度，礼貌待人。具体到驾车行驶，就是要保证车速适度，平稳行车，节奏舒缓，并保持安静。“禁叫呼叹鸣于国中者，行歌哭于国中之道者。”（《周礼·秋官司寇》）坚决禁止在王都及其四郊的大道上大喊、大叫、大唱、大哭。

由于道路交通事关国家的稳定、繁荣和发展，为了防止职能官员出现渎职行为，周王室还不定期地派出官员，就像今天中央派出巡视组一样，到各地巡视、检查道路治理的情况。西周中晚期青铜器禹鼎的铭文中就有“惟十又一月师雍父省道至于胡……”这样的字眼，“省道”就是巡视道路的意思。

王室同时还对国姓子孙发出号召：“彼徂矣，岐有夷之行，子孙保之。”（《诗经·周颂·天作》）岐地有平坦的大道，子子孙孙都要保护好它。

走路也有繁苛的规矩

周人注重礼法，讲究坐有坐姿，站有站相，连走路都给定下了若干规矩，稍不注意，逾矩而行，就可能会被人嗤之以鼻，被视为没有教养的“小人”。

第一，走路时不能居中而行。《礼记·曲礼上》云：“为人子者，居不主奥，坐不中席，行不中道，立不中门。”“奥”是指室内的西南隅，“主奥”“中席”为尊者之位。这句话的意思是说，为人子女者，居住不可占据室内的西南隅，入席不可坐在席的中间位置，走路不可走在路的中央，站立不可立在门的中央。

不走中央，那走哪儿呢？《礼记·王制》说，男子走右边，女子走左边，车辆走中央：“男子由右，妇人由左，车从中央。”为什么规定男子走右边，女子走左边呢？因为周人以右为上，以左为下，周人认为男子地位高于女子，所以男子自然就得走右边了。

第二，与师长同行要做出谦恭姿态。《礼记·曲礼上》云：“从于先生，不越路而与人言。遭先生于道，趋而进，正立拱手。先生与之言则对；不与之言则趋而退。”跟随先生走路，不能跑到路的另一边去和别人说话。在路上碰见先生，要快步上前，正立拱手。先生与自己讲话，就回答；先生不与自己讲话，就快步退下。“从长者而上丘陵，则必乡长者所视。登城不指，城上不呼。”跟随尊长去高处或平原，须随尊长所视方向而视。登上城楼不乱指，不乱呼喊。

第三，与他人同行要懂礼让。《礼记·王制》云：“父之齿随行，兄之齿雁行，朋友不相逾。轻任并，重任分，斑白者不提挈。君子耆老不徒行……”遇见年龄与自己父亲相仿的人，应礼让其先行；遇见年龄与自己兄长相仿的人，自己可以稍后一点并排而行；与朋友走在一起，不能争先恐后。老年人与年轻人都挑着轻担子，年轻人应将担子接到自己的肩上。如果都挑着重担子，年轻人应帮助老人分担一些。不要让年事已高的老人挑着担子上路……

第四，不要随便进入他人住宅。《礼记·曲礼上》记载，如果有事去拜访别人，快要走到人家的堂屋时，要高声探问一下。见人家屋门外放有两双鞋子，并且屋内说话的声音听得非常清楚，就可以进去；倘若听不见屋内的说话声，那可能意味着人家在里面商量机密的事情，最好就不要进去了。万一有事非要进去，进门时，眼睛必须看往地下，以防冲撞人家。一旦进入屋内，则要小心地捧着门闩，不要回头偷觑。如果屋门原本就是开着的，依然让它开着；若是关着的，就依旧给关上；如果后面还有人进来，就不要关紧。进门时不要踩着别人的鞋。将要就位时不要跨席而坐。进了屋内，要用手提起下裳走向席位下角。答话时，要谨慎答“唯”或“诺”：“毋践屦，毋踖席，抠衣趋隅。必慎唯诺。”

第五，主人应出门恭迎来访的客人。从大门进入居室短短几步路，周礼就规定了诸多繁缛的礼节，连谁先进、先迈哪只脚、上哪个台阶，都给你规定好了：

> 凡与客入者，每门让于客。客至于寝门，则主人请入为席，然后出迎客。客固辞，主人肃客而入。主人入门而右，客入门而左。主人就东阶，客就西阶。客若降等，则就主人之阶。主人固辞，然后客复就西阶。主人与客让登，主人先登，客从之，拾级聚足，连步以上。上于东阶则先右足。上于西阶则先左足。(《礼记·曲礼上》)

▲ 明代文徵明《豳风图》局部摹本

主人和客人一同进大门时，要让客人先进。但客人到寝室门口时，主人则要先进去设席摆座，再出来迎接客人。客人也要再三谦让一番，然后进入。主人进门向右，客人进门向左。主人走东阶，客人走西阶。客人身份低微时，需走主人的东阶。主人要再三推辞，客人再回到西阶。主客要谦让对方先登阶，但一般规矩是主人先登，客人跟着。主人上一级，客人也上一级，客人前脚要跟上主人的后脚，拾级而上。上东阶时要先出右脚，上西阶时要先出左脚。

除此以外，周礼对一个人行走时的快慢舒缓及其他动作都有相应的规定。《礼记·曲礼上》云："帷薄之外不趋，堂上不趋，执玉不趋。"帐幕之外不必快走，堂上不能快走，手拿玉器时不能快走。"趋"就是快步行走的意思,《释名·释姿容》曰:“徐行曰步,疾行曰趋,疾趋曰走。”

为什么帐幕之外不必快走呢?周人认为,在他人面前快步行走是对对方的尊敬。帐幕之外没人看见,所以不必快走。为什么堂上不能快走呢?因为堂上地方狭窄,只适宜小步行走,太快容易碰到东西,显得没风度。为什么手拿玉器时不能快走呢?因为玉器是珍贵物品,快走不稳,容易摔下去。

与此相关的是“堂上接武,堂下布武,室中不翔。”(《礼记·曲礼上》)“武”即足迹。“接武”,是一个脚印挨着一个脚印小步走的意思。“布”即分布。“布武”即脚印分开,不相连接,也就是大步走的意思。“翔”,是一个人在行走时大幅度甩臂的动作。这句话的大意是说,堂上适宜小步走,堂下宜于大步走,室内走不要有大幅甩臂的动作。

不仅如此,周礼对君子平时快步走路时也有要求:“疾趋则欲发而手足毋移。”(《礼记·玉藻》)就是说,在平时快步走路时,脚跟要迅速离地,但手足不能左右摇摆。而到晚上出门行走时,则需秉烛而行:“夜行以烛,无烛则止。”(《礼记·内则》)为什么要秉烛而行呢?一是为自己,提防由于天黑意外受伤;二是为他人,不至于因黑灯瞎火让别人碰到自己,或者自己碰到别人。

孔子以梦想恢复周礼著称,他也是周礼的践行者。《论语·乡党》记载了鲁国国君召孔子接待宾客的情形,这可以看作是周礼关于待客行走礼节的活教材:

> 君召使摈,色勃如也,足躩如也。揖所与立,左右手,衣前后,襜如也。趋进,翼如也。

鲁国国君召孔子接待宾客，孔子脸色变得庄重肃敬，脚步加快，不敢怠慢。向同立的傧相作揖，转向左右两边的傧相时，则是拱手作礼，衣服随之前后舞动，整齐而不乱。他快步行走时，就像鸟儿舒展着翅膀，优雅而潇洒。

而孔子在出使别的诸侯国时则是另一种情况：

> 执圭，鞠躬如也，如不胜。上如揖，下如授。勃如战色，足蹜蹜，如有循。享礼，有容色。私觌，愉愉如也。

孔子双手捧圭，恭敬地弯着腰，如同拿不动的样子。向上举好像作揖，放下来好像要交给别人。脸色凝重，战战兢兢，脚步细碎，像沿着一条线走路。献礼时，和颜悦色。私下相见时，轻松愉快。

周礼是华夏文明礼仪的滥觞和集大成者，其中有精华也有糟粕，我们需要以扬弃的态度慎重对待，如《礼记·内则》就有“女子出门，必拥蔽其面”这样的规定，这让现在的我们看来简直是荒唐透顶，不可思议，显然是需要抛弃的。不过，考虑到《礼记》最终成书于西汉时期，西周时期的女子出门是否“必拥蔽其面”，目前看还是有一定疑问的。

注 释

1、3. 杨升南:《说“周道”“周行”——西周时期的交通初探》,《人文杂志》丛刊第2辑《西周史研究》, 1984年。

2. 吕友仁:《周礼译注》, 中州古籍出版社2004年版, 第197页。

4. 赵长征:《春秋车战》, 文汇出版社2023年版。

5、6. 吉琨璋:《周天子时代的座驾——发掘晋侯墓地1号车马坑》,《新晋商》2009年第6期。

7. 谢尧亭:《晋国兴衰六百年》, 三晋出版社2019年版, 第71~73页。

8、9、10. 韩宏:《我国唯一保存完整的“青铜轮牙马车”清理保护完毕, 2800余年前的西周“第一豪车”再现雄姿》, 文汇客户端2020年7月31日。

11. 马洪根:《西周道路交通设施及礼仪规范探析》,《江苏警官学院学报》2015年第4期。

五

礼

贵族这一生

西周是一个礼制社会，礼仪文化不但渗透到了社会生活的各个方面，而且波及并影响着每个人的人生历程。可以说，后世中国社会形成的人生十礼——求子礼、怀子礼、接子礼、命名礼、开笔礼、成童礼、成人礼、婚礼、敬老礼、丧葬礼——都已经在西周时期初具雏形，并发挥了巨大的社会作用。孔子念念不忘“克己复礼”，这个礼就是肇始于西周初期、成形于西周中期的周礼。

《礼记·内则》记载，人在结婚后如果不能怀孕，就要举行求子礼，怀上孩子后要举行怀子礼，生孩子时要举行接子礼。幼儿会自己吃饭的时候，就要教他使用右手。幼儿会说话的时候，要教他们学习答话，男孩答话用“唯”，女孩用“俞”。身上带的荷包，男孩的用皮革制成，表示长大将从事勇武之事；女孩的用丝帛制成，表示长大将从事纺织一类家事。长到 6 岁，要教他们识数和辨认东南西北。长到 7 岁，要教他们明白男女有别，男孩和女孩，坐不同席，吃不同席。长到 8 岁，出门进门，坐卧进餐，要让他们懂得敬让长者的道理，凡事皆让长者在前。长到 9 岁，要教他们知道朔月和望月这样的历法知识，学会用干支记日。

10 岁是男女人生的分水岭。女孩子长到 10 岁就不能像男孩子那样外出，必须待在家里由女师教她们如何说话才算柔婉，如何打扮才算贞静，如何举动才算听从。要教她们绩麻治丝、织布织缯、编织丝带；还要让她们观摩祭祀活动，按礼节传递酒浆、肉酱和笾豆（古代祭祀及宴会时常用的两种礼器。竹制为笾，木制为豆）等祭品祭器，按照礼节规定帮助长者安放祭品。到了 15 岁，举行笄礼，赐字，表示已进入成年。到了 20 岁，就可以出嫁了。如有特殊原因，可推迟到 23 岁出嫁。如果是纳采、问名、纳吉、纳征、请期、亲迎六礼齐备的明媒正娶，那就是正妻；如果是无媒自通，六礼不备，那就是贱妾。

10 岁是男孩上小学的年龄，这个时候男孩要离家跟着外边的老师学习，在外边的小学里住宿，学习识字和算术。小学是官办的贵胄子弟学校，周王室的子弟包括太子也在其中就读。这时候穿的衣裤不能用昂贵的帛料来制作，一个重要原因是防止奢侈之心产生。但还要遵循此前所学的规矩，不能懈怠。早晚学习洒扫、进退和以诚待人的礼节，并要勤习简策。简策是古代编连成册的写有文字的竹简或木简，相当于现在的书籍。

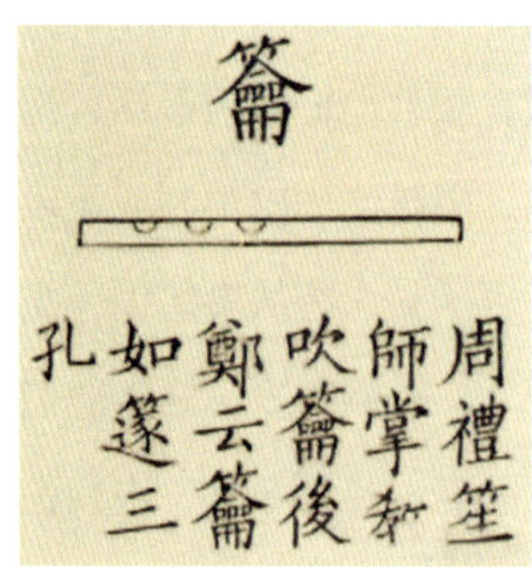

▲ 宋代聂崇义《新定三礼图》中的龠（籥）

到了 13 岁时，开始学习乐器，诵读诗歌，并学习“舞勺”。到了 15 岁，要学习“舞象”，学习射箭和驾车。“舞勺”，文献中没有更详细的记载，清代有一幅名为《舞勺舞象图》的画，上面绘的是两个童子生动起舞的画面。其中一人手握“龠（yuè）”，顿步踏节，姿态生动。“龠”，也写作“籥”，是一种乐器，像编管之形，形状像笛。照此看来，“舞勺”应该是一种持“籥”而跳的文舞。

“舞象”，孔颖达疏说：“谓舞武也。熊氏云：‘谓用干戈之小舞也。……’”也就是说，“舞象”是一种手持干或戈一类兵器所跳的舞蹈，属于武舞。

从金文记载看，西周小学老师一般由王朝相关官员兼任，如辅佐天子和太子的是“辅”“小辅（少傅）”，掌教国子的是“保”“太保”，执教礼乐的是“大师（太师）”“师”，执教乐器的是“鼓”“钟”“镈”等。鼓、钟、镈其实也是乐器名称。

▲ 西安杨家村窖藏出土的西周镈、钟[1]

到了20岁，举行完加冠礼，表示已是成人了，就可以进入大学学习了。这个时候就可以穿皮衣和帛制之衣了。不过，进入大学学习的仅限于王子和其他公侯等贵族的嫡长子。进入大学学习的年龄限制只是针对贵族子弟而言，王太子由于15岁即举行冠礼，因此他15岁就可以进入大学学习。

西周大学的学制为9年，学习的主要内容是礼、乐、射、御四种课程。礼指吉、凶、军、宾、嘉五礼。这是公侯伯子男五等诸侯朝聘之礼，是每一个贵族将来必须熟悉且能在实践中运用自如的礼仪。

吉礼，是指祭祀天神、地祇（qí）、人鬼等的各种礼仪活动。如郊天、大雩（yú，古代为求雨而举行的祭祀）、大享明堂、祭日月、大蜡、祭社稷、祭山川、籍田、先蚕、祭天子宗庙等。

凶礼，是指同凶丧有关的一系列礼仪活动。丧礼是其中与丧葬有关的礼仪，涉及面广。另外还有其他一些与灾难有关的礼仪活动，如荒礼、吊礼、禬（guì）礼、恤礼等。荒礼是国内发生饥荒、瘟疫等自然灾害后，国家采取救灾措施时所举行的礼仪活动或救灾措施本身；吊礼是对遭受自然灾害地区表示哀吊和慰问的礼仪活动；禬礼是别的诸侯国遭受侵略或动乱，造成重大损失时，与之结盟的诸侯国派出使臣去救助的礼仪活动；恤礼是对遭受祸乱的诸侯国表示慰问、抚恤的礼仪活动。《周礼·春官宗伯》云："以凶礼哀邦国之忧：以丧礼哀死亡，以荒礼哀凶札，以吊礼哀祸灾，以禬礼哀围败，以恤礼哀寇乱。"

军礼，是军中用于操练和征伐的礼仪活动。

宾礼，是天子款待前来朝会的四方诸侯或诸侯派遣的使臣的外交礼节仪式。

嘉礼，是用来庆祝和宣扬美善行为的礼仪活动，用意在于亲和万民，安邦治国，包括饮食、婚冠、宾射、飨燕、脤（shèn）膰（fán，本义是祭祀用的熟肉）和庆贺六个方面。饮食礼用以敦睦宗族兄弟，婚冠礼用以对男女成年及婚嫁表示祝贺、提醒和督责，宾射礼用以亲近故旧朋友，飨燕礼用以亲近四方宾客，脤膰礼用以亲兄弟之国，庆贺之礼则用在国家有喜事的时候。

四种课程中的乐是指乐舞知识及实践技能。西周有"六大舞"，即"六乐"，分别是黄帝时的《云门》、唐尧时的《大咸》、虞舜时的《大韶》、夏禹时的《大夏》、商汤时的《大濩》和周武王时的《大武》，都是歌颂前朝当代贤明圣君的古典乐舞，是国家“三大祭”所用的大型祭祀乐舞。所谓“三大祭”，一是圜丘之祭，圜丘象征“天圆”，乃祭天大典；二是方丘之祭，方丘象征“地方”，乃祭地大典；三是宗庙之祭，乃祭祀祖先以配享上帝之典。

除此之外，还有《帗（fú）舞》《羽舞》《皇舞》《旄（máo）舞》《干舞》和《人舞》“六小舞”，也是王朝用于祭祀的乐舞。这些都是西周大学生必须学会的内容。

四种课程中的射是指射箭，御是指驾车。西周时期，人们狩猎、打仗用的主要武器是弓箭，所乘的战车皆为马车，所以学懂并擅长射、御是一个大学生将来走向战场奋勇杀敌的必备技能，这也是西周大学培养人才的主要目标之一。

西周大学的老师、教官都是由天子亲自任命的资历深厚的文武官员兼任，“校长”则由周天子亲自兼任，而且周天子还要不定期地对老师、教官和学生进行严格考核。

▲　虢国博物馆西周战车射御复原图

《礼记·内则》说，20岁进入大学学习，尽管学的知识很广泛，可以跳《大夏》这一类舞蹈了，但尚不足以教育他人，也不足以为人师表，所以还要"惇行孝弟"，努力地积累德行和知识。

到了30岁，就要娶妻成家，并开始"受田"服役。学无常师，所以这个时候尚需广泛讨教。对朋友要谦逊，不与那些没有远大志向的人交往。"受田"是接受国家分配给他的土地的意思。《礼记·内则》这则记载应该是针对贵族而言的。《汉书·食货志上》记载，周代实行"受田制"，一夫百亩，"(殷周之)民年二十受田，六十归田"，就是说，国家在"民"20岁时授给他们土地耕种，到60岁体力不济时再收回来，授给新一代的"民"。

到了40岁，开始做官，每逢出谋划策都要斟酌再三。如果君臣志同道合则可安心就职任事，否则就尽早离开，不要影响君王政策的制定和实施。

到了50岁，受命为大夫，开始参与管理邦国大事。

到了70岁，年老体衰，就该告老退休了。

不过，这也不是绝对的，有时候由于种种原因，有些人年届70仍无法退休，遇到这种事情，该怎么对待他们呢？《礼记·曲礼上》记载："若不得谢，则必赐之几杖，行役以妇人。适四方，乘安车。自称曰：'老夫'，于其国则称名。越国而问焉，必告之以其制。"意思是说，若不得卸任，就要赐给他几，让他累了可以凭靠休息；赐给他拐杖，让他出门可以拄杖而行。同时还要安排妇人照顾其日常起居。去往其他国时，乘舒适的车。与人讲话可自称"老夫"，在自己的国内则自称其名。有别国来访，要以文通礼，告之以规制。

《礼记·冠义》云："凡人之所以为人者，礼义也。"表面要求是

“正容体，齐颜色，顺辞令”，实际目的在于“正君臣，亲父子，和长幼”。在西周，一个贵族的一生就是学习礼仪和践行礼仪的一生。在不同的人生阶段，有着不同的礼仪要求，《礼记·曲礼上》总结曰：

> 人生十年曰“幼”，学。二十曰“弱”，冠。三十曰“壮”，有室。四十曰“强”，而仕。五十曰“艾”，服官政。六十曰“耆（qí）”，指使。七十曰“老”，而传。八十九十曰“耄”。七年曰“悼”。悼与耄，虽有罪，不加刑焉。百年曰“期”，颐。

人生10岁称“幼”，是学习的年龄。20岁称“弱”，是青年时期。30岁称“壮”，是身体发育健壮时期，这时就可以有家室了。40岁称“强”，是心志不惑之时，可以进入仕途了。50岁称“艾”，艾是苍白色的艾草，“五十曰‘艾’”，指的是50岁人的发色苍白，像艾草一样。这个年龄一般知事理，懂怜悯，所以可以当大官了。60岁称“耆”，就是已届至老境，有相应的资历经验，可以指使青年人做事了。70岁称“老”，可以把事情托付后人了。80—90岁称“耄”——已经老到头脑昏乱的年纪，所以该颐养天年了。人生7岁时称作“悼”，年龄在“悼”与“耄”时，犯了刑律也不加追究。超过百岁称作“期”，是纯粹受供养的年龄。

在世，礼仪沦肌浃髓，人生步步都是礼；辞世，礼仪如影相随，丧葬处处皆有祭。所以孔子才说：“生，事之以礼；死，葬之以礼，祭之以礼。”

求子礼、怀子礼和接子礼

求子礼，就是祭拜神祇，求神祇赐子的礼仪。祈子之礼，不是西周才有，商代的甲骨文中就有商王就生育事向商族几位祖先祷告、求卜的相关记载，而且大多集中于几位祖妣（bǐ）——女性祖先，故有学者认为，这几位祖妣或许已被商族人视为庇佑种族繁衍的生育女神了。商代的求子礼一般是在春季举行，此时春风徐徐吹来，万物萌动，体现出商人已经形成了婚育上简单朴素的天人感应哲学思想，即将生育子嗣的祈求与万物皆于春季生长的自然规律联系起来。

西周继承了商代求子礼的观念、形式以及举行礼仪的时间等，但在内容方面进行了革命性的变革，作为生育神的商代女性祖先让位给了高禖（méi），亦称先禖，职掌人的生育繁殖。因供于郊外，高禖又被称为郊禖。禖字的前身为腜（méi）。《说文》解释，腜是孕妇怀孕的样子："妇始孕，腜兆也。"这也就是说，最初的高禖是怀有身孕的成年女性。在远古神话传说中，女娲抟土造人，便是最早的高禖神。

《礼记·月令》记载，仲春之月燕子北归。在燕子到来的那天，用牛羊猪三牲祭祀高禖之神。天子亲自前往，后妃率领后宫所有女眷陪同。在高禖神前，为怀孕的嫔妃举行仪式，给她们带上弓套，授给她们弓箭，祈求高禖神保佑她们生男孩。

是月也，玄鸟至。至之日，以大牢祠于高禖。天子亲往，后妃帅九嫔御。乃礼天子所御，带以弓韣（dú），授以弓矢，于高禖之前。

周代还有向麒麟求子的风俗。民间认为麒麟是仁义之兽，乃吉祥的象征。积德人家，求拜麒麟可生育儿子。晋王嘉《拾遗记》记载了一个“麒麟送子”的传说：孔子的父亲孔纥原来仅有孔孟皮一个男孩，孟皮患有足疾，不能担当祭祀一类大事。孔纥又纳颜氏女，十分渴望能再生一个男孩，就一起到尼山祈祷上苍。某天深夜，忽有一头麒麟漫步踱进阙里人家。麒麟举止优雅，从容地看着他们，从嘴里吐出一块方帛，上书：“水精之子孙衰周而素王。”意谓他孔家将要出生一位龙子，他在周王朝衰落的时候出现，是未来的道德之王，虽未居帝王之位，却有帝王之德。后来，颜氏果然生了个儿子，这就是孔子。

唐人杜甫在《徐卿二子歌》中也提到了这个传说：

君不见徐卿二子生绝奇，感应吉梦相追随。
孔子释氏亲抱送，并是天上麒麟儿。

杜甫在这里将孔子比喻为“麒麟儿”，麒麟喻君子由来已久，应该是来自《诗经·周南·麟之趾》：

麟之趾，振振公子，于嗟麟兮。
麟之定，振振公姓，于嗟麟兮。

麟之角，振振公族，于嗟麟兮。

——麒麟的蹄子不踢人，诚实德厚的公子们，个个像麒麟。麒麟额头不顶人，诚实宽厚的公子们，个个像麒麟。麒麟尖角不伤人，诚实稳重的公子们，个个像麒麟。

诗中将知书达理、行善积德的公子比喻成麒麟。宋人朱熹认为，该诗是借赞美周文王诸公子来称颂周文王之妻太姒的：“文王后妃德修于身，而子孙宗族皆化于善，故诗人以‘麟之趾’兴公之子。”（朱熹《诗经集传》）清代著名宫廷画家焦秉贞还因此创作了一幅题为《麟趾贻休》的画，用麒麟来表意太姒仁厚的美好品德，宣传封建伦理纲常，为宫廷里的妃嫔们树立行为楷模。

▲ 清代焦秉贞《麟趾贻休》图

“麒麟送子”后来成为中国特有的祈子风俗，流行于全国各地，直至现在，还是版画、年画、油画以及瓷器图案等经久不衰的素材。1994—1997 年国家连续发行了“麒麟”系列贵金属纪念币，2020 吉祥文化金银纪念币“生儿育女”主题也选用的是“麒麟送子”故事及其图案。

除了向高禖和麒麟求子外，周代部分地区还有通过巫觋作法来求子的风俗。《毛诗正义》记载，陈国开国君主陈胡公妫满娶了周武王的长女大姬为妻，但是婚后很长时间大姬都没有怀孕，陈胡公对此感到十分焦虑，无奈之下大姬便找来一帮巫师，在身边舞蹈作法求子，结果没过多久，果然怀上了孩子。陈国大致位于今河南淮阳一带。

求子怀孕后，就进入了怀子礼的环节。如果怀孕者是王后，从怀孕的第七个月开始至生后的三个月内，要在王宫内专门为她准备一间侧室居住。如果怀孕者是妃嫔，则从第三个月起就要居住到专门为她准备的侧室内。太师、太宰、太卜及以下诸官都要在规定的时间内，各持本职器械，按照官位、爵位的高低，分别守护于户门左右、堂下和门内。

这期间，孕妇要做到“寝不侧，坐不边，立不跸，不食邪味，割不正不食，席不正不坐，目不视于邪色，耳不听于淫声。夜则令瞽诵诗，道正事”（《列女传·母仪传·周室三母》）。就是说，不侧身睡觉，不坐坐具的边缘，不一只脚站立，不吃气味不正的食物，食物切割不端正不吃，席子摆得不端正不坐，眼睛不看不正的颜色，耳朵不听淫靡的声音，夜晚让盲人朗读诗词，讲述符合正道的事情。“如此，则生子形容端正，才德必过人矣。”（《列女传·母仪传·周室三母》）

显然，周人已经充分意识到，孕妇应当处于一种心平气和、身心愉悦的状态之中，不仅要做到身正，还要做到心正，这样孕育出来的孩子以后仪态和人品才能端正。“故妊子之时，必慎所感。感于善则善，感于恶则恶。人生而肖万物者，皆其母感于物，故形音肖之。文王母可谓知肖化矣。”（《列女传·母仪传·周室三母》）

《大戴礼记·保傅》记载：“古者胎教，王后腹之七月，而就宴室。”又说“周后妃任（孕）成王于身，立而不跂，坐而不差，独处而不倨，虽怒而不詈，胎教之谓也。”古代的胎教，王后怀胎 7 月要单独住在侧室。周武王的后妃邑姜怀成王时，站不踮脚尖，坐不歪斜身子，独居而不傲慢，虽时有怒气也不责骂，是所谓胎教之道。这是文献所见关于中国最早的胎教记载。

当然，这些记载都是后人的追记，不乏溢美之词，也不可完全当真。譬如，关于怀孕者到侧室居住的具体时间，《礼记・内则》就记载的是妻子到了临产的月份，才由寝宫搬到侧室。无论王后还是嫔妃都一样：“妻将生子，及月辰，居侧室。”

国君和贵族的妻子在待产的这段时间内，丈夫不能进入妻子的房间，但一天要两次派人去问候。不过，到了临产时刻，丈夫则要亲自前去问候。这时候妻子因为衣饰颜容不整，不能露面给丈夫留下不好的印象，所以就派贴身的女师穿戴整齐后去回复丈夫的问候。如果是大夫、士一类贵族的小妾要生子，到了临产的月份，丈夫只需每天派人去问候一次即可。

普通庶民的家中一般没有侧室作为产房，而是夫妻二人同寝，所以妻子到了分娩的时候，丈夫就要从寝室避开，另外找房间住。待产期间，丈夫如果是士，也要像大夫一样，每天派人前去问候。

为什么在西周时期，妇女临近生产时都要搬到一间指定的侧房住下？原因很简单，生孩子时要流血，当时的人们都认为这种血液污秽不洁，如果在正室生孩子会带来晦气。这种习俗后来变成了产房禁忌，并一直延续到后世。

孩子出生后，若是男孩，需要在门的左边悬挂一张木弓，谓之“弧”。若是女孩，则需在门的右边悬挂一条佩巾，类似于现代人使用的手帕，谓之“帨（shuì）”：“子生，男子设弧于门左，女子设帨于门右。”（《礼仪·内则》）“弧”象征这名男孩长大成人后能手持弓箭，保家卫国；“帨”代表女孩长大成人后，勤于操持家务。

《诗经·小雅·斯干》记载，如果生的是男孩，就将他放到床上，给他穿好衣裳，拿璋给他玩耍，谓之“弄璋”：“乃生男子，载寝之床，载衣之裳，载弄之璋。”璋，是一种玉器，西周时臣子朝见王侯时，需执此为礼。父母让男婴玩璋，寄托着希望他长大后为官的寓意。这一习俗一直延续到后世。明代画家蓝瑛就以此为题材，创作出了一幅《弄璋图》，成为传世名作。

臭名昭著的唐朝宰相李林甫，有一次书写庆祝别人生子的贺信，不慎笔误，将“弄璋”写成了“弄獐”。獐是一种野兽的名称。这样一来贺喜的吉利话一下就变成了骂人为畜生的恶毒咒语，一时间传得沸沸扬扬，李林甫也因此被人们戏称为“弄獐宰相”。

▲ 明代蓝瑛《弄璋图》

如果生的是女孩，就把她放到地上，用包裹婴儿的包布再将她包起来，把“瓦”——当时妇女纺织用的纺锤——拿给她玩，谓之“弄瓦”：“乃生女子，载寝之地，载衣之裼（tì），载弄之瓦。”寄寓着培养女孩从小就勤于纺织的含义。

若是国君的嫡长子出生，需报告国君，以太牢之礼迎接嫡长子的诞生，由膳宰负责安排。古代祭祀所用牺牲，行祭前需先饲养于牢，故这类牺牲称为“牢”。牛、羊、豖（猪）三牲全备称为“太牢”，是天子才可以用的礼仪。

天子生嫡长子后要通过卜筮选一位抱新生儿的士，被选中的士要在第二天沐浴净身，第三天穿上朝服，在正殿门外等候，把新生儿接过来抱在怀中。然后，有专门的射人用桑木之弓射出六支箭羽，这六支箭羽均由蓬草做成。一箭射天，表示将来要敬事天神；一箭射地，表示将来要敬事地祇；另外四箭分射东西南北，表示将来要威服四方。之后女师把新生儿接过来抱在怀里，膳宰便开始以“一献之礼”向刚才抱子的士敬酒，并赐给他五匹帛作为酬谢。

前文已述及，“一献之礼”是周礼的一部分内容，大致有三个步骤。首先由主人取酒爵致客，称为“献”；其次由客人还敬，称为“酢”；再次，由主人将酒注入觯或爵后，先自饮而后劝宾客饮，称为“酬”。在“献”的环节中，有洗爵的步骤，而且主客三轮饮酒都用爵，所以“一献之礼”又称为“三爵之礼”。

选择抱新生儿的士并不那么简单，王室还要从该士的妻妾当中卜选一个乳汁多的，让她来做新生儿的乳娘，这就意味着选这个抱新生儿的士实际上也是在给未来的天子选乳娘。遗憾的是，相关文献对此并没有更详细的记载，不过我们也可以想象得出，那应该是一个十分复杂的过程。

新生儿诞生了，自然要举行隆重的迎接仪式，具体时间是在新生儿诞生三天之内选其中吉日那天。举办接子礼所用的牢具，天子和诸侯用太牢，庶人和士大夫用一只小猪。如果生的不是嫡子，牢具的规格要降低一等。

新生儿诞生后，要在宫中单独清理出一处房子供他居住。如果是国君的嫡子，则要从国君的众妾和傅母（亦即保姆）中，挑选出三个性情宽厚、慈惠、温良、恭敬、谨慎而不喜欢多嘴多舌的，分别按照挑选等级做幼儿的老师、慈母和保姆，至于奶娘，则只管喂奶而已。这些人统统都要与幼儿同居一室。他人无事一律不得前往，以免出现意外。

乳娘三年以后才可以回自己在宫外的家。回家之前，国君要在宫殿里接见她们，并予以赏赐以表慰劳之意。

大夫的新生儿诞生后也有乳母喂养，而士的地位卑贱，所以他的孩子只能由生孩子的妻妾自己喂养。

取名字是件大事

对西周人而言，取名字是件大事。大到什么程度？孩子生下来，在没有名字之前，父亲不能和孩子相见。这个周期一般是三个月，个别士大夫是十天。父亲和孩子相见之日，就是父亲或祖父给孩子行命名礼之时。

《礼仪·内则》记载，在孩子出生的第三个月末，要选择一个吉日给孩子举行命名礼。这天一大早，首先做的一件事是为幼儿剪发。但不能把胎发全部剪掉，要留下一部分。男孩留“角”，就是把头顶两边的头发梳剪成像有角动物刚刚长出来的小犄角的样子；女孩留“羁”，是在头顶上留下纵、横各一道头发，相互通达，形如马络头的样子。也有的是男孩留左边头发，女孩留右边头发。

剪发后，妻子要带着孩子去拜见孩子的父亲。如果是大夫以上爵位的贵族之家，孩子的父母需要另制新衣。如果是命士及其以下爵位，无需另制新衣，但也要把旧衣洗干净后，才能出席孩子的命名礼。

这天，家庭中所有男女老少都一大早起床，梳洗打扮，穿上礼服。孩子父母的膳食也上升至每月初一才能享用的高规格膳食标准。如果新生婴儿的父亲是周天子，要用牛、羊、猪三牲俱全的太牢规格准备祭祀牲具；如果是诸侯，用羊、豕二牲的少牢规格；如果是士大夫，只能用猪的特豕规格。

命名礼很隆重，参与的人很多，所以一般要在庭院举行。孩子的父母按照周礼尊卑原则，分道而行。丈夫进入自己的卧室，来到东阶，面向西而站。妻子则是由侧室走到丈夫的卧室，由此出来登东阶，紧挨门楣抱着幼儿面向东而立。请来照顾孩子的女师站在妻子侧面稍靠前，等夫妇双方都站好后，就替妻子对丈夫传话说："儿的母亲某氏，今天恭敬地携带小儿拜见其父。"丈夫回答："你要教导小儿恭敬地遵循正道。"之后，丈夫要拉着孩子的右手，含笑给孩子取名。这时，妻子要对丈夫说："我会铭记此名的深刻含义，努力使小儿将来有所成就。"说罢，转身向左把孩子递给请来的女师。女师再将孩子的名字遍告诸妇、诸母。

◀ 清代张师诚《豳风十二月图说》局部

命名仪式结束后，妻子才能在时隔数月后回到他们夫妇原来的卧室。不过丈夫暂时还不能同妻子一起回屋，他需要将小儿的名字告诉给宰——家里的管事人员，宰又转告给同姓的父兄子弟，同时在简策上写上“某年某月某日某生”，收藏起来。宰要将孩子的名字与生辰上报闾史——古代管理闾巷的小吏，闾史登记为两份，一份存放到闾府，另一份逐级上报，最后要报给州长，作为人口档案存放于州府。等这一切安排妥当，丈夫就返回卧室，与妻子同食，重新过回以前的生活。

命名礼之所以称为“礼”，是因为它要符合周礼的程序，其中具体的礼仪环节也根据孩子及其父母地位的高低而有所不同。譬如诸侯国君的孩子出生，如果是世子（即嫡长子、储君），命名的礼节基本上与上述相同。如果是世子的同母弟出生，则需由其母抱着到国君正寝去拜见国君，国君抚摸着幼儿的头，含笑为他命名。如果是嫔妃生子，即所谓的庶子，国君可以自己给孩子命名，也可以让相关官员给孩子命名，具体还要看国君的心情和他对哪个嫔妃更偏爱一些。

至于一般士大夫妾生的孩子，命名礼仪式就更为简单。前面部分与上述基本相同，就是孩子生下后第三个月的末尾，也要选个吉日，大家都洗漱整洁。但丈夫和妾都无需登阶到庭院，而是由妾抱着孩子到丈夫的内寝去与丈夫相见，给孩子取名。丈夫用妾刚嫁来时的礼节对待她。丈夫先吃完饭后，留她单独吃剩下的食物。她也由此获得侍候丈夫过夜的优待特权。

当然，上述情况是在新生婴儿祖父不在的情形下进行的礼节，倘若新生婴儿的祖父健在，那么到了三月之末，还要举行孩子拜见祖父之礼，取名的权利就交给了祖父，其他拜见的礼节与上述子见父一样，只是没有了对答这一环节。

为孩子取名也有讲究："凡名子，不以日月，不以国，不以隐疾；大夫、士之子，不敢与世子同名。"（《礼仪·内则》）就是说，一般人取名不能以日月为名，不能以国名为名，不能以身上的暗疾为名。大夫和士给儿子取名，不能与当朝太子同名。

姓氏名字各不同（一）

我们现在常说的“姓氏”一般认为就是“姓”的意思，名字就是人名的意思，但在周代，姓是姓，氏是氏，名是名，字是字，彼此各不相同。[2]

先说姓。姓这个字是女和生两个字的组合，也就是说，姓是因女人生育而成。换言之，姓最初来源于母系氏族社会，是不同氏族部落血缘关系的标记。清代《绎史·开辟元始》卷一亦云：“男女构精，以女生为姓。”中国较早的几个姓大都带有“女”字旁，就是母系氏族社会孑遗的明证。我们现在大都随父姓，是人类由母系氏族社会进入父系氏族社会，男性取得社会和氏族部落主宰权以后，对女性姓权的剥夺的结果，并不是说原先就是这个样子。

从文献记载看，华夏古姓来源主要有两种情况，一是图腾化姓，二是地名转姓。图腾是古代原始部落信仰某种自然或有血缘关系的亲属、祖先，或保护神等的图画式标记，是本氏族的徽号或象征。如风姓，就起源于伏羲氏的凤鸟图腾。[3]

比起图腾化姓，地名转姓的情况更多一些。这里的地名是指母系氏族部落所居之地，换言之，就是根据女性始祖生育时的地点而得姓。如姜：“炎帝神农氏姜姓，母女登游华阳，感神而生炎帝，长于姜水，是其地也。”（《帝王世纪》）“神农居姜水，以为姓。”（《说文》）姬：“黄帝以姬水成……成而异德，故黄帝为姬……”（《国语·晋语》）姚：“虞舜居姚虚，因以为姓。”（《说文》）

顾栋高曾经对文献中春秋时期的列国国姓做过一个统计，仅有21姓。[4]考古学家盛冬铃对西周铜器铭文中所见的姓也做过一个统计，其中能够明确考定的不到30个。[5]这些姓大都带有女字旁，显示其有悠久的历史，如周人国姓姬，齐、申、吕、许四国的国姓姜，杨、矗两国的国姓姞，褒、杞、费三国的国姓姒，此外，还有陈国的妫姓、秦国的嬴姓等。

次说氏。氏是姓族下面支族的标记。换言之，姓统氏，氏属姓。尧舜至夏商时期可能就已经出现了姓氏的初步区分。《国语·郑语》记载，祝融亡后分为己、董、彭、秃、妘、曹、斟、芈八姓。八姓又分为若干不同的“氏”。在商代甲骨文和金文中极少有姓的出现，通常是以某氏、某族来表示人物的血缘族氏，虽然这些氏名有些复杂，但其中明显蕴含有地名和官职的信息。这也就是说，最初的氏来自地名和官职，是姓的某族族长率领族人迁徙异地或在官府中任职所得。

《太平御览》引《风俗通义》说，氏的来源有九种，分别是以族号为氏，以谥号为氏，以爵名为氏，以国名为氏，以官名为氏，以字（行第）为氏，以居为氏，以从事的职业为氏，以职守为氏。以族号为氏的有唐、虞、夏、殷，以谥号为氏的有戴、武、宣、穆，以爵名为氏的有王、公、侯、伯，以国名为氏的有曹、鲁、宋、卫，以官名为氏的有司徒、司寇、司空、司城，以字为氏的有伯、仲、叔、季，以居为氏的有城、郭、园、池，以从事的职业为氏的有巫、十、陶、匠，以职守为氏的有三乌、五鹿、青牛、白马等。

宋代史学家郑樵在《通志·氏族》中通过对不同氏的考察，更是将其来源细分为33种，除了上述《太平御览》引《风俗通义》所说九种外，还有以郡国、以邑、以乡、以亭、以名、以族、以谱系、以国系、以名与氏、以国与爵、以邑与谱系、以官与名、以邑与谥、以谥与氏、以爵与谥等为氏的，其中对传统姓氏发展演变影响最大的可分为三类，分别是以国名或地名为氏、以姓为氏、以官爵职业名为氏。

促成姓氏文化演变、发展、壮大者，当属西周时期。西周建立以后，武王、周公、成王直至宣王，都实施了“封邦建国，以藩屏周”的战略措施，分封大量的同姓和与周王室有姻亲关系的异姓到所征服各地建立诸侯国。《荀子·儒效》记载，周初周公兼制天下，就封立71国，其中姬姓国就有53个。这些姬姓国的国姓后人后来大都以国名为氏，如鲁、燕、虢、霍、管、蔡、卫、毛、郭、焦等。

西周时期，氏为贵族专有，贵族有姓有氏，庶民有姓无氏。姓与氏是一种统和分的关系，由姓而宗，由宗而族，由族而家，宗、族、家都可以拥有各自的氏。姓用来分辨血缘，区别婚姻；氏用来表明家庭出身与社会地位。质言之，姓明血缘，氏别贵贱。贵族中的男子称氏，而女子称姓。“氏所以别贵贱，贵者有氏。贱者有名无氏。”（郑樵《通志二十略·氏族序》）姓因生而定，虽历百世而不变；氏因家族而成，因时因地因爵而不同。

姓氏名字各不同（二）

再说名。名是一个人的称谓，是他特有的标记。一般来说，人名都寄托着父母和长辈对孩子未来有美好前程的期盼。但人们对美好的认识因时因地而异，所以不同时代人们的名字就有所不同。从某种意义而言，人名就是他所处时代的一个反映。商代除了开国领袖成汤外，历任商王都是以天干序名为其名的，如商朝前期商王的名字有的叫作外丙、太甲、太庚、小甲、太戊、雍己、仲丁、外壬、河亶甲、祖乙、沃甲。我们熟知的商纣王，本名为辛，纣是后人对其小名“受”的转音谑称。

到了西周时期，人们取名的情况有了变化，如前文所述，周礼要求不能以日月为人名，不能以国名为人名，不能以身上的暗疾为人名。大夫和士给儿子取名，不能与当朝太子同名。这与周礼注重宇宙和社会人伦秩序有关。

西周人取名一般比较简单，大都是一个或两个字，譬如，从武王到幽王 12 任周王中，就有 9 任是以单字为名，武王叫发，成王叫诵，康王叫钊，昭王叫瑕，穆王叫满，懿王叫囏（jiān），夷王叫燮（xiè），厉王叫胡，宣王叫静，其余3任，共王叫繄（yī）扈，孝王叫辟方，幽王叫宫涅（shēng），也有记载幽王名为涅或湼（niè）的。

周人取名简单，与其用途有关。“名者，自称用名，以表谦逊；嫡亲尊长对其晚辈，师长对弟子，位高者对位卑者，也可直呼其名。”[6]也就是说，西周人名是供嫡亲尊长和位高者称呼而用，所以，简单、明了就是它应有的题中之义。

再说字。西周人不但有名，还有字。名是取于孩子生下三个月举行取名礼之时，而字是取于20岁举行冠礼之时。字是名的增多和延伸，是一个人际交往的称谓符号。

周人用字有四重含义，一是表示成年，可以娶妻成家，正式参加社交活动，应该担负起一个成年人应有的责任了。二是明确尊卑。字是平辈之间和正式场合（包括书面语）的称呼，显示的是礼貌之意。在特殊场合下，晚辈对长辈，位低者对位高者，平辈对尊长也可以在他们的字的前后加上爵位等尊称，再予以称呼，显示的是敬重之意。三是明确地位。西周乃至春秋和战国时期，贵族不但有姓有氏，而且还有名有字。庶民则有姓无氏，有名无字。所以字在当时的作用与氏一样，都是用来表示社会地位的。四是可以做后人的氏。用先祖的字作后代某支族的氏，是周代姓氏文化的一个重要现象。南北朝学者颜之推总结先秦姓氏文化就说：“古者名以正体，字以表德，名，终则讳之；字乃可以为孙氏。”（《颜氏家训·风操》）

外人一般称呼别人字而不称呼名，其作用是“冠德明功，敬成人也”（《白虎通义·姓名》）。但在正式场合或书面语中还需加上排行的字眼，换句话说，就是名字中要体现你在家中兄弟或姐妹里的排行，以及是嫡生还是庶生：“适长称伯……庶长称孟”，“男女异长，各自有伯仲”(《白虎通义·姓名》)。如果是嫡生，长兄称伯，如果是庶生，长兄称孟。男女虽然各有自己的兄弟或姐妹，但都有大小之分。伯、孟在排行中为老大，以下依次是仲、叔、季等。

《仪礼·士冠礼》记载：“礼仪既备，令月吉日，昭告尔字。爰字孔嘉，髦士攸宜。宜之于假，永受保之，曰伯某甫。仲、叔、季，唯其所当。”意思是说，礼仪已经齐备，在此良月吉日，宣布你的字。你的字无比美好，宜为英俊的男士所有。适宜就有福佑，愿你永远保有。你的字就叫“伯某甫”。仲、叔、季，也各有适合他们的字。

在金文中有很多这种“行第＋字”结构的人名，如“伯吉父”“仲南父”“叔多父”“季良父”“孟皇父”等，这种结构应该是西周称谓的主流。除此之外，还有“行第＋名”结构，如“伯克”；有“行第＋字＋名”结构，如“叔向父禹”；有“氏＋行第”结构，如邢伯、丰伯、虢仲、虢季、虢叔等。

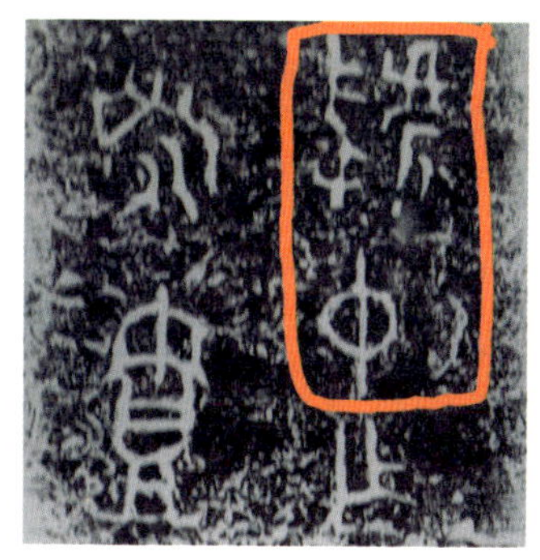

▲ 虢仲圆壶及其铭文：虢仲作旅壶

名字区分伯孟和行第主要还是为了维护以嫡长子继承制为核心的封建宗法等级制度，使人人遵守礼法，各就其位，防止僭越行为。

从西周金文中观察，字的称谓往往是“某父（甫）”“某母（女）”，这里的“父（甫）”“母（女）”不是父亲、母亲的意思，而是表明已经成年，可以成家为人父人母了，是一种表示尊敬的美称，同时也是区分男女的标志。如“孟妊车母”“中义母”等。“孟妊车母”中的“孟”表排行是老大。“妊”是姓，“车”是字，“母”代表女性。“中义母”中的“中”同“仲”，表排行，是老二的意思。“义”是字，“母”代表女性。

由此可以看出，西周人的全称一般由四部分组成：

第一部分是氏（偶尔也有加姓的）。

第二部分是表行第的称呼——伯（孟）、仲（中）、叔、季。

第三部分是名或字。

第四部分是表示性别的敬称文字——男性用“父”“甫”，女性称“母”或“女”。

在此基础上，可适当简略为两部分或三部分，如上述所举邢伯、虢仲就是由氏和行第两部分组成，中义母是由行第、字和代表性别的文字三部分组成，伯禽父也是这种情况，伯表行第，禽是字，父表男性。

这里特别需要说明一点的是，西周时期的女性虽然也有名有氏，但流传下来的并不多，这是因为当时已经形成了一种习俗，女性一旦嫁人，大多都要放弃原来名字的使用而改用新的称呼。这也有几种情况，一是父国名+父姓，如出土于山西曲沃晋侯墓地的西周早期青铜器杨姞壶，其铭文中的“杨姞”就是杨国的姞姓女子嫁给了当时的晋侯。这里，“杨”是国名，“姞”是父姓，也是国姓。[7]再如出土于山西绛县横水西周倗国墓地的倗伯鼎，其铭文中对其夫人的称呼是“毕姬”，“毕”在这里是父国名，“姬”是父姓，也是国姓。类似的还有“毕媿”“齐姜”，等等。

二是夫国名＋父姓，如山西绛县横水倗国墓地所出倗仲鼎，其铭文有“毕媿”字样，“毕”是“毕媿”氏夫家国名，“媿”是“毕媿”氏娘家即倗族之姓。媿通隗、鬼、怀，为怀姓九宗之一。[8]

从河南三门峡一带征集到的虢姜铜方甗，其铭文中有“虢姜”，虢是指虢国，乃虢姜丈夫所在的国名，姜是虢姜父亲之姓，就是指姜姓的女子嫁给了虢国的世家公子。

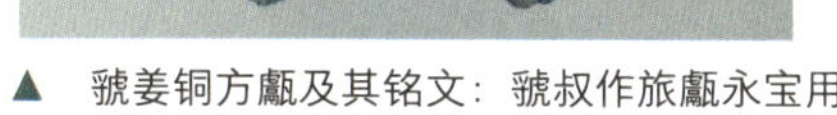

▲　虢姜铜方甗及其铭文：虢叔作旅甗永宝用

三是父国名＋夫姓，同是绛县横水倗国墓地出土的“芮伯作倗姬簋”，铭文中芮伯称其夫人为“倗姬”，“倗”是芮伯夫人父亲所在的国名，“姬”是丈夫芮伯的姓。[9]

四是居邑＋父姓，如周武王的王后“邑姜”，“邑”是其所居都邑的名称，“姜”是其父姜尚姜太公的姓。这种称谓不多见，应该是个别现象。

西周男子名前一般冠氏不冠姓，像姜尚，吕才是他的氏，称吕尚才合情合理，只是后世文献均称其为姜尚，所以本书在后文提到他时，继续沿用这个习惯称呼。

西周女性这种隐字埋名的称谓形式，应该是周礼对女性的歧视和当时女人地位低下的反映，对后世影响很大。一直到中华人民共和国成立前夕，许多已婚女性都没有正儿八经的名字，人们往往是将其夫姓和父姓连起来作为她们的称呼，或者就是只称呼其父姓，再在后面加个“氏”字。

20 岁举行成人礼

《礼记·昏义》云："夫礼始于冠，本于昏，重于丧祭，尊于朝聘，和于射乡：此礼之大体也。"意思是说，礼以冠礼为起点，以婚礼为根本，丧祭礼最隆重。朝礼、聘礼最能体现尊敬，射礼、酒礼最能体现和睦：这是礼之大体。

冠礼就是男子成人礼，因为礼仪上要给这个即将是成年人的青年戴冠，故谓之冠礼。其起源可以追溯到原始社会。彼时氏族中的未成年人，由于身体发育不全，为保护他们能够健康成长，一般不让他们参加生产、狩猎活动，也不让他们参与战争。只有等他们成人后，才允许他们干成年人该干的事情，并担负起成年人相应的责任和义务。

从文献记载看，夏商时期尚无明确的成人礼，成人礼最早出现在西周，显然与周公在西周社会初期全面实施封建礼制有着密切的关系。

周代冠礼的程序繁冗复杂，根据《仪礼·士冠礼》记载，整个礼仪过程可以分为预礼和正礼两大部分。预礼又可分为筮日、筮宾、约期、戒宾和设洗五个环节。

第一个环节是筮日，就是通过占卜确定举行冠礼的日期。具体要求：

一是地点，须在祢（mí）庙（亦称父庙、考庙）门前占筮加冠的吉日。

二是衣着，主人（将被加冠者的父亲或家长）须头戴黑冠，身穿朝服，腰束黑色大带，饰白色蔽膝。主人的属吏身着与主人相同的礼服。

三是站立位置。主人在庙门的东边就位，面朝西方；主人的属吏在庙门的西边就位，面朝东方。以北为上首（下文若无特殊注明，均是以北为上首）。

四是占筮器具，蓍草、蒲席和记爻、记卦所用的卜具，都陈放在庙门外的西塾中。

五是筮席所设具体方位，当在门槛外两门中部木闑（niè，古代竖在大门中央的短木，即门橛）偏西的地方，面朝西方。

六是具体操作流程。筮人手持蓍草，抽开装着蓍草的蓍筒盖，一手持盖，一手持蓍筒下部，上前接受主人的吩咐。宰即家里的管事人员，要在主人右方稍靠后的地方协助主人发布占筮之命。筮人应命后右转回到筮席，面朝西方就座。卦者（占卦时画录卦爻的官员）的位置在筮人的左边。占筮完了，筮人将卦象写好，拿去给主人看。主人看毕，还给筮人。筮人回至筮席，面向东方，再次与他的属下共同占筮，占筮完毕，进前报告主人。如果占筮结果不吉，就占筮后面的日期，仪式与前相同。占筮结束，撤去筮席，宗人宣布筮日之事结束。

第二个环节是筮宾，就是从参礼宾客中通过占卜确定一人为正宾。具体流程同筮日一样。但主人需先亲自上门告以举行冠礼的日期，邀请他参加。正宾人选确定以后，主人要再次前往正宾人选家中当面邀请。正宾人选身穿与主人相同的礼服，到大门外东方去迎接，还要面朝西方两拜主人。主人面朝东答拜对方。之后，主人要庄重致辞邀请对方担任正宾："某人将为某某加缁布冠，先生将光临，冒昧前来恭请。"对方回答说："某人不敢不早起前往！"主人对正宾两拜，表示感谢，正宾再答拜主人。这时主人就可以告辞回家了。正宾确定以后，还要给正宾邀请一名助手,《仪礼·士冠礼》称之为"赞冠者"，具体邀请仪式与邀请正宾仪式相同。

第三个环节是约期，就是约定冠礼开始的具体时辰。这个约定不像我们现在随便打个电话确定下来就算了，而是要举行一个很隆重的仪式，仪式的具体时间是在举行加冠礼前一天的傍晚，地点是在宗庙门外。主人站在宗庙门外东边，众亲戚站在主人南边稍靠后一些的地方，面朝西方。主人的属吏都身穿朝服，站在庙门外西边，面朝东方。掌礼仪之事的傧者请问加冠礼的时辰。宰告知是在次日凌晨天明时分。傧者随即大声传话给在场的亲戚和属吏。随后，掌管宗庙、谱牒、祭祀等事项的宗人宣布约期仪式结束。

第四个环节是戒宾，就是邀请正宾与所有赞冠宾客。因为前边主人已经亲自登门告诉了一众亲朋好友，这次邀请就无需亲自前往邀请，而是由司掌礼仪之事的傧者再到主人亲朋好友家中通告举行加冠礼的具体时辰。

接下来就到了预礼的第五个也是最后一个环节——设洗，就是冠者（被加冠人，下同）当日举行仪式前要按规定进行沐浴梳洗。这天清晨一大早，管事人员要在正对东屋檐翼的地方设置沐浴房，沐浴房和堂之间的距离要与堂深相等。水盆设置在沐浴房内东边。

冠者沐浴梳洗后换上礼服进入礼仪现场，至此预礼结束，正礼拉开序幕。正礼议程有十个环节。

第一个环节是要陈设冠者需要穿的礼服和相关礼器、祭物。这个工作要在加冠当天一大早开始。礼服分爵弁服、皮弁服和玄端服三套，陈设在东房内西墙下，衣领朝东方。爵弁服：裙为浅绛色，上衣是丝质黑色，带子是黑色的大带，蔽膝为赤黄色。皮弁服：裙为白色，带子是黑色的大带，蔽膝为白色。玄端服：裙的色彩可以是黑，也可以是黄的或杂色的，带子仍然是黑色，蔽膝为赤黑色。

▲ 宋代聂崇义《新定三礼图》中的爵弁服、皮弁服和玄端服

由于冠者要先后三次被加冠弁，所以就要准备缁布冠、皮弁和爵弁三种不同的冠弁。加缁布冠要用的饰品有頍（kuǐ）项（用以束发固冠的发饰）以及系结在頍上的青色冠缨和六尺长的黑色束发巾。加皮弁要用的饰品是簪子，加爵弁要用的饰品是簪子和镶着浅红色边饰的黑色丝质冠带。以上物品要同装于一只箱子中。

梳子放在箪（dān，竹制或苇制的盛器）里。蒲苇席两张，放在礼服、箱子和箪的南边。北边单独设置一甒（wǔ，一种陶制容器）醴酒。还需要准备勺、觯和角制的小匙，放在筐篚中。将干肉和肉酱盛于笾豆中，以南为上首。爵弁、皮弁、缁布冠，各盛在一个冠箱里，主人的三个属吏各持一只冠箱，在西坫（diàn，古代放置东西的土台子）的南边，面朝南站着等候加冠者出来。这个方位是以东方为上首，正宾登堂后就转而面朝东方。

第二个环节是主人迎赞者（主持赞礼的人）和众宾客进入祢庙之中，各就各位。主人身着玄端服，站在东阶下边正对东序的地方，面朝西方。众亲戚一律身着黑色服装，站在沐浴房的东边，面朝西方。傧者也同样身着玄端服，背朝东塾站立。冠者身穿采衣，头梳发髻，站在房中，面朝南方。正宾身穿与主人相同的礼服，站立在大门外边。赞冠人身着玄端服相随。

傧者出门请正宾入内，并通报主人。主人出大门，在东侧迎接，面朝西两拜，正宾答拜。主人再向赞冠人作揖行礼，又与正宾相对一揖，然后率先进入大门。每到转弯的地方，主人都要与两位相对一揖。至庙门前，主人要作揖请正宾先进入庙门。如此相对三揖，到达堂前阶下，再相互谦让三次，主人上堂，站在东序南端，面朝西方。正宾的位置在西序南端，面朝东方。赞冠人在沐浴房的西边洗手后，登堂站立在房中，面朝西，以南边为上首。

第三个环节是加冠，此为加冠礼仪中最重要的一部分。先后需要加冠三次。始加缁布冠，二加皮弁冠，三加爵弁冠。

▲ 根据文献复原后的缁布冠、皮弁冠、爵弁冠（从右往左）[10]

为什么父母要给将要成年的孩子三次加冠呢？因为三次加冠的含义都不一样，始加缁布冠，意为冠者已具备衣食之能；二加皮弁冠（亦称武冠），意为冠者已具备基本武技；三加爵弁冠（亦称文冠），意为冠者已具备基本的知书明理之能。三次加冠，后一次都比前一次更为贵重，是要教导冠者确立远大的志向："三加弥尊，谕其志也！"（《礼记·郊特牲》）

先是赞者在东序边稍靠北的地方布设筵席，面朝西方。冠者从房内出来走到堂上，面朝南方。赞冠人把头巾、簪子、梳子等物放置席的南端。正宾对冠者拱手一揖，请他即席坐下。赞冠人随之也坐下来为冠者梳理头发，并用头巾束发。随后正宾下堂，主人也跟着下堂。正宾洗手完毕，与主人相对一揖，相互谦让一番，然后双双上堂。主人回到原位。正宾在筵席前坐下，为冠者整理束发巾。整理完后站起，由西阶下一级台阶，下面持冠的人则赶紧升上一级台阶，面向东将缁布冠交给正宾。正宾右手持冠的后端，左手持前端，庄重行至席前致祝辞："选择善月吉日，为你戴上缁布冠，去掉你的童稚之心，慎修你成人的美德，祝愿你高寿吉祥，昊天降予大福。"随后坐下，为冠者戴上缁布冠。完成这个礼节之后再站起来，正宾回到原来的位置。这个时候，赞冠人就要为冠者加頍项，系好冠缨。完毕，冠者站起，正宾对他作揖行礼。

礼毕，冠者进入房内，穿上皮弁服和白色蔽膝，再出来面朝南方站立。正宾按照初加冠的流程给冠者戴上皮弁冠。加皮弁冠的致辞是："选择吉月良辰，为你再戴皮弁冠，端正你的容貌威仪，慎敬你内心的德性，愿你长寿万年，天永远降你福祉。"

之后，冠者再次进入房内，穿上浅绛裳、赤黄色蔽膝，从房中出来，依照前面的流程，进行第三冠——爵弁冠的加冠仪式。加爵弁冠的致辞是：“在这吉祥的年月，为你完成加冠的成年礼，亲戚都来祝贺，成就你的美德。愿你长寿无疆，承受上天的赐福。”

三次加冠完毕，就进入了第四个环节——宾醴冠者，就是正宾为冠者赐酒祝贺。先是撤去皮弁冠、缁布冠、梳子、筵席等物，正宾和冠者进入房中。赞者在室门西边堂上布设筵席，面朝南方。赞冠人在房中洗觯，斟醴酒，斟毕要将小匙口朝下、匙头朝前放在觯上。正宾对冠者作揖行礼，请冠者面朝南方，在席西端即席。然后在室门的东边接觯在手，将小匙柄朝前放在觯上，面朝北方，进至筵席前。冠者在席西边接觯在手，行拜礼，正宾对面答拜。赞冠人将干肉和肉酱进置席前。冠者即席坐下，左手持觯，右手祭干肉和肉酱。礼毕站起，用角质的小匙祭洒醴酒三次。然后在席的西头坐下，品尝醴酒。尝完，把小匙插入觯中，再双手捧觯站起，走下筵席，坐到正宾对面，将觯放在地上。然后再手捧醴觯起立，对正宾行拜礼。正宾予以答拜。

之后还有冠者见母、正宾赐表字、见家人、见尊长、醴宾等六个环节，由于程序复杂，拖沓冗长，会让人看得昏昏欲睡，在此从简，仅说一下正宾赐表字这个礼节。

前已述及，孩子出生三个月时家长要给孩子取名，并举行盛大的取名仪式。但字是孩子长到20岁时，在冠礼上由正宾代冠者父母赐予的，乃本名之外供寻常称呼的称谓，周人谓之“表字”。其意义在于礼敬父母为冠者所取之名，是谓“冠而字之，敬其名也！”（《礼记·郊特牲》）

名只有国君、父母和亲近的长辈可呼，而字是供外人和正式场合所用。一个人有了字，就意味着他正式走向了成年，能够担负起成年人应该担负的责任了，所以字是西周青年贵族成为成年人的标志。

不过，20岁左右的男子，身体并未完全发育成熟：“二十曰‘弱’，冠。”（《礼记·曲礼上》）所以这个年龄段的男子就被称为“弱冠”，“弱冠之年”这个成语就来源于此。

山东省博物馆收藏一“周公辅成王”汉画像石，画面上显示的是周公等6位辅政大臣在恭恭敬敬地给成王加冠的场景。其中，居中而坐的小矮人为成王，弯腰挑着王冠饰品的高大者为周公。除周公外，其余5位都手捧玉圭，似乎在恭候成王的旨令。周武王去世时，由于成王年幼就由周公代为摄政，周公摄政7年后还政于刚成人的成王。此时的成王20岁左右（有说武王崩时，成王尚在襁褓之中，见《史记》）。至于周礼规定太子举行成人加冠礼是在15岁，应该是周公之后的事情了，所以，有学者认为这幅画像反映的可能就是成王加冠礼以及周公还政于成王的情形。

▲ “周公辅成王”汉画像石拓片[11]

西周时期，不只男子长大要举行成人礼，女子长大也要举行成人礼，男子成人礼叫冠礼，女子成人礼叫笄礼。笄，就是用来束发的簪子。古代女子未成年时，都把头发分在两侧成髻，成年以后，则将头发盘在头顶作髻，再插上笄，故称女子的成人礼为笄礼。

周代时，人们已经认识到女子身体的发育一般要比男性早几年，所以周礼据此将笄礼的时间定在了女子15岁许嫁之时。许嫁时举行笄礼，在仪式上长辈还要给加“笄”的女子赐字，表示她已经成年了，可以承担起成年女性的责任了。

女子许嫁代表已经订婚，所以“缨，非有大故不入其门”（《礼记·曲礼上》）。缨即彩带，意思是说，女子订婚后，头上要佩戴彩带，表示名花有主了，这期间没有特别大的变故，男子不能进入她的闺门。

许嫁的女子 15 岁举行笄礼，而没有许嫁的女子则推迟至 20 岁举行。20 岁是周礼规定的女子结婚的年龄，20 岁都没有许嫁那也是成人了，所以也要承担起成年女子的责任。但为这些 20 岁还没有许嫁的女性举行的笄礼仪式则要低调、简陋很多。不过想想也正常，15 岁许嫁女子举行笄礼时，未婚夫家会派人携带重礼参加，而女子 20 岁时尚未许嫁，那在西周人看来应该是一件很丢人的事情，所以家人为她举行笄礼自然要放低身段了。

关于笄礼的具体流程，周代的文献中没有记载，宋代司马光的《书仪》和朱熹的《家礼》虽有记述，但前后已经相隔了一两千年之久，实在不能保证其中没有掺入太多后人的想象，所以我们就不在此赘述了。

50 岁举行养老礼（一）

西周养老礼有一套完整的制度和仪式。[12]《礼记·祭义》记载："昔者，有虞氏贵德而尚齿，夏后氏贵爵而尚齿，殷人贵富而尚齿，周人贵亲而尚齿。"所谓"尚齿"就是尊重长者、老者的意思。虞舜时期，人们还看重品德，夏代还看重爵位，商代还看重富贵，周人还看重亲疏，价值标准尽管从"贵德"到"贵爵"到"贵富"再到"贵亲"，发生了一系列的转变，但尊重长者、老者的理念却一直没变。

为什么从虞舜时期到夏商周三代都尊重长者、老者呢?《礼记·乡饮酒义》一语道破天机："民知尊长养老，而后乃能入孝弟。民入孝弟，出尊长养老，而后成教，成教而后国可安也。"老百姓懂得尊老、敬老、养老，就能懂得孝悌之义，并身体力行，以成教化，最终实现国泰民安的和乐局面。

相比于虞舜时期和夏商两代，西周尊老、敬老的概念有了更丰富、更具可操作性的实际内容，那就是摸得着、看得见的养老制度。这一制度包括以下五项内容：

一是物质生活的基本保障，就是要满足老年人基本的饮食需求。

《礼记·王制》记载：“五十异粻（zhāng），六十宿肉，七十贰膳，八十常珍，九十饮食不离寝，膳饮从于游可也。”50岁以上的人，可以享用更精细的粮食，60岁以上要保证每天有肉吃，70岁以上除正餐外，要保证随时可以有吃的东西，80岁以上要保证可以经常吃一些珍贵的食物，90岁吃饭的时候可以待在自己的寝居，等人送饭过来，如果出游，则必须保证饮食能够随时供应。

二是免徭役且给予老者家属以抚恤性的优惠政策。《周礼·地官司徒》云：“国中自七尺以及六十，野自六尺以及六十有五，皆征之。其舍者，国中贵者、贤者、能者、服公事者、老者、疾者，皆舍。”国（都城）中身高7尺以上及60岁以下，民间身高6尺以上及65岁以下，皆需负担徭役。国中贵者、贤者、能者、有公职者、老者和残疾人，可以免除徭役。不过在西周那年月，人的平均寿命也就五六十岁，60岁和65岁才能免除徭役，对绝大多数老人来说似乎有画饼之嫌。

《礼记·王制》记载，夏、商、周三代都根据户籍审核年龄，以确保免除徭役的对象不出错，更好地执行养老抚恤政策：“八十者一子不从政，九十者其家不从政。”80岁老人有一子者不从政，要留在家中陪侍老人。90岁老人其全家都不能从政，原因是这样高龄的人随时都有死亡的危险，家中所有人要陪伴老人走完最后一程。

西周还有“五十不从力政，六十不与服戎”（《礼记·内则》）的规定，就是说，到了50岁就不再从事太费体力一类的工作，到了60岁就不需要服兵役了。

三是对老年人有特殊照顾的要求。《礼记·内则》记载：“六十岁制，七十时制，八十月制，九十日修，唯绞、给（jīn）、衾、冒死而后制。”人进入60岁以后，每况愈下，为了以防万一，所以从60岁开始，

▲ 明代文嘉《松溪祝寿图》局部

每年都要准备棺材一类丧具；70岁开始，每个季节都准备；80岁开始，每个月都准备；90岁开始，每天都要准备。“绞”是用两股以上条状物拧成的绳索，“紟”是系结衣襟的带子，“衾”是入殓后盖尸体的单被。这些物件都是平常易得之物，所以人死后再置办也来得及。

《礼记·玉藻》说：“五十不散送。”年龄在50岁以上的人去送葬时，可以不用将丧服上的麻布带子散垂至腰部。《礼记·丧大记》云：“五十不成丧，七十唯衰麻在身。”年龄达到50岁就不需要死守整套的丧礼规矩了。到70岁，仅需要穿丧服系麻带，日常起居也不用再做什么改变，像以前一样就可以了。

四是70岁以上老人授几杖，乘安车。对此，我们在《贵族这一生》一节中已有叙述，这里不再赘言。

五是触犯法律免予处罚。《周礼·秋官司寇》记载：“凡有爵者，与七十者，与未龀（chèn）者，皆不为奴。”凡有爵位的官宦贵族和70岁以上的老人，以及儿童，皆不得为奴。另外，如前文所说，80岁和90岁以上的老人，同7岁的孩童一样，即便犯了罪，也不加刑罚。

“龀”，是换牙的意思，这里指代儿童。

《周礼·秋官司寇》规定，三种人可以免予追究刑事责任，一是“幼弱”之人，二是“老旄”之人，三是“蠢愚”之人。《尚书大传》云：“古之听民者，察贫穷，哀孤独矜寡，宥老幼不肖无告。有过必赦，小罪勿增，大罪勿累，老弱不受刑，有过不受罚。”“孤”，是指“少而无父”者；“独”，是指“老而无子”者；“矜”，是指“老而无妻”者；“寡”，是指“老而无夫”者。这四类人都属于“天民之穷而无告者”，即活于困境而无可依靠的人，所以不但不能治罪，还要怜悯他们、宽宥他们，“皆有常饩（xì）”（《礼记·王制》），给他们以给养。

反之，如果对老人施以刑罚，则称为悖谬；对年幼的人施以刑罚，称为刻薄；不赦免小的过失，就是违背道义；把过失都看作小的罪行，就是伤害民众。因此，宽恕过失赦免小罪，不对年老和幼小之人用刑，才是圣贤之道：“若老而刑之，谓之悖；弱而刑之，谓之克；不赦过，谓之逆；率过以小罪，谓之痕。故宥过，赦小罪，老弱不受刑，先王之道也。”（《孔丛子》）

西周养老制度规定的养老对象并不是一视同仁的完全平等，而是贯彻了其封建等级制度，分为四个不同的等级：一是养三老、五更；二是死国难者父祖；三是致仕之老；四是引户校年，养庶人之老。

“三老”，就是原来在朝掌管国家大权的政要——太师、太傅、太保三公，三公退职以后，养之于国子学，谓之三老。“五更”，说法不一，一般认为是在朝时权势地位仅次于三公的公卿一类人物，“曰五更者，因古者五官之名也”（《礼记集解·文王世子》）。总而言之，“三老”“五更”均为先朝年老致仕的高级官员。

“三老”“五更”是西周养老对象的最高一级，他们被供养在大学，周天子要袒露右臂，亲自给他们进献煮熟的牲体和饭食，饭后又亲自执爵让其用酒漱口。另外，还要头戴冠冕，手执盾牌跳舞。周天子为什么要这样做呢？《礼记·乐记》云：“所以教诸侯之弟也。”就是起个表率作用，贯彻孝悌之义，使天下养成尊老敬长之风气，以达到安定治国的目的。

养老对象的第二等级是为国殉难者的父（母）亲和祖父（母）。第三等级“致仕之老”，是指当朝年老退休的官员。第四等级“庶人之老”，是指普通庶民中的年老之人。由于这一类老人人数众多，所以要“引户校年”（郑玄注《礼记正义·王制》），就是逐户逐年去排查，把真正符合年龄要求的老人筛选出来。

50 岁举行养老礼（二）

西周尊老敬老的思想体现在日常生活和相关礼仪的各个方面。从某种意义上说，前文介绍过的乡饮酒礼也是尊贤养老之礼。东汉郑玄注曰：“乡饮酒义者，以其记乡大夫饮宾于庠（xiáng）序之礼，尊贤养老之义也。”“庠”和“序”的最初含义都是养老的地方。

“广”是房舍的意思，“广”下养羊，就是“庠”，所以，“庠”最初就是指人们看守、畜养牛羊的地方，到后来便成为养老的机关。

由于这些被养的“老”，不管是“国老”还是“庶老”，都可以说是贵族统治阶级中有名望、有地位的人，具备一定的知识技能和道德威望，有着丰富的人生和社会经验，统治者便赋予这些老人担负一部分教育儿童和青年的责任，这些地方也就逐渐演变成了有养老和教育双重意义的社会机构。

“序”原是指练习射箭的地方，《孟子·滕文公上》云：“序者，射也。”《说文》对“序”的解释是“东西墙”。因此，“序”在开始时只是指有东西墙的一块射箭场地。“序”后来变为养老机构，是因为老年人可以在这里进行射箭锻炼，进而培养年青一代练习射箭技能，所以逐渐又有了教育培训的性质。《孟子·梁惠王上》说"谨庠序之教，申之以孝悌之义"，就是把庠和序都看作了实施孝悌教育的学校。

西周乡学的学制为三年，乡饮酒礼在学生毕业典礼当年的正月举行，由乡大夫选择乡中贤能的人和老者为宾，以弘扬养老之礼。乡饮酒礼规定，"乡饮酒之礼：六十者坐，五十者立侍，以听政役，所以明尊长也。六十者三豆，七十者四豆，八十者五豆，九十者六豆，所以明养老也"(《礼记·乡饮酒义》)。60 岁以上的老人坐着，50 岁的人要站着陪侍，随时听候差遣。食物也根据年龄不同而有不同的分配规定：60 岁以上老人设三豆（一种容器），70 岁以上设四豆，80 岁以上设五豆，90 岁以上设六豆。

乡饮酒之礼作为敬老的一种习俗和治国策略，三千年来绵延不断，到清代时虽然在内容和形式上有所改变，但其敬老的本意始终未变。民国《佛山忠义乡志》记载，广东佛山在清康熙四十二年（1703 年）开始举行乡饮酒礼，初时举办日期为春望日（农历正月十五日），后改为孟冬朔日（农历十一月二十四日）。庶民凡 60 岁以上均可报名成为正宾，举行仪式的地点在祖庙一侧的"大魁堂"（佛山乡议事厅）。后来改作 70 岁才可报名参礼，由地方绅士作介绍，设馔于祖庙之后楼及崇正学社，以年事最高的长者位居首席，由地方官授予寿爵，堂下奏乐助兴。所需费用由大魁堂支付。此礼无国老庶老之分，乡人一律平等对待。这一习

▲ 清末吴有如《佛山乡饮酒礼》图[13]

俗一直延续至1949年才消失。

当然，年龄越大饭量越不行，这是人人都知道的常识，90岁老人如果一口气吃下六豆饭菜，大概当场就一命归西了。这里的意思是说，年龄越大，所用器具越多，可以品尝的饭食种类也就越多，周礼以此来表达对老者的尊敬。

仅此还不够，为了大力弘扬尊老的风尚，西周还给达到养老年龄的老人举行养老礼。《礼记·王制》云："凡养老，有虞氏以燕礼，夏后氏以飨礼，殷人以食礼。"这就是说，养老礼可能从虞舜时期就开始了，虞舜是以燕礼作为养老礼，夏代是以飨礼作为养老礼，殷商是以食礼作为养老礼，而周代则是将前三者融合在一起"而兼用之"。

燕礼是贵族在政余闲暇之时，为联络与下属的感情而举行宴饮的礼仪；飨礼是一种用酒宴款待宾客的礼仪，目的是通过饮食之礼来拉近与宗族兄弟和四方宾客的关系；食礼是饮食礼仪、饮食礼制等概念的通称，内涵要丰富很多，从广义上讲，也包含了燕礼和飨礼在内。

《礼记·文王世子》记述了周天子在辟雍（大学）为退休的老人们举行养老礼的盛况：

天子视察大学这一天，天刚亮辟雍就响起集合的鼓声，学生们迅速起床聚齐，等待天子驾临。相关官员同时开始行事，举行常规的礼仪，祭奠先圣先师。等这些事情做完后，天子这才动身前往举行养老典礼的现场。先是来到学生平常习舞、学干戈羽龠的东序，亲自释奠先老，然后安排三老、五更、群老的席位。天子还亲自检查美酒佳肴，过问各种美味是否准备齐全。当这一切全部就绪之后，开始奏乐迎接作为贵宾的退休老人。贵宾进门后先即位于西阶之下，天子敬献贵宾以干肉，行孝养老人之礼。

礼毕，贵宾登堂入席，由乐队演奏《清庙》。《清庙》是《诗经·周颂》的首篇，即所谓“颂之始”。一般认为此诗是洛邑告成时，周公率诸侯群臣告祭周文王、致政周成王的乐歌，表达了周人感恩祖先功德，企盼德业永继的愿望。

▲ 明代谢时臣《诗经·鹿鸣》之“嘉宴图”局部

乐毕，贵宾们开始自由发言，畅谈听乐的感想，忆苦思甜，感恩天子养老的厚德。贵宾们的发言，无不是围绕着父子、君臣和长幼之道，来阐发《清庙》所蕴含的深刻含义，这是养老礼中最重要的环节。堂下管乐队奏着《象》乐，舞蹈队跳着《大武》舞。演奏和舞蹈的人员都是从大学中精心挑选出来的优秀学生，表达的都是周灭商乃天命神授、文武二王有德当兴是历史的必然一类思想。

等到演奏完毕，天子随即对与会的公、侯、伯、子、男诸侯及百官发出号召：“你们回去后也要在东序举行养老之礼。”这场养老之礼在天子这句仁及天下的话语中缓缓落下帷幕。

《礼记·文王世子》是后世儒家的作品，当然不会就此收笔，而是要挖掘出它的重大意义，来个点睛之笔：“是故圣人之记事也，虑之以大，爱之以敬，行之以礼，修之以孝养，纪之以义，终之以仁。是故古之人一举事而众皆知其德之备也。”圣人记录养老之事，是从大处着眼，爱老敬老，以典礼的形式进行，极尽孝养之能事，不仅记述的都合乎义理，而且还体现了天子的大恩大德。

从《礼记·王制》的记载看，西周养老礼是在一个人50岁时开始举行，地点是乡。后面60岁、70岁时还分别要在国都和大学举行，即所谓“五十养于乡，六十养于国，七十养于学”。

为什么要在50岁时举行养老礼？按《礼记·曲礼上》的说法，50岁正是“服官政”的年龄，但两三千年前，卫生和医疗条件比较差，人的平均寿命也就五六十岁的样子，50岁衰老很正常，所以“五十曰‘艾’”。《礼记·祭义》云：“古之道，五十不为甸徒。”郑玄注说：“……甸，六十四井也，以为军田出役之法。五十始衰，不从力役之事也。”（《礼记正义·祭义》）就是说，到50岁的时候，就不再从事征伐和劳役一类需体力的差事了。

相关文献中对50岁衰老有大量直接或间接的记载，如上述《礼记·内则》“五十不从力政”，《礼记·丧大记》“五十不成丧”，《礼记·玉藻》“五十不散送”，等等。显然，西周王朝是将50岁定义成了老年人的最低限，从50岁开始，每10年为一个层级，老人们可以享受不同层级的老年福利。

《礼记·王制》云：“五十始衰，六十非肉不饱，七十非帛不暖，八十非人不暖；九十，虽得人不暖矣。五十杖于家，六十杖于乡，七十杖于国，八十杖于朝；九十者，天子欲有问焉，则就其室，以珍从。”人到了50岁时就开始衰老，到了60岁时饭里没肉就吃不饱，到了 70 岁时没有丝绵就会感到身上不暖，到了 80 岁时没有人给他暖被窝就睡不暖和，到了 90 岁时即便有人给他暖被窝也睡不暖和。所以 50 岁以后可以在家拄杖，60 岁以后可以在乡拄杖，70 岁以后可以在国都拄杖，80 岁以后可以在朝堂上拄杖，90 岁以后，天子若有事询问，需派人或亲自前往他家请教，还要带上好吃的。

如前所述，为了保证老年人的权益，《礼记・王制》还从法律的角度给出了相关规定：50 岁以上的老人可以不吃粗粮而吃细粮；60 岁以上要常备有肉；70 岁以上每顿饭要多做一份；80 岁以上要常吃珍美的食物；90 岁以上寝室里要常备有食品，如果外出，无论走到哪里，都要保证他随时可以吃喝。

遗憾的是，理论很丰满，现实很骨感。这里充斥了后世儒家太多美好的想象，在西周那个庶民平常都吃不上肉的年代，除了权贵，一般百姓要做到这一点，恐怕比登天还难。笑一笑罢了，不可完全当真。

注 释

1. 卜丁:《金石玉振　余音千年——走近我国首次发现的西周编镈》,《西安晚报》2024年3月16日。

2. 李久昌:《西周贵族姓氏名字溯源》,《兰台世界》2007年第14期;马杰:《金文中殷商至西周人名变化研究》,《今古文创》2024年第1期。

3. 郭沫若:《甲骨文字研究》,人民出版社1952年版。

4. 顾栋高:《春秋大事表》,中华书局1993年版。

5. 盛冬铃:《西周铜器铭文中的人名及其对断代的意义》,《文史》(第17辑),中华书局1983年版。

6. 李久昌:《西周贵族姓氏名字溯源》,《兰台世界》2007年第14期。

7. 李琳之:《湮没的姞姓杨国》,《史无记载:考古发现的中国史》,研究出版社2024年版。

8、9. 李琳之:《"倗国"是何方神圣?》,《史无记载:考古发现的中国史》,研究出版社2024年版。

10. 文木:《古典中国的侧面》,中国工人出版社2020年版。

11. 蒋英炬主编:《山东汉画像石》,《中国画像石全集》第1卷,山东美术出版社2000年版。

12. 万志祎:《礼乐文化与周代贵族世俗生活》,中国博士学位论文全文数据库2022年11月(哈尔滨师范大学2022年博士学位论文)。

13.(清)吴友如:《吴友如画宝》(第3册),上海书店出版社2002年版。

六

婚恋

政府出面解决剩男剩女问题

由于男女出生比例不均，再加上病疫、战争等天灾人祸，剩男剩女现象是自古就存在的一个问题，西周也不例外。那个年代，生产力水平还很低下，基本上是靠人力，所以鼓励多生多育就成为提高生产力水平的一个重要手段。多生多育的前提是男女结婚，但这个问题很复杂，涉及双方家庭地位、贫富以及社会习俗、礼仪乃至政治等各个方面，完全靠剩男剩女本人或家长亲友去解决，既不可能也不现实。

《周礼·地官司徒》记载，西周王朝为此专门设立了一个官职叫媒氏，其职责是“掌万民之判”，就是掌管民众的婚姻：“凡男女自成名以上，皆书年月日名焉。令男三十而娶，女二十而嫁。凡娶判妻入子者，皆书之。”意思是说，凡男女自出生取名以后，都要记录他们出生的年月日和姓名，使得男子年满三十能够娶妻，女子年满二十能够出嫁。另外，所有娶离过婚的女子为妻和接纳其所带子女的，也都要登记在案。

对于到了法定结婚年龄，该娶的没有娶，该嫁的没有嫁，若无特殊原因而不听政府命令的，那就要给予相应的处罚：“若无故而不用令者，罚之。"《周礼·地官司徒》不过，政府也不是一罚了之，而是号召大家要尽量弄明白这些剩男剩女们的具体情况并帮助他们成婚："司男女之无夫家者而会之。"(《周礼·地官司徒》)

其中由政府出面采取的一个重要措施是延续上古以来的风俗，设立"仲春之会"。具体而言就是在仲春之季，分片分区把境内所有未脱单的大龄男女全都集中起来，晓谕他们可以到郊野进行一次浪漫的约会活动：

> 仲春之月，令会男女。于是时也，奔者不禁。(《周礼·地官司徒》)

对于无故不去参加者，官府同样要"罚之"。可见，在西周时期，结不结婚、嫁不嫁人，已经不是单纯的个人问题而成为一个社会问题、政治问题。

"仲春之会"这一风俗一直持续到了春秋时期，孔子孔圣人的出生就被认为是一次桑林之会"野合"的结果，《史记·孔子世家》云："纥与颜氏女野合而生孔子。"

▲ 明代佚名彩绘绢本《孔子圣迹图》之"钧天降圣图"

为了刹住婚礼嫁妆漫天要价的奢靡之风，周礼还规定：“凡嫁子娶妻，入币纯帛无过五两。”（《周礼·地官司徒》）就是说，凡嫁女娶妻，送聘礼用细帛，均不得超过五两。

西周王朝这一系列规定，对促进人口增长，缓解社会压力，促进经济发展，起到了很大的推动作用。从武王建国，到周公代成王摄政，再到成王执政时，仅仅十多年的时间，西周社会就步入了后世称赞有加的“成康盛世”，而至康王后期时，人口就由商末的四五百万人迅速增长到 800 万～1000 万。[1]

当然，这其中的因素很多，譬如没有战争，没有天灾，没有人祸，政府采取了休养生息的政策等，但政府重视人口婚配，大力解决剩男剩女问题，也毫无疑问是一个不可忽视的重要原因。

西周王朝还采取了名曰“多婚”的方式来解决大龄剩男剩女的问题，不过，这里的剩男剩女不是现在意义上那种没有结过婚的单身男女，而是指因为战争、饥荒、病疫等各种天灾人祸导致出现的鳏夫和寡妇。

《诗经·卫风·有狐》描写的是一女子想接近自己喜欢的一个男子，但又不敢采取行动，只能借助于慢慢行走在淇水石桥、浅滩和岸边上的狐狸，来诉说自己的心思：你的身上没有像样的衣裳，没有像样的腰带，没有像样的衣服，我的心里很忧愁，要是我在你身边，能替你做裳做衣做腰带，那该有多好：

有狐绥绥，在彼淇梁。心之忧矣，之子无裳。
有狐绥绥，在彼淇厉。心之忧矣，之子无带。
有狐绥绥，在彼淇侧。心之忧矣，之子无服。

▲（日）细井徇《诗经名物图》里的狐狸

有关《卫风·有狐》的背景，历史上一直存有分歧，《毛诗序》认为，《有狐》是“刺时”之作。当时的卫国男女由于种种原因有很多都失去了配偶，成为鳏夫和寡妇。但卫国国君并未遵循古制减少婚礼程序，为这些单身的人配偶成家提供更加便利的条件。所谓古制是：“古者国有凶荒，则杀（减）礼而多昏，会男女之无夫家者，所以育人民也。”(《毛诗正义·有狐》)

“多婚”正是《周礼·地官司徒》所列国家遇灾荒时需要施行 12 条政策中的第 10 条，即在凶荒之年，朝廷和民间要提倡、宣扬删繁就简，少要或免去聘礼、彩礼等，从而使男女结合婚配的人数增多，以增长社会人口，繁荣社会经济。《毛诗序》正是在这个意义上，认定《有狐》是讽刺卫国君主没有实行这一政策，以至于那些单身的人不能走到一起建立新的家庭，所以谓之刺诗。

“多婚”制反映了西周王朝因时而变、因情况而变的睿智，是在天灾人祸特殊情况下实施的一种特殊婚姻政策，顺应了人性，顺应了社会发展的需要，不论对那些丧偶的人，还是对整个社会而言，都是难得的福音。

总而言之，西周时期还是比较人性化的，周公颁布实施封建礼乐制度不是以限制人性为出发点，而是以顺应人性为目的，它同后世所谓“存天理灭人欲”的“三纲五常”说教有着本质的不同。

谈恋爱别有一番风情

爱情是人类的千古话题，只要有人类，有男女，就会有男欢女爱，这是人类的本性使然。西周时期虽然实施了封建礼制，但这种礼制更多是顺应人性的自然而为，更何况“礼不下庶人”（《礼记·曲礼上》），就是说不用礼制来强行要求下层庶民，所以西周人的恋爱与后世相比，更显得烂漫多姿，绚丽多彩，另有一番情趣。这在《诗经》里有集中的体现。

西周人谈恋爱最鲜明的一个特点是爱意的表达不管是男还是女，大多比较温柔、敦厚、含蓄，不像今天青年人表达情感时那么奔放、热烈。典型例子就是我们耳熟能详的《关雎》一诗。看着关关和鸣的雎鸠在河中小洲相伴而走，男子由此想到“君子好逑”的“窈窕淑女”，尽管日思夜想，“寤寐求之”，尽管“辗转反侧”难以成眠，但仍然不敢大胆地去表白，不敢大胆地去追求，只是“琴瑟友之”“钟鼓乐之”，想通过奏起琴瑟、鸣击钟鼓来取悦她，赢得她的爱。奔腾不羁的情感和内敛的情感表达，在这里形成了强烈的对比。

《卫风·木瓜》是一首读者非常熟悉的西周男女情歌。诗中男女相爱，互赠礼物，他们没有后世的金银珠宝，也没有今天的手机豪车，他们有的只是普通得不能再普通的木瓜、木桃、木李，然而这些代表绵绵爱意的普通礼物换回的却是琼琚（jū）、琼瑶、琼玖这样美玉般珍贵的情意："投我以木瓜，报之以琼琚！""投我以木桃，报之以琼瑶！""投我以木李，报之以琼玖！"不是为了图回报，而是"永以为好也"。这种爱情纯洁、纯粹，不夹杂丝毫的肉欲和铜臭。整首诗无一字着爱，又无一字不是在写爱，温馨、纯真，缠绵悱恻，楚楚动人。

《陈风·泽陂（bēi）》描述的是一位女子（一说为男子）在水泽边上思念心上人的一首情歌。女子思念心上人，日夜不停地想，想得泪流满面，想得精神恍惚，想得辗转反侧，夜不能眠，但也仅此而已，并未做更进一步的行动。

> 彼泽之陂，有蒲与荷。有美一人，伤如之何？寤寐无为，涕泗滂沱。
>
> 彼泽之陂，有蒲与蕑（jiān）。有美一人，硕大且卷。寤寐无为，中心悁悁。

▶（日）细井徇《诗经名物图》里的木瓜、桃

彼泽之陂，有蒲菡萏（hàn dàn）。有美一人，硕大且俨。寤寐无为，辗转伏枕。

▲（日）细井徇《诗经名物图》里的李

《召南·江有汜（sì）》是另一种情感内敛的表达方式，男子虽然失恋，但对离去的情人没有一句埋怨和指责，显露出来的全是哀怨里的包容和祝福：心爱的人儿飞往别处去了，从此不再和我相随，从此不再互相交往，从此不再来看望我。没有我的陪伴，你终有一天会后悔。希望你往后的岁月平安静好，希望你的日子能像歌声一样美好：

江有汜，之子归，不我以！不我以，其后也悔。
江有渚，之子归，不我与！不我与，其后也处。
江有沱，之子归，不我过！不我过，其啸也歌。

即使是对情人有哀怨、痛恨和愤怒也尽显柔和、敦厚。《诗经》中还有不少诗篇写的是女子被男子无情抛弃后对男子的怨恨，从常理来讲，这种怨恨是刻骨铭心的，是应该像火山爆发一样汹涌喷发，但实际上却是一种有节制的感情宣泄，是细水长流那样的绵绵无期。

《邶风·终风》就是这样一首诗。女子被抛弃，本应不胜哀怨，但女主人公却在内敛地诉说中表现出了东方女子特有的温柔、善良、敦厚：风儿整天都在狂暴地撕打着我的内心，他有时冲我回头笑一笑，却全是调戏、放荡、嘲讽、傲慢的神情，让我深感悲伤寂寥。风儿整日狂吹，雨雾笼罩，不知他是否愿意痛快地回到家中来。这个负心人与我不来也不往，让我的思念变得那么悠远无边。风儿整日在吹，连续几天天色都是阴沉沉的。我一觉醒来就再也难以入睡，因为不断地思念，我总是伤风、感冒。天昏地暗，雷声隐隐约约地从远方传来。一觉醒来再无法入眠，我不能排遣苦闷，倍感伤心。

终风且暴，顾我则笑。谑浪笑敖，中心是悼。

终风且霾，惠然肯来。莫往莫来，悠悠我思。

终风且曀（yì），不日有曀。寤言不寐，愿言则嚏。

曀曀其阴，虺（huī）虺其雷。寤言不寐，愿言则怀。

温柔含蓄是东方女性固有的性格特征，但也有一部分女性是活泼开朗，热情奔放的，表现在恋爱中，就是单刀直入，率性而为，不作任何粉饰，显现出一种清水出芙蓉的天然之美。《郑风·狡童》描述的就是一个女子爱上一名“狡童”，爱得昏天暗地、茶饭不思的心理直白：那个滑头小伙子啊，不知为何不与我说话，也不与我一同用餐。都是因为他的缘故，我饭吃不下，觉也睡不安。

彼狡童兮，不与我言兮。维子之故，使我不能餐兮。

彼狡童兮，不与我食兮。维子之故，使我不能息兮。

《郑风·遵大路》描写的是一个被爱情冲昏头脑的女子低眉下眼地向对方直白祈爱的凄婉情景：沿着大路向前走，双手紧紧拽住你的衣袖、你的手。不要嫌我丑，不要忘记旧情把我撵走。

遵大路兮，掺执子之袪兮。无我恶兮，不寁（jié）故也！

遵大路兮，掺执子之手兮。无我魗（chǒu）兮，不寁好也！

极力主张“存天理灭人欲”的宋代大儒朱熹在《诗经集传》中贬斥此诗为“淫妇”诗：“淫妇为人所弃，故于其去也，揽其祛（qū）而留之曰：子无恶我不留，故旧不可以遽绝也。”朱老夫子一妻二妾，左拥右抱，却对别人要求很严！

《郑风》中类似于此诗的，还有《叔于田》《大叔于田》《有女同车》《山有扶苏》《萚（tuò）兮》《褰（qiān）裳》《丰》《东门之墠（shàn）》《风雨》《子衿》等，都是男女间情爱的率真吐露，后世那些极力主张“三从四德”的腐儒不了解真实的历史情况，便站在道德高地上，大笔一挥就给它们扣上了“郑风淫”的恶名，实在是可笑又可叹。

其实，不止《郑风》,《召南》《秦风》《魏风》中也同样收录有不少直白表达情爱的诗篇，如《召南·摽（biāo）有梅》描写的是一个怀春的女子，鼓励爱她的人大胆向她求爱：“求我庶士，迨（dài）其吉兮！”“求我庶士，迨其今兮！”“求我庶士，迨其谓之！”有心娶我的小伙子，请不要错过良辰，已经到了今天，切莫再等待，快开口吧，莫要再迟疑！

还有一些爱情诗篇，表达方式更为率直，甚至以我们现在的眼光来看，尺度都是够大的了，如《召南·野有死麕》，描述的是一个男子用猎获的死獐子和鹿去引诱一个少女的情景。男子用白茅将獐子和鹿捆扎好，献给不期而遇的美少女。两人随之在树丛中野合，女子劝男子不要急，慢慢来，别搞坏了我的衣服，别惹得狗汪汪乱叫：

野有死麕，白茅包之。有女怀春，吉士诱之。

林有朴樕（sù），野有死鹿。白茅纯束，有女如玉。

舒而脱脱兮！无感我帨兮！无使尨（máng）也吠。

西周女子大胆示爱，不只是一时的心旌摇荡、率直而为，有的是为了追求自己的真爱，不听父母媒妁之言，甘愿顶着社会舆论的压力，逆风而行。《鄘风·蝃蝀（dì dōng）》就是这样一首以世俗眼光来描述一个女子不讲“信用贞洁”，不听“父母教诲”而远嫁他人的诗篇：彩虹映现在东方天际，围观的人悄悄用手来指指画画。这个女子成年了，要远离父母和兄弟出嫁而去。彩虹又映现在西方天际，预示着上午肯定会下雨。眼前这个正在出嫁的女子，不按正常路数来嫁人。不理会父母的教导，哪还谈得上信用贞洁！

蝃蝀在东，莫之敢指。女子有行，远父母兄弟。
朝隮（jī）于西，崇朝其雨。女子有行，远兄弟父母。
乃如之人也，怀昏姻也。大无信也，不知命也。

▶（日）细井徇《诗经名物图》里的鹿

西周早期，周公实施封建礼制，其中就包括对婚姻的规范，里面有一整套的流程，《诗经》对此也有体现，如《齐风·南山》中的“取妻如之何，必告父母”“取妻如之何，匪媒不得”，就反映了当时的婚姻规范。

“色胆包天”这个成语如果从人性角度去理解的话，在一定的条件下，堪称是一条颠扑不破的真理。热恋中的少男少女最纯洁，最疯狂，也最胆大，尤其对那些爱情至上、意志坚定的恋人来说。现在人如此，两千七八百年前的西周人也是如此。《鄘风·柏舟》就是这样一首诗。诗中写道：

> 泛彼柏舟，在彼中河。髧（dàn）彼两髦，实维我仪。之死矢靡它，母也天只，不谅人只。
>
> 泛彼柏舟，在彼河侧。髧彼两髦，实维我特。之死矢靡慝（tè），母也天只，不谅人只。

柏木小船一会儿漂荡在河中央，一会儿漂荡在河岸边，垂发齐眉的少年郎，是我理想中的心上人，我至死都不会变心！可是老天爷啊，我的娘为什么不答应我，不体谅我？

听听这誓言，如果不读原文，我们还以为是现在热恋中的少女对着父母发毒誓呢。社会物质方面可以无限地进步，恋爱形式和婚姻程序可以无限地变化，但男欢女爱的人之本性是不变的，自古皆然。

同姓不婚

“同姓不婚”“一夫一妻多妾”“父母之命、媒妁之言”和“门当户对”，是西周时期婚姻制度的四大基本原则。

所谓“同姓不婚”是说同一姓氏的人不允许有婚姻行为。《礼记·大传》云：“系之以姓……虽百世而昏姻不通者，周道然也。”《魏书·高祖纪》也说：“夏殷不嫌一族之婚，周制始绝同姓之娶。”

周人为什么要禁止同姓结婚呢？主要是从优生优育的角度考虑的：“同姓不婚，恶不殖也。”（《国语·晋语》）“男女同姓，其生不蕃。”（《左传·僖公二十三年》）周人认为同姓通婚会影响后代的身体素质，进而影响宗族的繁衍壮大。

这一婚姻观念的形成其实是华夏族在经过了漫长的历史发展过程后所总结出来的真知灼见。人类社会还处在蒙昧时代时过的是群居生活，实行的是群婚制。传说到三皇时代时，伏羲氏才“定人道，制嫁娶，使人各有偶”（《易章句·系辞下》），改变了原始社会群婚乱伦的风俗，提升了人类自身的生产繁衍能力和身体素质。伏羲之名为“伏羲”，与此有很大关系。东汉的班固在《白虎通义》中说：

古之时，未有三纲六纪，民人但知其母，不知其父，能覆前而不能覆后。卧之詓（qǔ）詓，起之吁吁，饥即求食，饱即弃余，茹毛饮血而衣皮苇。于是伏羲仰观象于天，俯察法于地，因夫妇，正五行，始定人道。画八卦以治下，治下伏而化之，故谓之伏羲也。

根据考古发现并结合文献看，伏羲并不是一个人，而是这个族群或其数代首领的通称，一般认为伏羲时代大致处于公元前 7000～前 5000 年。伏羲虽然“定人道，制嫁娶，使人各有偶”，但并未意识到近亲繁殖会给人类的发展和壮大带来危害。一直到 5000 多年前颛顼时代时，我们的先人才认识到这一点，进而对男婚女嫁进行了初步的规范，禁绝直系血缘通婚的风俗。[2]

《搜神记》记载了这样一则故事：颛顼时，一对双胞胎兄妹自愿结成夫妇生活在一起。颛顼令人把他们放逐于偏远的西北崆峒山区，两人不愿分离，遂相抱而死。后来有神鸟衔一种不死草覆盖在他们的尸体上，七年后，这对夫妇居然死而复生，但不幸的是二人的身体连在了一起，呈现出两头、四手、四脚的怪状，此即传说中的“蒙双氏”。

这则故事自然充满了荒唐的色彩，但毋庸置疑，它以折射的形式反映了颛顼那个时代，人们已经认识到了直系血亲之间通婚会对人类自身繁衍和社会发展造成致命的影响。“蒙双氏”这一怪胎的出现，应该就是当时人们这种观念的直接产物。据说这件事极大地触动了颛顼，他开始了男女婚配问题的管理。颛顼认为，男女生活在一起需要一个固定的家室。一对男女生活在一起，就是所谓的家。由于男子有天生的体力优势，在家庭和社会中所起的作用更为重要，因此在家中要以男人为主。男女生活在一起，男人要先建造一座房屋，再找一个女人一起来共同居住，这叫室。家、室合在一起就是家庭。[3]

夏商时期实行的婚姻制度主要是异姓和同姓异氏婚姻。前已述及，在先秦时期，姓和氏不是一回事。姓是族源的标志，代表的是大宗；氏是姓的分支，代表的是小宗。氏的出现是由于同一祖先的子孙繁衍增多，不得不分居各处，形成多个分支。这些分支的子孙为了相互区别，遂以生地、居住地、封国、封地、官职等为自己选取一个称号作为标志，这就是氏。换句话说，同姓异氏之间有着共同的血缘关系，只是远近不同而已。

夏商时期实行同姓异氏婚姻，应该主要是从加强宗族凝聚力这一角度来考量的。但从生物学角度看，难以避免直系血亲之间的婚媾，从而影响后代的生长发育。西周时期，周人认识到了这一点，首次明确提出“同姓不婚”。这一婚姻制度虽然禁止了父系同一血缘的婚配，但对母系同一血缘的婚配并未禁止，尤其是对母族直系和旁系三代的血亲婚配没有触及。

另外，这一婚姻制度也排除了直系三代以外同姓婚姻的可能，从优生优育学角度看，不是十分科学。这同我们现在所说的近亲结婚不完全是一回事。我国婚姻法规定，直系血亲和三代以内的旁系血亲禁止结婚。直系血亲指父母与子女，祖父母与孙子女，外祖父母与外孙子女之间的关系；三代以内的旁系血亲是指在血缘上和自己同出于三代以内的亲属，包括上一代的叔、伯、姑、舅、姨，同代的堂兄弟姐妹、表兄弟姐妹，下一代的侄儿侄女、外甥和外甥女。

周人实行“同姓不婚”，还有一个政治方面的原因，就是扩大族群势力范围，促进族群内部团结，增强族群凝聚力。“同姓不婚”要求周天子和同姓诸侯，一是必须娶外族女子为妻，二是所有周王室姬姓女子也都必须嫁给异姓公卿、诸侯、大夫为妻，周人由此与广大的异姓族群结成了一个交织着政治、宗教和亲缘关系在内的巨大网络系统，从而实现“封建亲戚，以藩屏周”的政治目的。

西周初年，周武王和周公“封建诸侯，以藩屏周”，最主要的两个封建对象就是同姓和有姻亲关系的异姓功臣。终西周一朝，从周武王到周幽王，总计 12 王，都是娶异族异姓女子作为正妻，其中以姜姓女子为最多，至少有 7 位。这些与周人有姻亲关系的异族在西周王朝的发展过程中起了非常重要的作用，某种程度上甚至可以说，他们的态度和行动决定着西周王朝的盛衰兴亡。

我们举西周一前一后两个例子来说明一下。西周早期以武王伐商建周为例。周武王灭商建立周王朝最大的功臣是姜尚姜太公。从周文王礼聘姜尚为太师，直至周武王东进伐商，再到建立周王朝，姜尚都在其中担任总设计师和首席谋士的角色，甚至当周师在牧野与商师对阵，周武王想打退堂鼓时，也是姜尚鼓励周武王让他重新鼓起了勇气和自信，而且还是姜尚带领周人 500 勇士率先冲向殷师，打响了牧野之战灭商的第一“枪”。

姜尚如此为周人出力，当然有他报答周文王和周武王知遇之恩的因素在内，更重要的是，周武王的王后邑姜就是他的女儿。换句话说，大周建立，他作为功臣和国丈可以为他和他的族人争得一大部分利益。周人翦商，周文王、周武王礼遇姜尚，二者的关系不能单单看作是个人与君王遇合问题，更应该视为姬姓族群与姜姓族群的联合作战。

西周后期我们以周幽王时期西周灭亡为例。周幽王原来的王后是申国国君申侯的女儿申姜。周幽王后来得到褒姒并生下小儿子伯服，就将申姜氏王后和她儿子宜臼太子的身份废掉，另立了褒姒为王后，

▲ 太原晋祠圣母殿里的邑姜塑像[4]

伯服为太子。宜臼听说周幽王还要杀他，就一溜烟逃跑到申国，向外公申侯诉说了事情的经过。申侯大怒，便联合西戎和鄫国公开与周王朝为敌。后来周幽王发兵征伐申国，西戎人赶来支援，大败周师，占领了西周王都。周幽王仓皇出逃，被追击的西戎兵卒在骊山脚下杀死，西周遂告灭亡。

为什么女儿的王后之位和外孙的太子之位被废掉，申侯立马就与周幽王翻脸呢？道理很简单，王后之位和太子之位被废不止是申侯的女儿和外孙受到不公平待遇，更是因为申国的切身利益由此会受到巨大的伤害。

西周 12 王，不仅他们的王后来自异族，就是他们的王妃，除了周穆王之外，也都是来自其他族群。从传世文献记载和出土金文来看，这些王后、王妃所在族群姓氏主要有姜、姒、祁、妫、京、姞、改等，分别来自齐、房、陈、鄂、申、番、丰、苏、曩、褒等诸侯国。[5]

这些异姓族群在“以藩屏周”方面都发挥了巨大的作用，如西周中后期周王与陈、鄂两国的联姻就与周人抵御淮夷、荆楚，巩固西周南疆的边防有重要关系，而西周末年幽王被杀后，则是姬姓公侯联合姜申等姻亲拥立了宜臼为王（平王），由此拉开了东周 500 多年历程的序幕。

周人利用与其他族群联姻的方式，巩固其政治根基，壮大其族群势力，有着悠久的历史。早在先周太王古公亶父时期周人势力还弱小的时候，亶父就因为三子季历的儿子姬昌（文王）有“圣瑞”（《史记 · 周本纪》）而弃长子太伯、次子虞仲直接传位于三子季历。《史记 · 周本纪》记载：

> 古公曰：“我世当有兴者，其在昌乎？”长子太伯、虞仲知古公欲立季历以传昌，乃二人亡如荆蛮，文身断发，以让季历。古公卒，季历立，是为公季。

为什么姬昌有“圣瑞”呢？因为姬昌的母亲，也就是季历的妻子挚仲氏任来自商王朝属下挚国：“挚仲氏任，自彼殷商，来嫁于周，曰嫔于京。”（《诗经 · 大雅 · 大明》）亶父的目的很明确，就是想借助与挚国的联姻拉近与商王朝的关系，以获得商王的青睐和支持，从而有个强大的政治靠山。

当然，再严厉的礼法也会有人不管不顾地一头撞上去。周穆王就是这样一个带头破坏“同姓不婚”的另类。许多人知道他，是因为西晋年间出土的“汲冢古文”中一篇名为《穆天子传》的传奇小说，其中描写了他与西王母娘娘的风流韵事，后人因此戏称他为“风流天子”。《穆天子传》所述故事是不是真的不好说，但后人给予周穆王“风流天子”这个绰号确实可以说是名副其实。清代画家任薰还专门绘制了一幅《瑶池霓裳图》，大肆渲染西王母娘娘沉鱼落雁的惊世容貌和绝

▲ 清代任薰《瑶池霓裳图》

世风华。

“汲冢古文”中还有一篇叫作《周穆王美人盛姬死事》的文章，记载的就是周穆王违背“同姓不婚”礼制而娶了一个盛国同姓女子的风流故事。

盛国亦即成国，是西周同姓诸侯国，始封君为文王之子、武王之弟叔武。位置大致在今河南范县以南、山东菏泽以北、鄄城以东一带。成国夹在卫、齐、鲁几个大国之间，在春秋时期逐渐沦为附庸。公元前 408 年，被齐国所灭。考古发现，今山东郓城县陈坡乡杨寺村西周遗址可能就是西周成国早期的都城。

故事的女主人公叫盛姬，是盛国的公主，偶然与周穆王巧遇，让周穆王惊为天人，为其茶饭不思，魂不守舍，最后为了得到她，周穆王硬是顶着舆论的压力将盛姬迎进了宫中。穆王还为她不惜民力修筑了状如垒壁的高台。

盛姬红颜薄命，与穆王恩爱没几年，一次不慎遇风寒得病，不久便香消玉殒。穆王痛惜不已，再次无视礼制，按照皇后的葬礼规格将盛姬葬于穀（gǔ）丘庙。

天子不按照礼制行事，诸侯当然也就可以越规办事了。春秋时期，鲁国第24任君主鲁昭公也如法炮制，从吴国宗室娶了一位夫人。鲁国和吴国都是姬姓，鲁昭公的所作所为明显是僭越礼制的行为。《论语·述而》记载，陈国的司败听说孔子博学知礼，就故意问孔子：“鲁昭公知礼吗？”

孔子是鲁国人，虽然知道鲁昭公的丑事，但也得维护君主的面子，就回答说：“知礼。”

司败听到孔子的答复，没有再说什么。等孔子走后，他朝孔子的弟子巫马期作揖，请他过来，然后悄悄地对巫马期说：“我听说，君子没有偏私，难道君子还包庇别人吗？鲁君从吴国娶了一个同姓女子做夫人，称她为吴孟子。如果鲁君算是知礼，那还有谁不知礼呢？”

巫马期后来将这话告诉了孔子，孔子平静地笑笑说：“我孔丘真是幸运，只要有了错，人家一定会知道。”

在这一记载中，鲁昭公的吴国夫人吴孟子本姓姬，司败不按当时的习惯称她为“孟姬”而称吴孟子，反映了时人对这件事是持贬斥态度的。孔子其实也是持同样的看法，他之所以在听了巫马期转告司败对他说的话还称自己幸运，是因为“昭公不知礼，我答云知礼。若使司败不讥我，则千载之后，遂永信我言，用昭公所行为知礼，则乱礼之事，从我而始。今得司败见非而受以为过，则后人不谬，故我所以为幸也”(《论语注疏·述而》)。

不久之后，鲁昭公夫人吴孟子去世了。史官在写她名字的时候，并没有写上她的姓氏。《左传·哀公十二年》解释云：“昭公娶于吴，故不书姓。”

一夫一妻多妾

一夫一妻多妾，翻译成今天的大白话说就是一个丈夫可以拥有一个大老婆和若干小老婆。作为一种婚姻制度，一夫一妻多妾制是男权社会的产物。从文献记载看，一夫一妻多妾制初步形成于殷商时期，完善并定形于西周时期。

夏朝时期是不是已经有了一夫一妻多妾制，文献没有明确的记载，考古也没有给出这方面确切的答案，不好妄下结论，但在殷商时期是确确实实实行了一夫一妻多妾制的。《史记·殷本纪》记载：

> 汤崩，太子太丁未立而卒，于是乃立太丁之弟外丙，是为帝外丙。帝外丙即位三年，崩，立外丙之弟中壬，是为帝中壬。帝中壬即位四年，崩，伊尹乃立太丁之子太甲。太甲，成汤适长孙也，是为帝太甲。

这里虽然没有明确说太丁是汤的嫡长子，但明确指出太甲是汤的“适长孙”，“适”在这里通“嫡”。嫡就是正妻、王后。既然太甲是汤的“适长孙”，那么太甲的父亲太丁自然就是汤的嫡长子了。

《史记·殷本纪》对商王朝最后一位君主辛，即后世臭名昭著的商纣继任王位时的记载，也说明商王朝在婚姻制度上是实行了一夫一妻多妾制的：

> 帝乙长子曰微子启，启母贱，不得嗣。少子辛，辛母正后，辛为嗣。帝乙崩，子辛立，是为帝辛，天下谓之纣。

纣是帝乙的小儿子，按道理说轮不着他继位，但是他的哥哥微子启不是嫡母所生。微子启因母亲地位低贱，是所谓的妾——嫔或妃，微子启为庶子，因而失去继承王位的资格，而纣的母亲乃正牌王后，纣就作为嫡子成为名正言顺的继承人。

《吕氏春秋》给出了另一种说法，不但说明商王朝的的确确实行了一夫一妻多妾制，更是表明了母亲是否正妻身份对于儿子在继承王位问题上的影响有多大：

> 纣之同母三人，其长曰微子启，其次曰仲衍，其次曰受德。受德乃纣也，甚少矣。纣母之生微子启与仲衍也，尚为妾，已而为妻而生纣。纣之父、纣之母欲置微子启以为太子，太史据法而争之曰："有妻之子，而不可置妾之子。"纣故为后。

就因为纣母生微子启与仲衍时的身份还是妾，所以微子启与仲衍失去了继承王位的资格，而生纣时身份变成了王后，所以在死守礼法的太史的力争下，排序最后的纣就理所当然地继承了王位。

不能认为《吕氏春秋》的说法完全就是荒唐无据的，在坚持礼制的封建社会，墨守成规就是对祖宗之法最好的坚守，何况《吕氏春秋》成书于战国时期，比起《史记》早了140年左右，在这个问题上它的可信度可能比《史记》更高一些。

另外，从晚商甲骨文记载看，殷商实行的也是一夫一妻多妾制，据统计，武丁王的妻妾多达几十位，其中只有妣戊（妇姘）、妣辛（妇好）和妣癸是前后三任夫人，其余均为妾。[6]

商周时期流行一种名为媵婚的习俗，可以看作是彼时实行一夫一妻多妾制的脚注。媵在我国古代是指随嫁的通房侍妾："媵，送也，谓女从者也。"（《仪礼注疏·士昏礼》）具体内容是说，如果一个男子同某家的长女结婚，妻子所有的妹妹一到成年，他即有权利将她们娶作妾——这种习俗有悠久的历史，是古老的伙婚制的残余。

根据多种文献记载，周文王姬昌最早娶的妻子是有莘氏女大姒（亦称太姒），是为嫡夫人，后来由于政治的需要，又娶了帝乙的妹妹。按先周当时的媵婚习俗，帝乙的妹妹只能以娣即大姒妹妹的身份嫁给周文王。但帝乙是堂堂大商的君王，让自己的妹妹以这种身份下嫁周文王当然不爽，但是他又没有理由让周文王破坏这种习俗，因为他事前曾卜了一卦，卦象显示，嫁妹与周文王是大吉，反之，商周两国可能会爆发战争，招致祸端。这就是《周易》所说的"帝乙归妹，以祉元吉"，所以帝乙只能在无奈中接受了这个事实。

然而等到"新娘"出嫁时，又有了新的麻烦。帝乙为了保住君王的颜面，要求按照嫡夫人的礼节出嫁妹妹，还要求周文王亲自前往迎接。按说，帝乙这个要求也不算过分，毕竟是帝王的妹妹出嫁，而且是大商的公主下嫁给你小邦周，你做一下变通也是人之常情，按照礼仪也是可以说得过去的。但问题是，此前文王的父亲季历在商王朝遭到软禁，郁郁而死，文王对此心有余悸，所以不能不留一手。他理直气壮地予以拒绝，要求帝乙必须以娣的礼节出嫁其妹。所谓娣，就是嫡妻的妹妹。也就是说，帝乙妹妹嫁给文王，不但在婚礼上得以大姒妹妹的身份出现，而且在日后的生活中亦须以同样的身份遵从大姒。

帝乙脸上挂不住，自然是大为恼火，双方一赌气，误了婚期，这样只能等到下一个良辰吉日再举行婚礼。等到再一次婚期来临时，帝乙妹妹虽然不得已还是以娣的身份出嫁，但作为大国公主，绫罗绸缎，一身光鲜，完全把嫡夫人大姒给比了下去。不过，帝乙妹妹毕竟是以媵妾的身份出嫁，所以在周王室并无承祖奉祀的权利。《诗经·大雅·大明》记载，文王亲自到渭水边上迎亲。无数条船只连接起来形成一座浮桥，新郎官和迎亲队伍走上去，浩浩荡荡，洋溢着一股连天的喜庆气氛："文定厥祥，亲迎于渭。造舟为梁，不显其光。"

周文王有多少个妻妾？《诗经·大雅·思齐》说周文王之妻"大姒嗣徽音，则百斯男"，《毛诗正义·思齐》认为"大姒十子，众妾则宜百子也"。如果按照一女生十男计算，周文王则至少有妻妾十余人。

周文王时期，周国还只是商王朝下属的一个蕞尔小邦，这个时期施行的一夫一妻多妾制应该还是一种流传既久的社会风俗，将一夫一妻多妾作为一种婚姻制度确定下来，是来自周公对夏商以来礼乐文化的改制。

触动周公做出这一决定的原因是出现在商朝的"九世之乱"，史称"比九世乱"（《史记·殷本纪》）。商代同时实施"嫡长子继承制"和"兄终弟及制"，这也可以说是商王朝作为早期国家在政权交替方面还处于比较稚嫩的时期。商代开国君王成汤驾崩时，由于太子太丁意外早逝，太丁之子年龄尚小，因此就由太丁之弟外丙继承王位，开了"兄终弟及"的先河。但是，这种制度在中丁时疑似遭到破坏。从中丁开始，中间历经外壬、河亶甲、祖乙、祖辛、沃甲、祖丁、南庚，直至阳甲，一连九世，都是在“废适而更立诸弟子，弟子或争相代立”（《史记·殷本纪》）的非正常状态下获取王位的，其间骨肉相残，血雨腥风，以致商王朝连续九世都处在混乱不堪的状态中，连各方诸侯都不来朝拜，这给商王朝的发展造成了极大的伤害，并埋下了亡国的隐患。

周武王和周公都意识到了这一点，所以武王在去世前，曾就王位继承人问题与周公做过推心置腹的沟通，并有意将王位传给他。周公婉言谢绝，明确表态，武王的王位将由其嫡长子诵即后来的周成王继承，他会竭尽全力辅佐。因为武王去世时成王还是个少不更事的顽童，就暂由作为顾命大臣之首的周公摄政，行使天子权力。周公摄政最大的成就是吸取殷商亡国的教训，推出了政治、经济和文化一揽子礼乐文明改制措施，其中一条就是明确施行嫡长子继承制和一夫一妻多妾婚姻制。

▲ 明代朱天然《历代古人像赞》中的周公像

宗法制的核心和基础就是嫡长子继承制，具体而言，就是由嫡长子世袭王位、诸侯国君位和家族族长之位。嫡是相对于庶而言的，指正妻、王后，庶指妾或嫔妃。分别嫡庶，是为了立贵，进而在妻妾嫔妃的孩子中确定继承人的资格。一般而言，王后出身高贵，血统纯正，有良好的道德修养。她们要通过层层选拔，再经过聘定、送迎、告庙、婚礼等一系列程式后才能确立下来。这种以母贵来决定嫡子的身份地位的制度，是天生素定的，公开透明，可以为朝野上下所认可。

那么为什么又非得是嫡长子才能继承王位和诸侯国君位呢？道理很简单，为了排除人为因素，避免引起纷争，所以“立嫡以长不以贤，立子以贵不以长”（《公羊传·春王正月》）。就是说，立嫡长子作为继承人，不是以贤惠和能力作为评判标准，而是以嫡“贵”和年“长”作为标准。哪怕这个嫡长子是个傻瓜或混蛋，他也是天然的继承人选，不得以任何理由剥夺他的继承权。

嫡长子继承制和一夫一妻多妾制是一个问题的两个方面，二者互为表里，互相制约，又互相联系。只有有嫡妻，才有嫡子，反过来说，只有明确嫡子的权益，才能保证嫡妻的正当权益。

相对于嫡妻而言，作为“庶”的妾就没有那么多的讲究，有的是随姐姐一同嫁过来的，有的是通过婚姻交换成婚的，有的是由于私奔而成婚的，还有的是通过野蛮的抢婚而抢来的，如此等等。妻入门“六礼”俱全，谓之娶；妾进门“六礼”不全，谓之纳。总之，不管是家庭背景、个人修养，还是迎娶形式等，妾都比妻要差一些。这也在一定程度上巩固了妻的地位和特权。

西周一夫一妻多妾制不能只看作是一种简单的婚姻形式，它还是一种带有浓重政治色彩的宗法活动。因为宗法制是西周赖以立国的根基，其实质就是将天然的血缘关系和后天的婚姻关系政治化，成为周王朝统治的纽带和手段。

“宗”字始见于甲骨文和金文，字形像是设有先祖牌位的房屋，本义是指祭祀祖先的场所——宗庙。参加祖先祭祀者，一般是同一家族，所以“宗”就被引申为祖宗、同祖家族等意思。所谓“宗法”，就是旧时以家庭为中心，按血统远近区别亲疏的法则。家族是宗法系统中最基本的单位，而家族地位的高低和盛衰，则在很大程度上取决于家族人口的多少。

西周实行一夫一妻多妾制婚姻的主要目的之一，就是增强贵族人口的繁衍力，提高家族的地位，保证家族绵延不断。同时周天子又通过与异姓诸侯联姻，同他们建立起甥舅关系，称异姓诸侯为舅，众多的异姓诸侯因此就被纳入以周天子为宗主的宗法体系之中。自天子以下公、侯、伯、子、男等各诸侯也如法炮制，与其他异姓诸侯建立姻亲关系，将这些姻亲也纳入自己的宗法系统中，扩大他们的宗法关系，由此形成一个联系更为广泛的宗法网络体系——实质上是建立了一个以血缘关系为纽带的政治同盟。

概而言之，西周实行一夫一妻多妾的婚姻制度遵循的是“亲亲”（亲其亲者）和“尊尊”（尊其尊者）的指导思想，就是将婚姻制度与宗法制、分封制有机地结合起来，进而形成礼乐制度，并用法律的形式固定下来，以保证嫡长子继承宗祧（tiāo）和相应权位的权利，维护封建等级制度下的宗法家族利益，为西周政权的万古长青提供强有力的保证。

前述殷商和先周时期的媵婚，更多是人类社会在由原始社会进入阶级社会过程中自然形成的一种婚姻习俗，而在西周一夫一妻多妾制和以嫡长子继承制为核心内容的宗法制确立以后，媵婚的形式及内涵也发生了相应的变化。

《左传·成公八年》云：“卫人来媵共姬，礼也。凡诸侯嫁女，同姓媵之，异姓则否。”意思是说，卫国人送女子前来鲁国作为共姬的陪嫁，这是合乎礼制的。凡是诸侯女儿出嫁，同姓的国家送女作为陪嫁，异姓就不送。卫国的始封君是周武王九弟姬封，因他最初的封地在康，就是今河南禹州市区一带，姬封因此又被称为康叔封。鲁国的始封君是周公姬旦，但因他在朝中还有重任，就由他的嫡长子姬伯禽前往就任。

《公羊传·庄公十九年》云：“媵者何？诸侯娶一国，则贰国往媵之，以姪娣从。姪者何？兄之子也。娣者何？女弟也。诸侯壹聘九女，诸侯不再娶。”诸侯娶一国之公主，另外要有两个诸侯国送女作为新娘的侄女和妹妹陪嫁过去。姪是指侄女，娣是指妹妹。诸侯一次聘娶妻妾九人，另外“不再娶”。

综合上述记载来看，西周到春秋时期的媵婚，已经形成一种礼制，其具体内容是说，诸侯娶异姓国之女为妻，女方要将该女的侄女和妹妹作为男方的妾一起陪嫁过去；同时还需有两个和女方同姓的诸侯国女子一起作为新娘的侄女和妹妹陪嫁过去。这样聘娶，诸侯一次可以娶九女。一次聘娶九女后，便不再娶了。

为什么诸侯一次可以聘娶九女呢？东汉经学家何休在《春秋公羊传注疏》中解释说：“九者，极阳数也。”又为什么“诸侯不再娶”呢？“不再娶者，所以节人情，开媵路”，就是说，为了照顾到方方面面的情理，让媵妾也有承恩受宠、雨露均沾的机会。

那么，为什么非要让新娘子的侄女和妹妹陪嫁呢？“欲使一人有子，二人喜也。所以防嫉妒，令重继嗣也。因以备尊尊、亲亲也。”（《春秋公羊传注疏·庄公十八年》）意思是，以侄女和妹妹随同出嫁，三人就可以荣辱与共，不互相嫉妒，共保其子。有侄女相随，以备“尊尊”，有妹妹相随，以备“亲亲”。

又为什么需有两个和女方同姓诸侯国女子作为侄女和妹妹陪嫁呢？因为三国同姓同宗，流着同一个祖先的血脉，亲上加亲，可以和衷共济，共同维护女方的权益，与夫家结成更为广泛的血肉一体的宗法关系。

不过，“诸侯壹聘九女”并不是说这些陪嫁的娙、娣要与嫡夫人同一天嫁过去，而是一次性对这九女下聘礼。由于侄女和妹妹的年龄大小不一，有的还处在儿童发育时期，所以 8 岁备嫁，但要等到 15 岁才能前往夫家跟从姑姑或姐姐，到了 20 岁才能侍寝圆房：“妇人八岁备数，十五从嫡，二十承事君子。”

当然，在这九女之中，嫡夫人的地位最尊。其次是作为同姓诸侯陪嫁的妹妹，史称左媵、右媵。后面依次是随正妻陪嫁的“妹妹”、作为同姓诸侯陪嫁的侄女、随正妻陪嫁的“侄女”。

这样的排序并不是可有可无，而是非常重要，譬如在子嗣继承的问题上，如果嫡夫人有子，理所当然是立嫡子；如果嫡夫人无子呢？“嫡夫人无子，立右媵（之子）；右媵无子，立左媵（之子）；左媵无子，立嫡侄娣（之子）；嫡侄娣无子，立右媵侄娣（之子）；右媵侄娣无子，立左媵侄娣（之子）”（《春秋公羊传注疏·隐公元年》）。

事无巨细，一切都给你安排得妥妥当当。在西周那年月，一旦投胎投到贵族家，并生成个女儿身，就不要胡思乱想做白日梦了，老老实实地听天由命就是了。因为你一生的命运轨迹早已被礼制规定好了。

诸侯所聘之九女，以嫡妻地位最尊，她享有其他八妾不能享有的特权。首先，嫡妻是“后宫”之长，有权干涉妾的各种事务；其次，嫡妻有奉祀夫家先祖的权利，妾则没有；再次，嫡妻死后可以埋入家族墓地兆域与其夫合葬，其余众妾只能陪葬，或者埋于其他地方。

目前，全国各地发现发掘了不少西周诸侯墓地墓葬，流行的是清一色一夫一妻并穴合葬制度，如在晋南曲沃北赵晋侯墓地中，总共发现 9 组 19 座墓葬，有 8 组都是夫妻并穴合葬，是前后 8 代晋侯及其夫人。余下的第 9 组是 3 座墓葬，为一男两女，男主人是《史记·晋世家》记载的晋穆侯，而两位女性则是他的前后两位夫人，分别是来自齐国的齐姜和来自附近杨国的杨姞。[7]

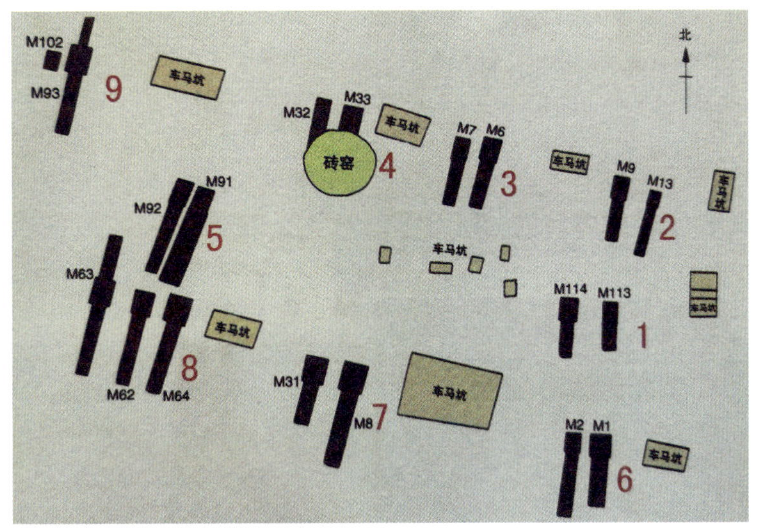

▲　曲沃北赵晋侯墓地 9 组墓葬分布平面图[8]

诸侯可以聘娶九女，那周天子可以聘娶多少嫔妃呢？这方面文献没有确切的记载，《礼记·昏义》只是说："古者天子后立六宫、三夫人、九嫔、二十七世妇、八十一御妻，以听天下之内治，以明章妇顺，故天下内和而家理。"由于《礼记》传说为孔子弟子所作，西汉戴圣所编，这一说法历来备受争议，人们怀疑作者很可能将后世帝王所谓"三宫六院七十二妃"的设想也作为西周天子后妃的情形写了进去。但不管怎么说，周天子可以聘娶的王后嫔妃数量超过诸侯的九女应该是没有疑义的。

目前，西周王室墓地尚没有发现，在传世文献和考古发现的有限金文中，可以看出周王在婚姻方面，拥有妻妾从一女至六女不等，譬如周宣王就拥有齐姜、陈妫、丰妊单、女鸠等六女。由于西周 12 王，除了周孝王是作为“王叔”即位外，其他 11 王都明确是嫡长子即位，从这个角度说，西周天子的婚姻也都是遵从了一夫一妻多妾制。

一夫一妻多妾制更多的是针对贵族而言，至于广大庶民百姓，一般还是一夫一妻，《白虎通义・爵》说：“庶人，称匹夫者。匹，偶也。与其妻为偶，阴阳相成之义也。”这只是顾表不顾里的说法而已，匹夫需要“偶”，需要“阴阳相成”，贵族就不需要了吗？事实上是庶人根本没有经济实力拥有“多妾”罢了。

西周时期确立的一夫一妻多妾制后来成为中国封建社会和帝制社会一项基本的婚姻制度，尽管在不同时期形式有所不同，但其基本内核始终没有变化，一直到中华人民共和国成立以后才被真正废除。

父母之命，媒妁之言

所谓“父母之命，媒妁之言”，就是说孩子的婚姻孩子自己不能做主，要听命于父母，由媒人从中牵线，正如《诗经·齐风·南山》所言：“取妻如之何？必告父母……取妻如之何？匪媒不得。”

为什么孩子的婚姻要听命于父母呢？《礼记·昏义》道出了其奥妙所在：“昏礼者，将合二姓之好，上以事宗庙，而下以继后世也。故君子重之。”就是说，婚姻不仅仅是两个结婚当事人的事情，更是两个家庭、两个家族的事情，所以结婚的男女双方都不能自己做主，而要完全听命于父母。至于两个人的感情，那很扯淡，在极端强调家族、宗族和国家主义的中国古代，哪里会把个人的利益放在前面去考虑！

听凭“父母之命”的婚姻制度贯穿于整个西周社会的各个阶层。我们试举几桩诸侯婚姻为例加以说明。从文献记载来看，西周到春秋时期的诸侯婚姻都是与异姓诸侯结亲的政治婚姻，哪怕双方距离千里之遥！如晋国历任晋侯的夫人大多来自齐国的姜姓、秦国的嬴姓等，鲁国历任鲁侯（公）的夫人大多来自宋国的子姓、齐国的姜姓、杞国的姒姓等，齐国齐侯的夫人则大多来自晋、鲁、郑、卫等西周宗族诸侯国的姬姓，如此等等。这些婚姻双方的当事人，男的大都贵为一国之储君，女的贵为父国的“公主”，但他们根本无法主宰自己的命运，全凭父母之命为两国关系友好而结成夫妻。

身处下层的庶民百姓也要无条件地遵从这一婚姻制度。前述《诗经·郑风》收录的那首名为《将仲子》的诗，描写的就是一少女因怕受到父母的责骂而拒绝正在热恋中的小伙子来家中幽会的情形，她道出了心中的痛苦和无奈：

将仲子兮，无逾我里，无折我树杞。
岂敢爱之？畏我父母。
仲可怀也，父母之言，亦可畏也。

“里”是西周时期的基层村落，有25户左右人家。这句诗的大意是，仲子哥啊，别翻我村落的墙，别折我种的杞树。我不是舍不得杞树，我是害怕我的父母。仲子哥，你实在让我牵挂，可我父母的话也让我害怕啊。

为什么少女如此害怕她的父母？那当然是父母不愿意她和仲子的自主婚恋行为了。前述《诗经·鄘风·柏舟》也是这样一首诗，描写一个女子爱上一个青年，但她的母亲强迫她嫁给别人，她誓死不从，哀叹道：“母也天只！不谅人只！”老妈为啥不答应我，不原谅我呢？

《孟子·滕文公下》云：“不待父母之命、媒妁之言……父母、国人皆贱之。”说明从西周直至战国时期，整个社会都认可了这一制度，并形成了相应的道德舆论环境。前面已介绍过，《诗经·鄘风》里收录了一首名为《蝃蝀》的诗，就是以这种世俗眼光来描述一个女子不讲“信用贞洁”，不听“父母教诲”而远嫁他人的诗篇：彩虹映现在东方天际……眼前这个正在出嫁的女子，不按正常路数来嫁人。不理会父母教导，哪里还谈得上信用贞洁！

因为不听父母之命而去追求自己的幸福，就成了没有信用没有贞洁的“滥”女人。在注重封建礼制的那年月，这大帽子一扣，她的人生幸福大概率也就没有了。

“父母之命”是和“媒妁之言”紧密联系在一起的。所谓“媒”，“谋也。谋合二姓”。所谓“妁”，“酌也，斟酌二姓也”(《说文》)。这一解释道出了婚姻的本质——不仅仅是两个结婚当事人的问题，还是两个家族甚或宗族缔结姻缘成就友好关系的一条纽带。而“媒妁”就是牵线搭桥、连接这条纽带的说合人。因为结婚是一件涉及双方家庭、家族乃至国家世世代代友好的大事情，其中涉及方方面面，双方当事人坐下来面对面地直接谈判不太合适，所以找个第三方出来给两边跑腿说合就显得十分必要。

但这只是问题的一个方面，另一方面，“媒妁之言”还可以起到规范社会秩序，防止男女私下交往以至于动摇社会和国家根本，这正是周公制礼作乐的目的所在。因为礼可以防止人们的贪淫好色，强调男女之别，避免嫌疑，并成为人们遵守的规章制度。所以“男女无媒不交，无币不相见，恐男女之无别也”(《礼记·坊记》)。“媒妁之言”因而就同“父母之命”一道成为周人婚姻礼制不可或缺的一部分，并逐渐成为被社会认可的婚姻习俗，流传至今。

史籍在这方面有大量的反映，如《管子·形势解》就说：“妇人之求夫家也，必用媒，而后家事成。”还说，“求夫家而不用媒，则丑耻而人不信也”。《诗经》也收录了很多反映这方面内容的诗歌，如《齐风·南山》《豳风·伐柯》《卫风·氓》等。

《豳风·伐柯》是一男子新婚燕尔时唱的歌，全篇洋溢着喜庆的气氛。让人意外的是，诗歌开篇不是描写盛大的婚礼场面，也不是赞美新娘子的美貌可人，而是强调媒人在婚礼中的作用，如同砍斧和斧柄的关系："伐柯如何？匪斧不克。取妻如何？匪媒不得。"砍伐斧柄，没有砍斧不行；娶妻结婚，没有媒人当然也不行。

▲ 宋代画家马和子《豳风·伐柯》图

《卫风·氓》是一首弃妇自诉遇上负心汉导致婚姻悲剧的诗歌。女主人公以哀伤的口气回忆了恋爱期间的甜蜜温馨以及婚后被丈夫虐待遗弃的痛苦生活，传达给读者的是无限的悔恨和无奈。诗篇开头描写的就是小伙子怀抱布匹来换丝，却不请媒人来说合，导致婚礼误期，不得不推迟到秋天的情形：

> 氓之蚩蚩，抱布贸丝。匪来贸丝，来即我谋。
> 送子涉淇，至于顿丘。匪我愆期，子无良媒。
> 将子无怒，秋以为期。

不止民间缔结婚姻需要有媒人在中间说合，就是天子和诸侯子女的婚姻，也要请大臣做媒。如果不请媒人从中撮合，就会受到天下人的讥讽、嘲笑。由于西周时期的文献资料较少，我们举与西周婚姻制度一脉相袭的春秋诸侯缔结婚姻的两个例子来说明一下。

《史记・田敬仲完世家》记载，齐湣王遇害后，他的儿子法章更名改姓去莒国太史敫（jiǎo）的家中当佣人。太史敫的女儿觉得法章相貌不凡，认为他不是平常之人，暗生情愫，遂和他有了苟且之事。后来法章继位为襄王后，就立太史敫的女儿为王后，还生了儿子建。太史敫认为齐襄王没有请媒人前来说合，自己的女儿就擅自嫁给了齐襄王，非常生气："女不取媒因自嫁，非吾种也，污吾世。"他以后就再也没有见过女儿的面，尽管女儿贵为一国之君后。

《左传・桓公三年》记载，桓公三年（前 709 年）春正月，齐僖公和鲁桓公在嬴地会见，与鲁桓公订婚，鲁桓公要齐僖公将女儿文姜嫁给他。魏晋时期的经学家杜预在这条记载下面批注说，鲁桓公向齐僖公请婚，没有媒人从中说合，是不合乎礼节的："公不由媒介，自与齐侯会而成昏，非礼也。"(《春秋左传正义・桓公三年》)

显然，男女缔结姻缘要有"媒妁之言"在周人已是沦肌浃髓，已经是人人都习惯遵从的一种礼制和风尚了。不过，《礼记・曲礼上》说西周时期，"男女非有行媒，不相知名"，可能有点问题。这句话翻译成大白话是说，男女之间如果没有媒人说合都不能打听对方的名字。由于《礼记》的成书年代一般认为是在战国时期，所以有学者认为，《礼记》有些记载是把后世的一些事情当作西周和春秋史实写了进去。"男女非有行媒，不相知名"这一记载，就明显带上了后来儒家"男女授受不亲"思想的烙印，有点言过其实了，西周社会还是相对比较开放的。

周公制定封建礼制，是为了适应社会的发展需要，把人从殷商以来的神鬼崇拜的精神枷锁中解脱出来，弘扬人本主义，通过制定婚姻制度，摈弃过去男女关系混乱的原始婚俗，提高整个社会的文明化程度。如前所述，周王朝还为此特设“媒氏”一职，以“掌万民之判”(《周礼·地官司徒》)。媒氏为严格监管国人的婚姻状况，采取了以下七项措施：

一是婴儿自出生取名后，都要写清楚出生年月日，统一纳入国家户籍管理范畴：“凡男女自成名以上，皆书年月日名焉。”

二是规定男子到30岁娶妻，女子到20岁嫁人：“令男三十而娶，女二十而嫁。”为什么会有这样的规定？《礼记·内则》解释云：“(男)二十而冠，始学礼……三十而有室，始理男事。”“(女)十有五年而笄。二十而嫁；有故，二十三年而嫁。”《白虎通义·嫁娶》进一步解释说：“男三十，筋骨坚强，任为人父；女二十，肌肤充盈，任为人母。”

综合起来就是说，男子20岁、女子15岁时尚为少年，这个时候血气未定，如果结婚成家会影响男女双方本人和孩子的发育成长；男子到了30岁，女子到了20岁，这个时期已经发育成熟，筋骨强健，就比较适宜成婚生育了。

从后世中国封建、帝制社会男女双方婚龄都比较早的情况看，西周的这一婚龄属于晚婚，很有点儿现代意义上的晚生晚育的意思。当然，文献记载的这一规定也不一定确切，不太符合当时人口少、国家鼓励多生育的实际情况，更多的学者认为，男子30岁娶妻，女子20岁嫁人，是指男女双方最迟的法定结婚年龄，而不是说男女一定要到那个年龄才能结婚生育。

三是鼓励光棍男娶离婚后的妇女为妻：“凡娶判妻入子者，皆书之。”（《周礼·地官司徒》）所谓“判妻”，即被男方离弃的妻子。

四是在仲春二月设立“情人节”，给适龄未嫁娶的男男女女提供幽会场所，即便男女双方偷吃禁果，也不加以禁止：“中春之月，令会男女。于是时也，奔者不禁。”（《周礼·地官司徒》）政府还要求适龄未嫁娶的男女参加这一“相亲”活动，如果不听从号召，无故缺席，还要予以处罚：“若无故而不用令者，罚之。”

五是规定了结婚彩礼的上限，“凡嫁子娶妻，入币纯帛无过五两”。“五两”在这里是指数量而非钱币。《礼记·杂记下》解释：“纳币一束：束五两，两五寻”，“五两，十端也”。每端在西周为二丈（一说为一丈六尺），大致为丝织品 60 米左右。

六是“禁迁葬者与嫁殇者”。“迁葬者”指的是生前并非夫妻，死后被迁葬到一起以成为“夫妻”的行为，即后世所谓冥婚。“嫁殇者”指的是嫁给未成年而死之人。

七是明确了因男女淫乱引起的诉讼处置机构。“凡男女之阴讼，听之于胜国之社；其附于刑者，归之于士。”（《周礼·地官司徒》）所谓“阴讼”，乃“争中冓之事以触法者”（《周礼注疏·媒氏》），就是因男女之事而触犯法律者。所谓“胜国”，就是社稷被人绝灭，只剩土地的亡国。这句话的意思是说，因男女淫乱引起的争讼，在“胜国”社坛听断处理。有触犯刑律的，交给司法官“士”予以处置。这一规定照顾到了弱者的合法权益，显示了周王朝在婚姻法制上温情的一面。

门当户对

西周封建礼制的一个本质特征就是通过一系列的等级规定来维护贵族阶层的利益，保证西周王室江山永固，它讲究“尊尊”“亲亲”,“尊尊”是尊重位高权重之人，“亲亲”是亲近有血缘关系的宗亲和有姻缘关系的姻亲。也就是说，这一制度的实施实际上等于从纵横两个层面彻底封死了底层庶民通往上层贵族的通道，而男女双方缔结婚姻讲究“门当户对”就是其中一个非常重要的组成部分——贵族只与贵族通婚，平民也只能与平民通婚，不能越雷池半步，真正是“金花配银花，西葫芦配南瓜”，其结果自然就是“龙生龙，凤生凤，老鼠的儿子会打洞”。

从文献记载看，西周的婚姻大都是在同一阶层或相近的两个阶层之间的平行流动，如诸侯对诸侯，大夫对大夫，士对士，庶民对庶民，至于周王室，由于是天下的宗主，至尊无上，没有平行的婚姻对象可以结亲，所以只能屈尊与异姓诸侯结为姻亲。《诗经・卫风・硕人》是卫国人赞美卫庄公夫人庄姜的诗，通过描写齐女庄姜出嫁卫庄公的盛况，着力刻画了庄姜高贵、美丽的形象。该诗首先交待了她的着装和出身门第，她高大俊美，衣着锦缎外罩麻纱衣。她是齐侯的女儿、卫侯的爱妻、太子的胞妹、邢侯的小姨，谭公还是她的妹夫：

> 硕人其欣，衣锦褧（jiǒng）衣。齐侯之子，卫侯之妻，东宫之妹，邢侯之姨，谭公维私。

▲ 硕人[9]

如此炫耀庄姜显赫的门第，就是为了说明庄姜与卫庄公是般配的，这就是所谓的门当户对。但世界上总有些人对天生的不平等看不惯，虽然他们不敢像后世的陈胜、吴广那样揭竿而起，扫荡天下，但骂骂老天，发发牢骚，宣泄一下心中的郁闷总还是可以的。毕竟西周还不像后来秦国大一统帝制社会那样禁锢言论。《诗经·陈风·衡门》就是描写一个爱情失意的青年对当时社会实行门当户对婚姻政策抨击的诗篇。诗中写道：

衡门之下，可以栖迟。泌之洋洋，可以乐饥。

岂其食鱼，必河之鲂？岂其取妻，必齐之姜？

岂其食鱼，必河之鲤？岂其取妻，必宋之子？

闻一多认为，《国风》中讲到的男女相约之地，或曰城隅，或曰城阙，或曰于某门，即国城的某门。衡门也是这一类的场所，栖迟于衡门之下，这与《静女篇》的“俟我城隅”、《子衿篇》的“在城阙兮”，都是古代作为男女幽会之所的高禖神所在地，依山傍水，环境幽雅，乃行性事的秘密场所。[10]

据此还原当时的场景是这样的：在夕阳西下、月上柳梢的时候，一对青年男女来到衡门幽会，一番云雨极尽兴致之后，男子随即发表了一番慷慨激昂的演讲：横木做门的房屋虽然简陋，但可以栖身居住；盛大长流的泌水清澈，也可以充饥。难道我们吃鱼，只有黄河的鲂鱼才算香？难道我们娶妻，非得娶齐国的姜姑娘才成？难道我们吃鱼，只有黄河鲤鱼才可品尝？难道我们娶妻，非得娶宋国的子姑娘不成？言外之意是说，我和意中人两情相悦，感情笃厚，她将来做我的妻子也不错，根本没必要去想齐姜、宋子那样可望不可即的豪门大户的千金小姐。

西周人缔结婚姻虽然大都是在同一阶层或相近的两个阶层之间的平行流动，但也不是绝对的，有时候出于一些特殊原因，两个差距较大的阶层也有通婚的现象。

2004 年底至 2005 年 7 月，山西省考古研究所在山西绛县横水一带发掘出了所谓的“倗国”墓地，说是“国”，总面积还不足 400 万平方米，只有 3 处聚落、1 处墓地。如此狭小的范围，显然达不到成为诸侯国的条件。因为《礼记·王制》有明文规定："天子之田方千里，公侯田方百里，伯七十里，子男五十里。不能五十里者，不合于天子，附于诸侯曰附庸。"

西周时期有公、侯、伯、子、男五等爵称。居于最高等级之位的卿和诸侯国国君，一般是公爵，如周公、召公、祭公、郑庄公、郑武公等；处在第二等级的诸侯国国君是侯爵，如鲁侯、晋侯、楚侯等；处在第三等级的诸侯国国君是伯爵，如吴伯、毛伯、过伯等。但"倗国"墓地2号和2158号两座墓所出青铜器铭文显示，这是西周中期前后两代倗伯的墓葬，也就是说他们都有伯的爵称，似乎应该属于方圆"七十里"的三流诸侯国这一等级。但这与其总面积还不足400万平方米的实际情形严重不符。后来考古人员和相关专家经过研究发现，这个倗国实际上就是一个由晋国代管但有很强独立性的"附庸"，是中国目前所见最早的由中央政府设立的特别行政区。[11]

据《左传·定公四年》记载，周公东征取得胜利后，为防止殷商和其他亡国遗民沉渣泛起，实施了新的封建制度。这一制度的本质在于，将原来殷商和其他亡国遗民化整为零，按族或按群分配到各地新建的封国中，如分给鲁国"殷民六族"，分给卫国"殷民七族"，分给晋国的则是"怀姓九宗"。这些"殷民""怀姓"，在新的封国中都被给予很高的礼遇，他们除了可以享有贵族身份外，还享受到了"启以商政，疆以周索""启以夏政，疆以戎索"（《左传·定公四年》）如此这般的特殊政策待遇。

晋国最初在今山西翼城、曲沃一带，是由北面的唐国徙封而来。晚商时期，晋国所在的晋南地区是商王朝和以鬼方为代表的羌戎集团交锋的前沿阵地，聚集着大量的羌戎族人。"怀姓九宗"就是其中之一，而倗氏家族又是“怀姓九宗”之一。怀同媿、隗、鬼为通假字。倗国墓地出土的一件命名为倗仲鼎的青铜器的铭文中有“毕媿”二字，是倗仲为“毕媿”所作媵器，年代为西周中期。“毕媿”的意思是，倗仲氏将女儿嫁给了毕氏家族。这里毕是“毕媿”夫家的姓氏，而媿则表明倗氏出自媿姓之族。

另外在1号墓中出土的青铜盘、青铜簋、青铜甗，都刻有“倗伯作毕姬宝旅鼎”这样的铭文，大意是说，倗伯为他的夫人毕姬做了用来祭祀或宴礼的宝鼎。这说明毕氏家族不但娶了倗国的“公主”，还将自己的宗女嫁给了倗伯。

毕氏又是个什么样的家族呢？毕氏在西周时期可是个了不起的豪门望族。毕氏的始祖是大名鼎鼎的毕公高，乃周文王第十五子、周武王弟姬高。周武王建立周朝后，将他封至毕地，就是今陕西咸阳一带（另一说认为是在今西安市长安区一带），建立了毕国，毕因而成为他的氏。

▲ 倗国墓地1号墓铜礼器、陶器、漆器出土情况[12]

“毕姬”血统高贵，屈身嫁到一个不入流的小国，对“倗国”来说虽然是个很大的荣耀，但对毕氏家族而言可谓门不当户不对。

为什么毕氏家族会让“毕姬”屈身下嫁呢？这或许同当初毕公高在康王十二年接替周公次子君陈主政成周有关。成周的政治中心在洛阳，倗氏所在区域恰好夹在周人都城镐京和东都洛邑之间的偏北地区，属周人防控北方戎狄部族的重要力量。倗氏周边有晋、贾、霍等诸侯国和很多戎狄部族小国，政治情况错综复杂。这一区域在西周早期对周王室的安全非常重要，可能从那个时候起，倗氏一族就成了毕公高用来平衡晋、虞、芮等西周诸侯并消除戎狄隐患所依仗的心腹力量之一。而安抚心腹最重要的一个方法就是彼此结为姻亲，所以毕氏不但将宗女“毕姬”嫁给了倗伯，还将倗仲氏之女“毕媿”娶回了家。

由于“毕姬”出身显赫，“毕姬”嫁给倗伯以后，在“倗国”享受到了极高的尊荣礼遇，她在夫家的地位甚至超过了“倗国国君”倗伯，这从其墓葬规格上可以略窥一二。

相比于她的夫君倗伯墓，“毕姬”墓墓道较长，墓圹大而深，棺室用材讲究，外棺内布置华丽，外棺外还覆盖有红色的荒帷，也就是棺罩。随葬品丰厚，而且等级较高。“毕姬”墓还随葬有5件青铜鼎，而倗伯墓只有3件。另外，两座墓各出土5枚铜甬钟。女性墓随葬5枚铜甬钟的现象比较罕见，像在晋侯墓地，只有男性的晋侯墓才能拥有。

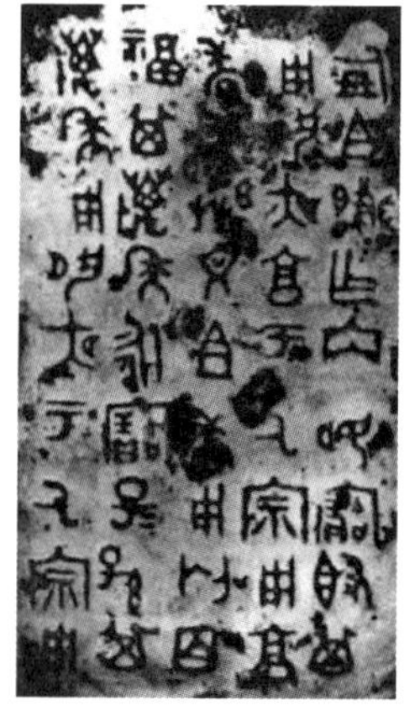

▲ “倗伯作芮姬簋”铭文拓本[13]

像“毕姬”这种豪门大族的“公主”下嫁不入流的小国，并不是个别的现象，考古还发现，稍早的另一代倗伯，迎娶了另一豪门大族——芮国的宗女为夫人，同时芮伯也迎娶了“倗国”的“公主”为夫人。[14]

芮国的始封君是周武王、成王时期的卿士芮伯良，也是姬姓，最初的封地应该在今陕西宝鸡陇县一带。[15] 周成王死前，安排重臣辅佐继位的康王，在这些托孤辅臣中，芮伯是仅次于召公奭的重臣。不久之后，芮国迁徙到今山西芮城一带，后来又迁徙到陕西韩城东北 7 公里处的梁带村和渭南澄城刘家洼村一带。梁带村和刘家洼村墓地就分别是倒数第三、第四代芮侯和最后两代芮侯的墓园。[16]

类似的现象还发生在“倗国”附近——山西临汾翼城大河口“霸国”。“霸国”同“倗国”一样，也是“怀姓九宗”之一，面积只有 400 万平方米左右。但其中一代“霸国国君”竟然迎娶了召公奭的妹妹。

召公奭，文献说法不一，《白虎通义·王者不臣章》记载他是“文王子”，《诗经·甘棠》疏引皇甫谧言说他是“文王庶子”。召公活得岁数很大，跨越了文王、武王、成王和康王四代，一直居于周王朝的权力中心，尤其是在周公去世以后，召公更是居于一人之下、万人之上，对周王朝政治、军事和经济政策的决策起着举足轻重的作用。

召公为什么会把自己的胞妹下嫁不入流的“霸国”呢？原因与“毕姬”下嫁“倗国”一样，是出于政治考量。召公在成王前中期，曾经同周公分“陕”而治：“自陕以西，召公主之；自陕以东，周公主之。”（《史记·燕召公世家》）这个“陕”就是今河南三门峡市陕州区，北距“霸国”百十公里。

另外，“霸国”所在的晋南是周人与戎狄杂居的地区，不安定因素太多。或许是为了分化、安抚戎狄，并进一步安定晋国及其周边局势，保证周王朝对晋南诸国的统治，召公便选择了霸氏一族作为可以倚重的平衡各方的心腹力量。联姻当然就是其中一个最重要，也最有效的手段。但召公为什么要选择“霸国”而不是选择周围的晋、虞、焦、滑、霍、扬、韩、魏等国来联姻呢？因为这些诸侯同燕国一样都是姬姓，按照“同姓不婚”的原则，他也只能退而求其次了。[17]

婚仪六礼一个不能少

结婚不仅是两个当事人的事情，还关系到两个家庭乃至两个家族上承下传的问题，所以西周人特别重视。《礼记·昏义》说："昏礼者，将合二姓之好，上以事宗庙，而下以继后世也。故君子重之。"

繁缛的各种周礼，虽然各有各的作用，但婚礼才是周礼的根本："昏礼者，礼之本也。"为什么有如此一说？因为"礼之大体，而所以成男女之别，而立夫妇之义也。男女有别，而后夫妇有义；夫妇有义，而后父子有亲；父子有亲，而后君臣有正"（《礼记·昏义》）。

周代一个完整的婚姻礼仪——从议婚至完婚，需要经过六道严格的程序，亦即所谓的婚仪六礼：纳采、问名、纳吉、纳征、请期、亲迎。

纳采，是六礼中的首礼。《仪礼注疏·士昏礼》云："昏礼，下达，纳采用雁。"郑玄注云："将欲与彼合昏姻，必先使媒氏下通其言。女氏许之，乃后使人纳其采择之礼。"就是说，男方想要与女方结亲，先需请媒人前往女家提亲，得到应允后，再请媒人正式向女家呈送礼物，此谓"采择之礼"。"采择之礼"一般用雁，但因雁属于高空飞翔的珍稀动物，一般很难擒获，而雁外形与鹅相似，颈和翼较长，足和尾较短，羽毛淡紫褐色，所以擒获不到雁的人家在提亲时就用鹅代替大雁作为“采择之礼”。

女方收纳了男方的“采择之礼”，就代表愿意再继续下去的意思，双方于是进入第二道程序：问名。

问名，是说男方请媒人到女方家中取回写有女方姓名和生辰八字的庚贴，看看双方结合在一起是否吉利。《仪礼·士昏礼》云：“宾执雁，请问名。主人许。宾入，授如初礼。”郑玄注：“问名者，将归卜其吉凶。”另外，有的还要问双方父母的相关情况以及双方是否嫡生等。问名也不能空手而去，必须携带礼物，一般也是用大雁。

问名成功后，双方进入第三道程序：纳吉。

▲（日）细井徇《诗经名物图》里的大雁

纳吉，是男方将卜婚的吉兆告诉女方，并送礼表示要订婚的一种礼仪。郑玄注云：“归卜于庙，得吉兆，复使使者往告，昏姻之事于是定。”纳吉也需携带礼物，还是大雁。《白虎通义·嫁娶》云：“纳采、问名、纳吉、请期、亲迎，以雁贽。”

纳征，是整个婚仪的第四道程序，亦称纳成、纳币，简而言之，就是男方向女方送聘礼，也就是我们现在说的彩礼：“纳征者，纳聘财也。征，成也。先纳聘财，而后昏成。”（《礼记正义·昏义》）纳征一般是用黑色和浅红色的布帛作为彩礼，但不能用雁。行纳征礼而不用雁，是婚仪六礼中唯一不用雁的礼仪。为什么行纳征礼而不用雁呢？《白虎通义·嫁娶》的回答是：“纳征曰玄纁，故不用雁。”这个回答羞羞答答，犹抱琵琶半遮面，让人不明所以。其实意思就是告诉你，到了这个环节，就不要再来虚的了，拿财物来才是正理。聘礼就是聘定之礼，就是订婚的礼金。说白了就是，我拿了你的“定金”，我就是你的人了，你不要变心，变心可是不退聘礼的。到了这个环节，从习俗上讲，男女双方就成了社会上认可的未婚夫妻。

女方收取了男方的聘礼，接下来就进入第五道程序：请期。

请期，就是向天地鬼神请问双方成亲的吉日，具体是由男方先请阴阳先生依据男女双方的属相和生辰八字进行推算，决定迎娶吉日。择定吉期后，男方再宴请媒人，用大红纸写上迎娶日期，用雁作为礼品，由媒人送至女方家中：“请期，用雁。主人辞，宾许告期，如纳征礼。”(《仪礼·士昏礼》)

在纳采、问名、纳吉、纳征、请期五个环节中，女家主人都要在祖庙摆设宴席，在门外迎接媒人。进入庙门，双方互相揖让登上正堂，在此听受媒人转达男家的话语。我们以《仪礼·士昏礼》记载的纳采之礼做个简单说明。

> 下达。纳采用雁。主人筵于户西，西上，右几。使者玄端至。摈者出请事，入告。主人如宾服迎于门外，再拜。宾不答拜。揖入。至于庙门，揖入。三揖至于阶，三让，主人以宾升，西面。宾升西阶，当阿，东面致命。主人阼阶上北面再拜。授于楹间，南面。宾降，出。主人降，授老雁。

将这段话翻译过来大意是说，男家向女家行纳采礼时，用雁作求婚的礼物。女家主人要在家庙堂上门户西面布设筵席。筵席以西为上，几案设置于右方。男家媒人一般会身着一种名为玄端服的黑色礼服而至。负责掌管礼仪的傧者出去问事，问清情况后再返回来禀告主人。主人身穿与男家媒人相同的礼服，出大门迎接。主人两拜，媒人不用答拜。宾、主相揖进入庙门。相对三揖，到达堂前阶下。谦让三番，主人与媒人一同登堂，面朝西。媒人从西阶登堂，至堂前面朝东致辞。主人在东阶上方面朝北两拜。媒人在堂上东西两楹柱之间面朝南方，向女家主人授雁。媒人下堂，出庙门之后，主人才能下堂，把雁交给年长的家臣。至此，纳采礼结束。

纳采、问名、纳吉、纳征、请期五个环节完成后，迎娶吉日就算定了下来，接下来，就要进入最后一个环节：亲迎。

按古代习俗，亲迎日期一般是在春天或秋天。雁来而以为礼，燕来则祀高禖，都是美好的象征。《陆氏诗疏广要》卷下云：

> 雁为阳鸟，冬则南翔，夏则北徂。时当春夏，则孳育于北，与燕相反。燕来则雁往，燕往则雁来，故礼云：秋鸿雁来，春燕鸟至。衍义曰：雁，人多不食者，谓其知阴阳之升降，分长少之行序。世或谓之天厌，亦道家之一说尔。唐注云：雁为阳鸟，其义未尽，兹盖得中和之气，热则即北，寒则即南，以就和气。所以为礼币者，一取其信，一取其和……

这也是西周婚仪六礼中除纳征礼外，都用雁作为礼物的原因。在六礼中，纳采、问名、纳吉、请期、亲迎都要以雁为礼物，就是为了限制举行婚礼的季节。

西周婚仪六礼在《诗经》诸多诗篇中都有体现，如《大雅·大明》《小雅·鸳鸯》《召南·江有汜》《召南·鹊巢》《召南·摽有梅》《卫风·氓》《齐风·著》《邶风·匏有苦叶》等，限于篇幅，不再一一介绍。

▲ 西周婚仪六礼首选礼物是大雁

西周婚仪六礼都被继承下来，成为华夏婚礼文化不可或缺的内容，形式虽在不同时代略有不同，但其基本思想并没有太大的变动。像纳采礼，从汉代起就已经不限于雁了。纳采礼依身份的不同而不同。百官的纳采礼足足有30种，都有其特定的含义，如用羊、鹿、香草等，取其吉祥之意；用鸳鸯、凤凰、胶、漆等，取其亲密黏合之意；用蒲苇、卷柏、舍利兽、受福兽、鱼、雁、九子妇等，则是取各物特点，皆为祝福寓意。至隋唐时期，朝廷对纳采礼统一了标准：雁、羔羊各一只，酒、黍、稷、稻、米、面各一斛。自皇子以下至于九品官员，统一执行。但对民间网开一面，未做统一要求。

宋元以后，情况又有所变化，像清代雍正初年就规定，汉人纳采成婚，四品以上官员，绸缎、首饰等以八为限数。五品以下官员则减二，八品以下又减二。普通军民百姓纳采礼主要是绸绢、果盒等，以四为限数。

婚礼是在晚上举行

亲迎，就是我们现在所说的迎亲，是婚仪六礼中最后一礼，也是最为隆重的一个环节。

谈这个问题之前，首先要明白的一点是，婚礼、婚仪之“婚”原写作“昏”，这是因为上古婚礼是在黄昏至晚上这段时间进行：“士娶妻之礼，以昏为期，因而名焉。”（《仪礼注疏·士昏礼》）古人之所以在晚上举行婚礼，一般认为是因为当时有劫掠妇女的风气，劫掠者经常趁夜深人静时下手，在黄昏至晚上这段时间举行婚礼，人多热闹，可以吓住贼寇，使他们不敢轻易动弹。

这可能是主要原因之一，不少学者认为还有一个原因是古人讲究男女阴阳，即“男为天，女为地；男为阳，女为阴”“一阴一阳之谓道”。黄昏时分暗合了阴阳交替之义，符合阴阳相交的自然之道，寓意新婚夫妻此时媾合可结秦晋之好。昏礼后来演变为婚礼，从中可看出女性作为阴在与男性作为阳的对立统一中所起的作用。

明白了这一点，我们再看西周人是怎么迎亲的。《仪礼·士昏礼》记载，迎亲这天，新婿要头戴红而微黑的爵弁冠，身着饰黑色下缘的浅绛色裙。随从皆身穿一种名为玄端的黑色礼服。迎亲时男方至少得有三辆马车组成车队。其中一辆墨车，就是不加文饰的黑色车乘，为新郎所坐。后面两辆是副车，为伴郎和主事人员所坐。主车和副车都没有帘子。女方送亲也得有同样的三辆马车，但这三辆车张有帷幕。由于男方迎亲，女方送亲，都是在晚上进行，所以仆人要站在马前举着灯笼或火把照明。

▲　宋代聂崇义《新定三礼图》中的袆衣

新娘上路也不能马虎，除了要精心打扮一番外，还要穿上最时髦、最高级的衣服——袆衣，也称锦衣，是《周礼》所记命妇六服之一。古时多是土路，车马过处，尘土飞扬，所以新娘在锦衣外面还要罩上“褧衣”和“褧裳”，防止途中风尘对锦衣和锦裙的污染。“褧衣”，就是后世所说的套在身子最外面的罩衫，用麻纱做成，无领无袖，俗称“过街衣”；“褧裳”，是新娘出嫁途中穿的罩裙，也是用麻纱做成。

《诗经·郑风·丰》就有“衣锦褧衣，裳锦褧裳”这样的描写。诗中的女主人公原来和恋人赌气，没有去成婚。后来，她后悔了，幻想着自己穿上锦衣，外面套上“褧衣”“褧裳”，焦急地等待着男方家人驾车来迎接她过门成亲，甚至在心里都迫不及待地呼唤起来：叔呀伯呀快快来啊，驾车接我上路，赶快去往你们家吧：

衣锦褧衣，裳锦褧裳。叔兮伯兮，驾予与行。
裳锦褧裳，衣锦褧衣。叔兮伯兮，驾予与归。

迎亲队伍出发前，新郎的父亲要亲自给儿子倒酒行“醮礼”，吩咐他迎娶新妇。醮是指没有宾主互相敬酒的饮酒方式。这是表示新郎受父亲之命要去女方家把新娘子迎娶回来。新郎秉承父命去迎亲，新娘的父母要在家庙摆设宴席，并在门外迎接新婿的到来。新婿捧着一只大雁走进院中，与岳丈互相揖让后进入厅堂，然后将大雁放到地上，再行叩拜之礼。意思是，我奉了父母之命而来迎亲。随后下堂出来，把新娘的车驾准备好，将车上的挽手绳交给新娘，接着新郎就亲自驾驶载着新娘子的车启程。车轮转三圈后，新郎就交给御者驾驶，然后坐回自己的车子，先回自家门外等着。新娘到了门口下车，新郎对新娘作揖，请她进门，此后还要经过若干繁缛的礼节，最后“共牢而食，合卺（jǐn）而酳（yìn）”（《礼记·昏义》）。

“共牢而食，合卺而酳”是西周婚礼中的一项重要仪式。“共牢而食”是指新婚夫妻共吃用一头牛做的祭祀肉食，以期得到祖先在天之灵的保佑、庇护。“卺”是指饮酒用的瓢，“酳”是少量饮酒的意思。在这个仪式中，新婚夫妻各执一瓢，但这两只瓢是用线将瓢柄绑在一起的。新郎和新娘各自所用的瓢通常是由一个葫芦剖成两半而制成，象征夫妻原为两个个体，通过婚礼结为一体。在婚礼上，新郎和新娘各执一瓢，先各自浅酌一小口，然后再彼此换瓢互饮而尽。这样做是表示夫妇二位一体，尊卑一样，彼此相亲相爱。

《诗经》里不乏对迎亲场面描写的诗篇，如前述《大雅·大明》，就有对周文王迎娶帝乙之妹宏大喜庆场面栩栩如生的描述：“文定厥祥，亲迎于渭。造舟为梁，不显其光。”周文王作为新郎官亲自到渭水边上去迎亲。无数条船只连接起来形成一座浮桥，新郎官和迎亲队伍走上去，浩浩荡荡，洋溢着一股连天的喜庆气氛。为什么“不显其光”？那是因为迎亲是在晚上进行的啊。

《大雅·韩奕》则对韩侯迎亲的场面进行了描写：

> 韩侯取妻，汾王之甥，蹶父之子。韩侯迎止，于蹶之里。
> 百两彭彭，八鸾锵锵，不显其光。诸娣从之，祁祁如云。
> 韩侯顾之，烂其盈门。

——韩侯娶的妻子是周厉王的外甥、蹶父的长女。韩侯赶到蹶地的里巷去迎亲，由百十辆车子组成的车队显得闹闹嚷嚷，串串銮铃叮当作响，各色彩灯发出璀璨光芒。从嫁的妹妹们跟着新娘，犹如云霞铺在天上。韩侯回头顾视，金光银色，满门辉煌。

《豳风·东山》是一首征人解甲还乡途中抒发乡愁的诗作，主人公回忆了当年和妻子的结婚场景，心中充满了甜蜜和温馨：

> 我徂（cú）东山，慆慆不归。我来自东，零雨其濛。
> 仓庚于飞，熠耀其羽。之子于归，皇驳其马。
> 亲结其缡，九十其仪。其新孔嘉，其旧如之何！

——当年我远征东山，回家的愿望一直未能实现。如今我从东山回来了，漫天飘洒着小雨，显得雾气蒙蒙。当年远征时，黄莺正在空中飞翔，黄莺羽毛还闪着亮光。她过门来做我的新娘，我去迎亲，拉车子的骏马，雪白里还透着一丝黄亮。母亲为女儿亲自结好佩巾，那繁缛的婚仪是多么隆重。新婚燕尔甭提有多美了，只是不知道久别重逢会怎样！

当然，上述这些辉煌壮观的迎亲场面也只有豪门贵族才配享受，即便是《豳风·东山》的主人公——那位征人，也是一位贵族子弟，因为在西周前中期，上战场杀敌是贵族才有的权利和义务，广大的庶民百姓不在此列。因此，平民百姓在迎亲嫁娶时，不可能有如此豪华、隆重的仪式，一是不为西周封建礼制所允许，二是即便允许，也没有相应的经济实力。

新郎迎回新娘后其实还要进行很多令人眼花缭乱的繁缛礼节，《仪礼·士昏礼》对此有十分详尽的描述：先是新郎对新娘作揖，请她进门，进寝室，接着是安排媵、新郎和新娘的席位，安排媵与夫家女役即御互换角色。媵为新婿浇水盥洗，御则为新妇浇水盥洗。然后还有酒尊、鼎食和菜肴的抬入、摆放，新婚夫妇等人的进食、饮酒等诸多环节。

之后，就要将室中筵席食物尽皆撤去，再恢复房间原貌。新郎在房中脱去礼服交给媵，新娘在室中脱掉礼服交给御，“保姆”再将佩巾交给新娘。御在室中西南角铺设卧席，媵在稍东的位置为新郎铺设卧席，要求都是头朝南，脚朝北。新郎亲自为新娘解开缨带，撤出灯烛。直到此时，劳累了大半夜的新婚夫妻才能长出口气，互拥入怀，同床共被，行“周公之礼”。

不过，随新娘而嫁的那些媵们就睡在洞房门外，随时等待着主人的招呼，房里的动静大概也能听得到。后世流传久远的新婚“听房”，是不是与此有关，不太好说。

至此，这场婚礼大戏才算大功告成。

新媳妇要吃公婆的剩饭

商代贵族妇女的地位还比较高，她们有主持祭祀、参与战争的权利，还有自己的封地、财产等，但到了西周，这些权利荡然无存，妇女成了男主外、女主内“内外有别”礼制的牺牲品，逐渐被套上“三从四德”的魔咒。这可以看作是后世两千多年中国妇女遭受不公待遇的开始。

“三从”出自《仪礼·丧服》：“妇人有三从之义，无专用之道。故未嫁从父，既嫁从夫，夫死从子。”没有嫁人的时候要顺从父亲，嫁了人要顺从丈夫，丈夫死了则顺从儿子，总之，不能自作主张。

“四德”出自《周礼·天官冢宰》：“（九嫔）掌妇学之法，以教九御妇德、妇言、妇容、妇功，各帅其属而以时御叙于王所。”意思是说，宫中九嫔掌管有关妇人学习的法则，以教育女御作为妇人所应具有的德行、言辞、仪态、劳动技能，各率领所属女御，按时依次到寝宫侍候天子歇息。

“妇德、妇言、妇容、妇功”本来是西周天子对女御嫔妃的要求，但后来变成了全社会对妇女的要求。“四德”的内涵也相应发生了一些

变化。按照经学家郑玄的解释："妇德谓贞顺，妇言谓辞令，妇容谓婉娩，妇功谓丝枲。"(《周礼注疏·九嫔》)

"贞"是坚守节操，守身如玉，对丈夫忠诚不贰；"顺"是对公婆、丈夫谦恭顺从。

"辞令"是说话得体，善于应对，不抢话，不多言，不做长舌之妇搬弄是非。

"婉娩"是神态表情温顺、柔和的意思。东汉的女才子班昭认为，妇容不是指颜色美丽，而是在日常生活中能够做到"盥浣尘秽，服饰鲜洁，沐浴以时，身不垢辱"(《文心雕龙校释·女诫》)。

"妇功"有广义与狭义之分，广义上的"妇功"是指妇女日常从事的劳动，诸如采桑养蚕，纺绩织作，奉养公婆、丈夫，生养孩子，协助祭祀，招待宾客等。狭义上的"妇功"专指采桑养蚕和纺绩织作。

前已叙及，西周时期，女孩子一生下来，父母就要教育女儿遵从"四德"，如给她玩纺锤，目的是希望她长大之后，可以胜任女红、纺绩之事。女子长到 10 岁后，便不能随便出门，母亲要从制作麻线开始教她们如何养蚕纺丝，织布制帛，教导她们学习女子该做的纺织一类事情，给家庭和社会纺织衣裳。

但这些还远远不够，待她长大成人出嫁之前三个月，宗族还要请女师对女子进行"四德"培训。如果该女子与国君是五服以内的亲属，也就是说，她和国君是同一个高祖，就在国君的祖庙里接受婚前教育；如果已经出了五服，就在大宗子（宗主）的家里接受培训。培训完成之后，还要举行教成之祭，以此告诉祖先，婚前教育已经完成。只有到这时，这个女子才有嫁为人妻的资格。

如果只到此也就算了，毕竟作为人妻是一个崭新的角色，婚前接受培训教育在情在理。要命的是，新婚后的一系列繁缛的礼节，活生生将一个个水灵灵的大姑娘给整成了一具具了无生气的“行尸走肉”。

与我们现在的婚俗不一样，西周的新媳妇在婚礼当天是不与公婆见面的——要等到第二天早晨。《礼记·昏义》记载，婚礼后第二天，新妇要早早起床，洗头洗澡，整理好仪容去拜见公婆，去完成“成妇礼”。天大亮时，主持赞礼（举行典礼时司仪宣唱导行的仪节）的人会前来将新娘引见给公婆。新娘不能空手而去，要手捧盘或碗，内盛枣、栗子和肉干，作为与公婆首次见面的礼物。这时候，公婆端坐不动，由主持赞礼的人代表公婆赐给新娘甜酒。新娘先需以一种名为脯醢的佐酒菜肴祭祀先人，然后再用公婆赐予的甜酒进行一次祭祀。行过以上的礼节，就意味着“成妇礼”完成了。

▲ 清代焦秉贞《历朝贤后故事图》之“孝事周姜”图

接下来，公婆进入寝室，新娘要献给他们一只煮熟的小猪，请他们进食。这是要新娘明白“妇顺”的道理，意味着新娘开始履行孝养的职责了。等到第三天，公婆需共同用“一献之礼”慰劳新娘，就是公婆先共同敬新娘一爵酒，新娘表示感谢，回敬一爵酒。公婆各自再饮一爵，然后更换新娘的爵，并斟满酒，新娘并不饮而是将那爵酒置于祖先牌位前去祭祀先人。

下一步是“奠酬”，就是新娘捧酒献给公公，公公在东阶上接受，饮毕再满酒酬谢新娘，新娘接酒后奠洒于东面，正礼就算完了。然后是退场，公婆先由西阶下去，新娘再由东阶下去，这是表明新娘将要接替婆婆做家庭主妇了。

《礼记·昏义》说："成妇礼，明妇顺，又申之以著代，所以重责妇顺焉也。妇顺者，顺于舅（公公）姑（婆婆），和于室人；而后当于夫，以成丝麻布帛之事，以审守委积盖藏。是故妇顺备而后内和理；内和理而后家可长久也；故圣王重之。"意思是说，完成了"妇礼"，明白了"妇顺"，就表明新媳妇具备了代婆婆主持家务的资格。所有这些，都是强调对新媳妇在顺从上的要求。所谓妇顺，首先是要顺从公婆，其次是要和家中其他女性和睦相处，再次是让丈夫称心满意，完成妇女应做的纺织绩麻工作，小心谨慎地守护柴米油盐等家庭储备物资。"妇顺"的要求都做到了，家庭内部才能和谐安定；内部和谐安定了，家才会长久兴旺下去，所以圣王很重视"妇顺"。

《礼记·昏义》的记载比较简略，更注重该礼节的具体含义，《仪礼·士昏礼》则对各个环节的记载更为详细一些，这也能够让我们更深切地感受到新媳妇过门的不易。

婚礼后次日晨，新媳妇要早早起床沐浴，用簪子和头巾束发，身穿黑色丝质礼服，等黎明时分主持赞礼的赞者引她去拜见公婆。公公和婆婆分别在东阶上方和房外设席。新媳妇要手捧一笲（古代一种圆形竹器）枣和栗子，从公婆寝室门进去，再从西阶上堂，向东前至公公席前一拜，把盛放枣和栗子的笲置放于席上。

公公坐在席上以手抚摸枣、栗子和笲，表示已接受新媳妇所献礼物，然后站起来，回拜新媳妇。新媳妇回到原来位置，对公公再拜。之后下西阶，从侍者手中接过盛有腶脩（duàn xiū，捶捣而加姜桂的干肉）的笲，上堂，向北行至婆婆席前，面朝北拜，将笲放置席上。婆婆坐下，手持盛放腶脩的笲站起来，回拜，同时将笲交与侍者。

▲ 宋代聂崇义《新定三礼图》中的笲

赞者代公婆设宴酬答新媳妇。在厅堂的门、窗之间布设筵席，在房中设置一尊醴酒。新媳妇要安静地站在席的西侧。赞者从房中出来至席前，面朝北方，斟醴酒于觯，在觯上放置小匙，匙柄朝前。新媳妇面朝东拜，接觯，赞者在西阶上方，面朝北拜送。新媳妇复拜。

赞者将脯醢（古代常吃的一种佐酒的菜肴）进置席前。新媳妇入席，左手持觯，右手祭脯醢，用小匙醴祭三次。然后下筵席，面朝东坐下尝醴。之后将小匙插于觯中，站起，一拜，赞者回拜，新媳妇又一拜。然后将觯放到脯醢的东边，面朝北坐下，取脯醢在手。下堂出门，在寝室门外将脯醢交给从人。

公婆进入寝室，新媳妇伺候公婆盥洗、进食。一般是将一只小猪从中间切开，然后再合起来盛于鼎中，如果置于俎上时，则只放右半个。不设鱼、腊和稷，都以南为上首。其他食物的设置和迎娶时的布局相同。新媳妇辅助公婆完成祭食之礼，就是将准备食用的饭菜拨一些放到食案上，祭拜先祖，表示不忘本。吃完饭，再侍奉公婆用酒漱口。

到了这个时候，新媳妇才有资格吃饭。不过，她只能吃公婆剩下的饭菜。具体说来就是，新媳妇在室中北墙下设席，以西为上。然后将公婆吃剩的菜肴按原来摆放的位置，再移放到她的席前。新媳妇吃公公的剩饭，公公辞谢。作为回报，公公要为新媳妇更换酱料。新媳妇吃婆婆的剩饭，婆婆要为新媳妇备酒漱口，新媳妇站起来拜而接受。之后坐下，举酒对天遥祭，干杯。婆婆接过酒爵放置于地。

接下来，新媳妇要将食物置于房中，请媵和御吃这些余食，婆婆亲自为她们酌酒漱口。由于媵是新媳妇带来的从嫁之人，御是婆家的女佣，以后要长久生活在一起，因此礼制要求媵与御相互交错坐于席前，媵吃公公的余饭，御则吃婆婆的余饭。

之后，公婆共同用“一献之礼”来款待新媳妇。公公在庭中所设的南洗洗爵，婆婆在北堂所设的北洗洗爵。洗是古代设在南堂供洗爵用的一种器皿，同时配有洗勺、洗罍等专用洗器。

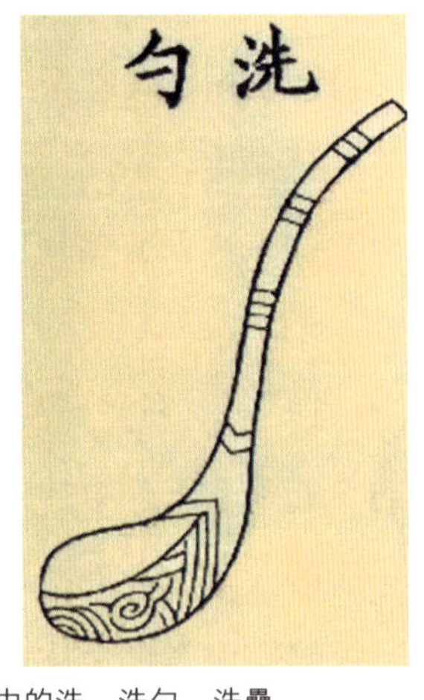

▲ 宋代聂崇义《新定三礼图》中的洗、洗勺、洗罍

一献礼成，新媳妇需把酒爵置于草席东侧。席散，公婆先从西阶下堂，新媳妇后从东阶下堂。

此后，公公还要以“一献之礼”来款待送亲的男宾，并以一束锦相赠。婆婆酬谢送亲的女者，酬宾时也要以一束锦相赠。如果是与别国通婚，则需要另外赠送男性送亲者一束锦。

如果是公婆去世后结婚，新妇在婚礼三月之后需择日到公婆庙中，具素食供献公婆的神主。在庙室内西南角设席，面朝东，几在右。还要在室内北墙下设席，面朝南。祝（主持祭礼之人）和新媳妇各自盥洗完毕，新媳妇手执菜笲立于庙门外，祝引导新媳妇入内，口称新媳妇的姓氏对公公的神主祷告说："某氏来做您家的媳妇，冒昧前来向尊敬的公公敬献精美的菜蔬。"

新媳妇下拜至地，然后坐下，将菜供献于几东边的席上。新媳妇回至原位，与上次一样又一次下拜。新媳妇下堂，另取一份菜笲，进入室内。祝祷告说："某氏来做您家的媳妇，冒昧告知尊敬的婆婆。"将菜供献于席上，仪式与之前相同。

新媳妇退出之后，祝关闭门窗。年长的家仆代公婆在房中设席酬答新媳妇，礼节与赞者代公婆醴妇的礼节相同。新婿酬谢新媳妇的男、女送宾，礼节与公婆酬谢送宾的礼节相同。

最后，还有最为重要的一个环节——祭祖。新媳妇在举行婚礼三个月后，要到夫家家庙祭拜祖先，取得夫家祖先的认可。至此，这场广义上婚礼的帷幕才慢慢落下来。

经过出生以后父母的耳提面命，经过婚前三个月女师在祖庙的培训，经过整个婚礼及其繁缛礼节的践行，新媳妇"三从四德"观念沦肌浃髓后，才能成为夫家一个正式成员，并获得相应的家庭地位。

贵族的嫁妆太豪气

西周婚仪六礼中没有嫁妆一说，但实际上是存在的。《诗经·卫风·氓》云：“以而车来，以我贿迁。”就是说，你驾着马车快点来吧，我带着嫁妆嫁到你家去。

现存于台北故宫博物院的西周中期传世青铜器县改簋也明确记载，西周那个时候女儿出嫁时盛行送嫁妆。县改簋通高 13.6 厘米，腹深 11.3 厘米，口径 21.7 厘米。大口，束颈，鼓腹，圈足，兽首，双耳。耳下铸有方形垂珥。颈部浮雕有牺（一种想象中的神兽）首和以云雷纹填地的分尾长鸟纹。内铸 88 字铭文，记载了伯犀父将女儿县改嫁给县伯，并送嫁妆给女儿，女儿县改感念父爱而铸造这一青铜器的经过。父亲伯犀父告知女儿县改，我把你嫁给县伯作妻子，你就听命吧，不要再胡思乱想了；你嫁人，老爸送你爵、戈等作为嫁妆；县改的反应是听从父命，唯唯诺诺，感恩戴德，并且制作此器要自己的子孙永远铭记在心。

“县”，西周邑名，为周武王少弟康叔后嗣所建，在今陕西扶风一带。“改”为父家姓氏。“县改”是西周女子嫁人后常用的一种“夫邑+

父姓”的组合称呼。

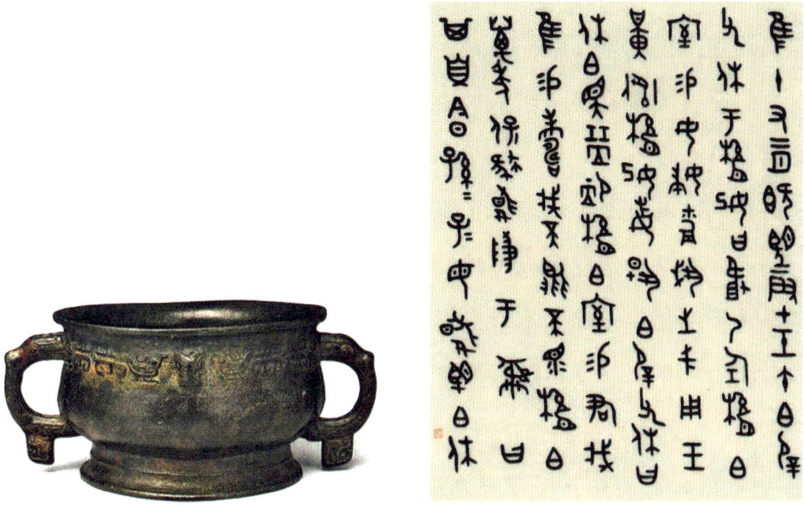

▲ 县改簋及其铭文摹本[18]

铭文中提到的伯屖父送给女儿县改的嫁妆，在当时是极为豪奢的，玉器就不用说了，自古以来就是具有高附加值的珍贵礼品，而爵和戈本身作为青铜器，在西周时期更是具有较高身份的象征。

青铜被称为吉金，是因为其珍贵程度堪比金子，连周天子赏赐立功的臣下时，首选的赐品都是青铜原料，所以用青铜器作为嫁妆不是庶民百姓可以奢望的。青铜器作为嫁妆，金文称之为媵器。因为青铜器本身极为昂贵，是世家大族首选的器具，而且能铸刻上文字，成为礼器，世世代代流传下去，媵器因此成为高等级、高价值的嫁妆，在周代贵族上层之间十分流行。

媵的本义是指随新娘而嫁的妹妹和侄女，媵器就是新娘和随从新娘而嫁的这些妹妹、侄女在出嫁时，父母兄弟等亲人送给她们的青铜器嫁妆。显然，媵器是随着青铜器的出现而出现的，其自身所带铭文不仅显示了作器者的身份，还表达了长辈对女儿婚姻的祝福。

青铜器作为媵器，多为饪食器和盛食器，饪食器如鼎、鬲、甗等，盛食器包括盨、簠、簋、盘等。较一般青铜器而言，媵器都带有吉祥寓意的花纹图案，其制作水平更高，技艺更为精湛，图案线条也更为细腻。

从制作者的角度来看，西周时期的媵器大致可分为以下几类：

第一类是新娘父母为出嫁女儿所作。女儿出嫁，父母制作媵器相送是嫁妆的第一要义。不过，男女结婚虽然说必须领受“父母之命”，但在西周那个男尊女卑的封建时代，相对于母亲来说，父亲在儿女婚姻中往往起着主导性的作用。历史学者杨涛曾做过一个统计[19]，在他调查过的 25 件媵器中，以父亲名义制作的媵器有 15 件，占 60%；以母亲名义制作的媵器只有 2 件，占 8%；而以父母二人名义共同制作的媵器也只有 2 件。比例差距如此之大，说明了西周时期父权的强大，婚姻大事决断权掌握在父亲手中。

近年来名声大噪的贾伯壶就是西周贾国国君贾伯送给自己女儿的嫁妆。贾伯壶是一对，原为香港御雅斋所藏，2012 年 2 月转藏于中国文字博物馆。

这对壶的大小、形状、纹饰都完全相同，通高 48 厘米，腹径 30 厘米。壶身平口，鼓腹，上有田字形扉棱，腹身平滑，整体呈圆角方形。壶颈两侧带有龙形兽首环耳，颈部铸有一圈回首垂冠凤鸟纹。壶盖顶部外侧饰有 S 形双龙纹，周边环饰无目窃曲纹。壶整体线条流畅优美，纹饰华丽。壶盖口上铸有铭文：

佳王二月既死霸丁亥贾伯作世孟姬尊壶用享用孝用祈万寿子

孙永宝用享

“既死霸”在金文中又称既死魄，指阴历二十三、二十四日至月底这段时间。此时，月光趋于晦暗。铭文的大概意思是说，某年二月既死霸丁亥日这天，贾伯为出嫁世国的女儿铸造了这对铜壶，用于祭祀祖先神灵和祈求万寿。

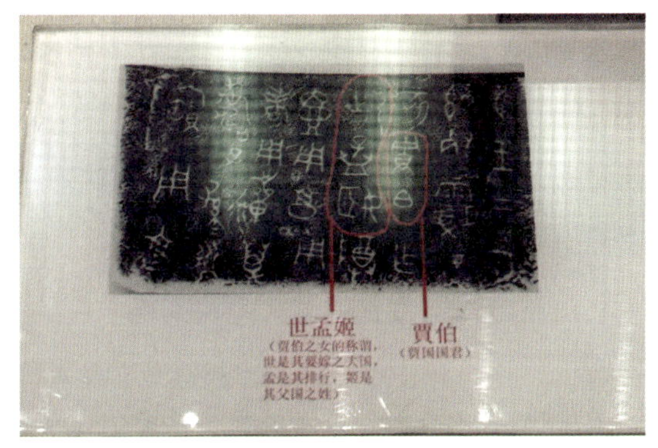

▲　贾伯壶及其铭文摹本

贾国立国于西周初年，故墟在今晋南襄汾县南贾、西贾、贾岗这一带，春秋早期为晋武公所灭。《左传·桓公九年》对贾伯出战曾有零星的记载。贾国青铜器，以前只有山西闻喜出土的西周晚期贾子匜和山东诸城出土的春秋晚期贾孙叔子屖盘两件。以往学者据此认为“贾子”就是贾国的国君，也就是说，贾国属于子爵一类小国。贾伯壶的横空出世，证实贾国的国君就是《左传·桓公九年》所记“贾伯”，属于伯爵一类中等诸侯国。

西周时期在祭祀仪式上使用的铜壶一般成双成对，但西周青铜壶成双成对出土的并不多见。贾伯壶成对现世，且器盖完整，造型粗犷，壶耳别致，具有较高的艺术史料价值。

为女儿做的一件嫁妆，居然成为2700年后为自己和国家正名的一件稀世之宝，贾伯倘地下有灵，也可以含笑九泉了。

由于贵族之女从出生之日起，就要受到严格的周礼教育，基本上是非礼勿视，非礼勿听，尤其是男女性事，在古人看来更是讳莫如深，属于难以启齿的淫秽之事，无法当面传授和教诲，结果便是相当多的大家闺秀对性事几乎是一无所知。然而，结婚必然要行"周公之礼"，新娘对此需要有个基本的认识。为了解决这个尴尬的问题，古人就想出了一个巧妙的办法，就是新娘的母亲会为出嫁的女儿准备一些与性知识有关的器物或书籍，作为陪嫁的嫁妆，比如春宫图等，压在箱底，供新娘参考学习。这种特殊的嫁妆，在西周时期已经初露端倪。

山东博物馆藏有一件名为裸人铜方奁的镇馆之宝，可能就是这一类嫁妆。此器为长方体形状，通高7.5厘米，长12厘米，宽7.5厘米，顶部设有两扇可以对开的小盖，每盖一钮，钮体分别为男、女两个裸体人，呈面对面跪坐状。长方体下部铸有六个小裸体作为器足，正面和反面是两两相对，两个侧面各有一人相背而立。

▲ 裸人铜方奁[20]

整体寓意是，夫妻交媾，子孙繁衍。有关专家推测，裸人铜方奁（椟）是西周晚期至春秋时期女子出嫁时，母亲送给女儿作为嫁妆的首饰盒。

第二类是新娘本人所作。这种媵器一般是新娘出嫁时用父母赐予的青铜原料按照自己的愿望给自己打造的嫁妆，上面往往铸刻有字，内容大体是某某作什么器，“子子孙孙永宝用”一类，稍微复杂点的就如同上述县改簋一样，再加上父母送的嫁妆和殷切教诲以及自己感恩父母等内容。

第三类是新娘的长辈和晚辈为新娘所作，主要是与新娘有血缘关系的叔伯舅甥一类亲人。如出土于河南平顶山应国墓地的应侯作甥谢姜簋，就是舅舅送给外甥女的媵器。[21]应侯作甥谢姜簋的时代为西周中期。其铭文释文为：

> 唯正月初吉丁亥，𤸫（應）侯乍（作）生杙姜尊簋，其邁年，子子孙孙永宝用。

生，同甥，就是外甥的意思。杙，通谢，意指谢国。谢姜，即嫁于谢国的姜姓女子。铭文大意是说，某年正月应侯为自己的外甥女谢姜铸造了这件青铜簋作为给她的嫁妆，希望她万世不老，子子孙孙能够永远使用保存下去。

谢国，任姓，故墟在今河南省南阳市一带，西周晚期周宣王因封其舅申伯于南阳盆地建立“南申”国，谢国遂南迁至今信阳境内。从铭文“应侯作甥谢姜”看，应侯称谢姜为甥，表明应侯的姐妹曾嫁于某姜姓国家。西周姜姓国有齐、申、吕、许，一般认为，许昌一带的许国距离谢国最近，根据西周时期国与国之间就近通婚结盟的原则看，应侯的姐姐或妹妹很可能是嫁给了谢国储君。

出土于山西翼城大河口“霸国”墓地的两件青铜卣则是燕侯旨给他嫁到“霸国”的“姑妹”专门制作的青铜礼器。“姑妹”，就是我们现在说的小姑。燕侯旨是燕国的第二代国君，乃召公奭的嫡子、燕侯克的兄弟。铭文中的“姑妹”就是召公奭的小妹。

第四类是天子和诸侯之女嫁人时，同媵的诸侯国国君所作。前已述及，西周时期的媵婚已经成为一种礼制，诸侯娶异姓国之女为妻，女方要将该女的侄女和妹妹作为男方的妾一起陪嫁过去；同时还需有两个和女方同姓的诸侯国宗女一起作为新娘的侄女和妹妹陪嫁过去。这两个同媵的诸侯国国君不但要给自己从嫁的女儿制作媵器，同时还要给女儿从嫁的那个“正牌”新娘制作媵器。

山西绛县横水西周墓地 M2158 号是一代倗国国君之墓，年代属周穆王时期，其随葬品丰富，其中出土的几件媵器就是几个先后同媵的诸侯国国君所作。[22] 如著名的芮伯作王姊三器——芮伯作王姊甗、芮伯作王姊盘和芮伯作王姊盉，都是芮伯在周穆王之妹嫁给倗伯时所送的媵器。

芮伯是芮国的国君，与周王室同姓，芮是他的封地，即氏。芮伯在铭文中敬称“王姊”，说明“王姊”是昭王之女、穆王之姐妹。由此可见，这三件青铜器都是芮伯在周穆王之姐妹嫁给倗伯时所送的媵器。

▲ 芮伯作王姊甗、芮伯作王姊盘和芮伯作王姊盉（从左至右）

不仅如此，芮伯之女还作为“王姊”侄女以“媵”的身份嫁给了倗伯。M2158 墓中出土了两件形制、尺寸、纹饰、铭文完全相同的“芮伯作倗姬簋”。内铸铭文 2 行 9 字，显示正是芮伯送给女儿的嫁妆：“芮伯作倗姬宝媵簋四。”与实际出土稍有差异的是，铭文中的“媵簋”为四件。另外两件可能没有随葬在倗姬墓中，或者用作了其他用途。

M2158 墓中还出土了太保鬲和鲁侯鼎两件媵器。太保鬲铸有 3 字铭文：“太保铸。”鲁侯鼎铸有铭文 2 行 6 字：“鲁侯作宝尊彝。”学者普遍认为，这两件青铜器属于铭文中没有媵字的广义上的媵器。太保本是召公奭的官职，召公死后，这一官职为其后人所袭。太保和鲁侯均为姬姓，也就是说，周天子嫁姊，先后有同姓三国（族）同媵。放在西周那年月，这也合情合理，毕竟诸侯之女出嫁时，都要有两个同姓诸侯同媵，那天子之女出嫁，自然要高出一个档次了。

问题在于太保鬲和鲁侯鼎与倗姬媵簋的年代一样，属西周早期偏晚，而芮伯诸器属西周中期偏早。这是怎么回事呢？原来周礼规定：天子嫁女需由同姓诸侯为其女主持婚礼，摄行父事，诸侯并以自己的女儿或宗女从嫁。穆王之姊嫁于倗伯，是由同姓之芮伯摄行父事，为其主婚，同时芮伯以自己的女儿从嫁。这一规制一直延续至春秋时期。

鲁庄公元年（前 693 年），周平王孙女嫁给齐襄公，鲁侯先派大夫单伯迎王姬至鲁，由鲁侯摄行父事，为王姬主婚。《公羊传·庄公元年》记其事云：

> 夏，单伯逆王姬。……逆之者何？使我主之也。曷为使我主之？天子嫁女乎诸侯，必使诸侯同姓者主之。诸侯嫁女于大夫，必使大夫同姓者主之。

——夏天，单伯去迎接王姬。……为什么鲁侯会派单伯去迎接王姬？那是鲁侯要代周王行使作为父亲的权利和义务，为王姬主婚。周礼的规矩是，天子嫁女于诸侯，必使同姓诸侯主婚。诸侯嫁女于大夫，必使同姓大夫主婚。

为什么会有这样的礼制？《白虎通义·嫁娶》解释说："以其同宗共祖可以主亲也，故使摄父事。不使同姓卿主之何？尊加诸侯，为威厌不得舒也。"主婚人之所以必须是同姓，是因为他们拥有共同的祖先，具备"亲亲"的资格，可以摄行父事。不让同姓卿主婚是因为要尊重诸侯，不能用威权压制，使诸侯不舒服。卿是侍奉天子左右的高官，地位仅次于公，但高于诸侯。

穆王之姊与芮伯之女倗姬有名义上的姊妹关系，所以芮伯之女倗姬较之鲁国、太保氏之媵地位要高一些。穆王之姊出嫁时，可能芮伯之女年龄尚小，鲁国、太保氏之媵就一直等到芮伯之女长大成人后，才一同作为王姊之媵嫁给倗伯，这大概就是芮伯诸器年代稍早于太保鬲、鲁侯鼎与倗姬媵簋的原因。

当然，上述西周媵器只是近百年考古发现的极少的一部分，但窥一斑而知全豹，我们从中也可以多多少少了解一些西周贵族在这方面一掷千金的豪奢作派。但遗憾的是，关于西周庶民置办嫁妆的文献至今阙如，而考古也没有挖出哪怕一鳞半爪有价值的资料，我们不能妄加猜测，也只好留待以后有新的发现再来说道了。

那年月也有倒插门

倒插门，即上门女婿，古人称之为赘婿，是一种起源于上古、流传至今的婚姻形式。颜师古注《汉书·贾谊传》云：“谓之赘婿者，言其不当出在妻家，亦犹人身体之有肬赘，非应所有也。一说，赘，质也，家贫无有聘财，以身为质也。”王先谦补注《贾谊传》说：“淮南俗，卖子与人作奴，名曰赘子，三年不能赎，遂为奴……降为奴婢而不耻也。其赘而不赎，主家以女匹之，则谓之赘壻。”

从文献记载看，西周时期已经明确有了赘婿这一婚姻形式，前述“凡娶判妻入子者，皆书之”之“判”是合婚书，“入子”就指的是赘婿。赘婿一般有两种，一种是入女方门为婿，不改姓氏；另一种是入女方门为子，改为女方姓氏。这里应该说的是后一种形式。

做人家的上门女婿，大都是不得已而为之，有各种难言的苦衷，但最主要的原因还是男方家境贫寒，娶不起媳妇，只能倒插门去给别人家传宗接代，延续香火。《诗经·邶风·匏有苦叶》就是这样一首反映一位少女在河边等待自己上门女婿的诗：

匏有苦叶，济有深涉，深则厉，浅则揭。

有弥济盈，有鷕（yǎo）雉鸣。济盈不濡轨，雉鸣求其牡。

雝（yōng）雝鸣雁，旭日始旦。士如归妻，迨冰未泮（pàn）。

招招舟子，人涉卬（áng）否。人涉卬否，卬须我友。

有人给它做了这样的翻译：

葫芦瓜有苦味叶，济水边有深渡口。

深就垂衣缓缓过，浅就提裙快快走。

济水茫茫涨得满，岸丛野雉叫得欢。

水涨车轴浸不到，野雉求偶鸣声传。

又听嗈嗈大雁鸣，天刚黎明露晨曦。

男子如果要娶妻，趁河未冰行婚礼。

船夫挥手频招呼，别人渡河我不争。

别人渡河我不争，我将静静等。

但这样翻译恐怕是不对的。因为诗中的“归妻”不是娶妻，而应

◀（日）细井徇《诗经名物图》里的匏叶

该是前去归附妻子，做上门女婿的意思。《诗经》中凡是男子娶妻均写作“取妻”，从无例外，如《齐风·南山》：“取妻如之何？必告父母。”“取妻如之何？匪媒不得。”如《陈风·衡门》：“岂其取妻，必齐之姜？……岂其取妻，必宋之子？”再如《豳风·伐柯》：“取妻如何？匪媒不得。”等等。

诗中“雉鸣求其牡”一句是以雌雉鸣叫呼唤雄雉来比喻女子求偶之意。她来到河边，并不是为了渡河而是为了等心上人——前来入赘的未婚夫。他们事实上已将婚期定在了“冰未泮”的秋天。万事俱备只欠东风，只是女子对婚姻太过急切，大有一日不见如隔三秋的焦急，所以就急切盼望着心上人能够“深则厉，浅则揭”，赶快上门成就美好姻缘。[23]

男方入赘女家，大多数情况下都是男家的经济条件和社会地位不如女家，这决定了入赘女婿只能是一个女方的依附者，甚至在某种特殊情况下，变成一个被奴役者的角色。入赘女婿自然想通过自己的努力改变这种窘境，但由于种种原因，有相当一部分入赘女婿还是无法融入女方家庭，获得他们的信任，因此常常处于一种寄人篱下的纠结、徘徊的痛苦之中。

《诗经·王风·葛藟（lěi）》就是一首赘婿自诉寄人篱下受尽无限屈辱的悲歌。郁郁寡欢的赘婿流落到黄河岸边，看到长势茂盛、绵延爬到河边湿地和陆地上的葛藤，情不自禁地想起自己不幸的婚姻：远离兄弟，去给人家做倒插门女婿，喊人家爹，叫人家娘，唤人家兄，然而人家就像没听见一样，一点眷顾之情也不给，从来没把自己当作家人。

> 绵绵葛藟，在河之浒。终远兄弟，谓他人父。谓他人父，亦莫我顾。

绵绵葛藟，在河之涘（sì）。终远兄弟，谓他人母。谓他人母，亦莫我有。

绵绵葛藟，在河之漘（chún）。终远兄弟，谓他人昆。谓他人昆，亦莫我闻。

元人刘玉汝在《诗缵（zuǎn）绪》中说：“谓他人父，尊之也；谓他人母，亲之也；凡吾所以尊之亲之若此者，庶乎人之以子顾念我也。”赘婿对妻子的父母尊之、亲之，意在融入对方家庭，站稳脚跟。然而，热脸贴了个冷屁股，女家对他不尊，不亲，不管，不顾，正如清代方玉润《诗经原始》所言：“沉痛语，不忍卒读。”长期不被女方从感情上接纳，赘婿也就只能停留在听活儿（打工者）的角色上，遇到一点小事儿，就可能被扫地出门，还无处诉冤。

《诗经·小雅·我行其野》描写的便是赘婿被妻子赶出家门后悲愤泣诉的情景：

我行其野，蔽芾其樗。昏姻之故，言就尔居。尔不我畜，复我邦家。

我行其野，言采其蓫（zhú）。昏姻之故，言就尔宿。尔不我畜，言归思复。

我行其野，言采其葍（fú）。不思旧姻，求尔新特。成不以富，亦祇以异。

有人将这首诗歌作了如此翻译：

独自行走郊野，樗树枝叶婆娑。因为婚姻关系，才来同你生活。你不好好待我，只好我回乡国。

独自行走郊野，采摘羊蹄野菜。因为婚姻关系，日夜与你同在。你不好好待我，回乡我不再来。

独自行走郊野，采摘葍草细茎。不念结发妻子，却把新欢找寻。诚非因为她富，恰是你已变心。

这篇译文正好将意思颠了个个儿，把“弃夫”当作了“弃妇”，估计是将婚姻二字的含义给混淆了。婚姻在现代连起来成为一个词，意思是男女双方自愿结合在一起，组成一个新的家庭，共同生产、生活。但在古代，婚姻二字各有各的含义。《说文》云：“婚，妇家也。”“姻，婿家也。”《尔雅·释亲》亦云：“壻之父为姻，妇之父为昏”，“妇之父母，壻之父母，相谓为婚姻”。换言之，婚是指女家，姻是指男家，二者结合方为婚姻。

诗中说“不思旧姻，求尔新特”，“旧姻”指明是男家，因为对方有了新欢，所以才称旧姻。朱熹对此解释云：“言尔之不思旧姻而求新匹也。虽实不以彼之富而厌我之贫，亦只以其新而异于故耳。”（《诗经集传》）

“特”也有其特定含义，《说文》云：“特，朴特，牛父也。”段玉裁注：“特，本训牡。”（《毛诗传笺通释·柏舟》）牡，就是雄性动物。《广雅·释兽》：“牡、特，雄也。”也就是说，特的本义是公牛，后来又泛指所有

▲（日）细井徇《诗经名物图》里的牛

雄性动物。

由此我们可以明白，“不思旧姻，求尔新特”的真正意思是说，你不念旧夫，只顾找你的新欢。

“弃夫”在西周乃至先周时期很可能是一种司空见惯的现象，因为连西周开国元勋、大名鼎鼎的姜尚姜子牙在相关记载中也是被妻子扫地出门的赘婿。《战国策・秦策》记载：“太公望，齐之逐夫。”西汉刘向所撰《说苑・尊贤篇》也说：“太公望，故老妇之出夫也。”

“太公望”是姜太公姜尚的别称，《史记・齐太公世家》记载，文王出猎，在渭河北岸遇到了在此钓鱼的姜尚，二人交谈后，文王大喜，对姜尚说：“自吾先君太公曰‘当有圣人适周，周以兴’。子真是邪？吾太公望子久矣。”“故号之曰‘太公望’，载与俱归，立为师。”

“逐夫”“出夫”都是指被赶出家门的“弃夫”。

姜尚年少时因为家贫而入赘马家，做了上门女婿。但他什么也不会做，种田吧，收获的粮食还没有当初播下的种子多；钓鱼吧，钓上来的鱼拿到集市去卖还不够买渔具的成本：“太公，田，不足以偿种；渔，不足以偿网。”（《说苑・杂言》）然而，就这么一个做啥啥不成的赘婿，竟然还酷爱钓鱼，而且一钓就是整整56年，根本不管不顾老婆和孩子们的死活。老婆实在忍受不了，就一怒之下将他扫地出门：“姜太公，妻马氏，不堪其贫而去。”（《野客丛书》卷二十八）

后世的道学先生们大骂马氏嫌贫爱富，有眼无珠，不识泰山。这真是站着说话不腰疼，马氏整整忍受了他56年，这是一个什么概念？从一个年轻貌美的少女都熬成了头发斑白的老太太。搁到现在，可能一年不到，姜尚就得从妻子那里卷铺盖走人。毕竟，养家糊口才是你的责任啊，你养不了老婆孩子，还得让老婆养你和孩子，世界上哪有那么多的活雷锋?

这个故事还有后半段,《野客丛书》记载,后来姜尚发达了,变成了大名鼎鼎的姜太公,马氏听说后就去找他请求复合。太公取一壶水倒在地下,让马氏收回,并对她说:“若言离更合,覆水定难收。”由此还诞生了“覆水难收”这个成语。

上述关于姜尚为赘婿且为“弃夫”的这些记载不一定全是真的,但其中应该包含了一些真实的因素,只是后来被人为地夸大了。我之所以转述在此,只是想告诉读者,西周确有“弃夫”现象,历史上也确有关于姜太公的这个记载和传说,至于真相是不是那么回事,那需要读者自己去做判断了。

贫困不是男子上门做赘婿的唯一原因,还有其他一些因素。《左传》记载,鲁文公七年(前 620 年),鲁国大夫公孙穆伯受命到莒国参加诸侯会盟,偶然间见到了楚楚动人的莒女,惊为天女下凡,顿生爱慕之心,欲与之结为连理,娶回鲁国。然而鲁国上层统治者坚决反对他这样做,穆伯无奈,一跺脚就与鲁国道了声“拜拜”,毅然抛下鲁国大夫的职位,于第二年带着积攒的钱财赶到莒国,与莒女结婚,过上了普通人的生活。一转眼 6 年过去了,穆伯与莒女生了两个孩子,但两人还是恩爱如初。鲁文公十四年(前 613 年),穆伯回到鲁国,干脆将自己家中的财产全部带到莒国,与莒女共同度过了婚姻美满、家庭幸福的一生。这也算是一段要美人不要江山的传奇佳话了。

春秋时期的政治、文化制度和社会习俗沿袭西周而来,没有什么太大的变化,春秋是这样,西周也是如此。虽不一定有像穆伯那样抛弃高官厚禄入赘女方的事情,但因其他原因而甘愿倒插门去做赘婿,想必当时也不是太难见到的现象。

离婚：七出三不去

有结婚自然就会有离婚。按照现代的婚姻观念，男女双方在婚姻中是平等的，因此双方一旦离婚，相关的法规偏重处罚有过错的一方。但西周至春秋时期，男尊女卑，男权主义至上，在周礼中，男人处于主导地位，丈夫与妻子离婚谓之“出”，说白了就是将妻子驱逐出门的意思，后人亦称之为休妻。《孔子家语通解·本命解》记载，西周至春秋时期，丈夫与妻子离婚有所谓“七出”原则，妻子只要违反了这七条原则中的任何一条，丈夫就可以与妻子离婚，将她驱逐出门。

这七条原则，一是不孝顺父母，二是没有生出儿子，三是有淫荡的行为，四是嫉妒别人，五是患有不治之症，六是嚼舌头根子、搬弄是非，七是有盗窃行为：

> 不顺父母，出；无子，出；淫僻，出；嫉妒，出；恶疾，出；多口舌，出；窃盗，出。

这七条按现在的观点来看，有的简直就是荒唐透顶，譬如说，“恶疾，出”，人家与你结婚，成了你家的人，你还能堂而皇之地以此为理由将人家赶出门，遗弃了事，这应该算是大恶不赦了吧？周公制礼作乐，目的虽然说是维护西周社会的等级秩序，但从种种迹象看，是以弘扬人性为基本出发点的，所以，这所谓的“七出”原则，很可能是春秋时期在西周礼制基础上经过删减后才逐渐形成，被记录了下来。不过，大部分应该还是沿袭西周礼制而来。

由于“七出”只是所谓的基本原则，缺乏可量化的实践操作标准，实际上给丈夫“出妻”提供了更多的解释空间，譬如“不顺父母，出”，什么叫“不顺父母”？虐待父母是不顺父母，不听父母的话是不顺父母，那么，顶撞父母两句，与父母吵一架，算不算不顺父母？再譬如“淫僻，出”，“淫僻”具体是个什么概念？这些都很难说清楚。没有具体可操作的标准，理所当然地就由当权者说了算。

但男人再尊贵，再至高无上，也不能随随便便对妻子召之即来挥之即去吧？总得有个说得过去的理由，毕竟西周和春秋时期是讲人伦法度的文明社会，如果任由男人们随意抛弃妻子，必然会造成家庭伦理秩序的混乱，进而影响到整个社会的稳定，所以丈夫与妻子离婚又有了所谓的“三不去”原则：

> 有所取无所归，不去；与更三年丧，不去；前贫贱后富贵，不去。（《大戴礼记·本命》）

就是说，妻子因娘家无人，没有归处，丈夫不能将她撵出门去；妻子随同丈夫为公婆守丧三年的，丈夫不能将她撵出门去；丈夫娶妻时家里贫贱，后来富贵了，也不允许丈夫将妻子撵出家门。

这三条完全符合周公制礼作乐的基本思想，十分人性化，在最大程度上保证了女方的合法利益，进而保证了家庭、社会的伦理秩序稳定。在后世 2000 多年的帝制社会中，历朝历代相关法律的制定多是以此为蓝本。

即便如此，西周至春秋时期，上至王公贵族，下至普通百姓，被“出”被“去”的弃妇也比比皆是,《诗经・邶风・谷风》中的女主人公就是典型的一例。这首诗以女主人公哀婉的口气诉说了自己不幸的婚姻：当初勤劳操持，与丈夫同甘共苦，遂使生活得以安定并渐渐富裕，之后丈夫却移情别恋，另觅新欢，自己受尽虐待，最后被抛弃。

> 习习谷风，以阴以雨。黾（miǎn）勉同心，不宜有怒。采葑采菲，无以下体。德音莫违，及尔同死。

——山谷阴云密布，大风迅疾而又猛烈，瞬间便是倾盆大雨。夫妻本应同心共勉，不该动辄发怒，互不相容。采摘萝卜和蔓菁，不能只要叶子不要根。与你至死不分离的誓言犹在耳旁，你怎能轻易就忘掉呢?

> 行道迟迟，中心有违。不远伊迩，薄送我畿。谁谓荼苦，其甘如荠。宴尔新昏，如兄如弟。

——慢腾腾地迈步出门，脚儿移动着心里却不想离去。不求你把我送得太远，送近一点总可以吧？哪知你仅送到房门口。都说苦菜味最苦，我看你品来像荠菜一样甜。你们新婚那么快乐，亲兄亲妹都无法相比啊。

> 泾以渭浊，湜（shí）湜其沚。宴尔新昏，不我屑以。毋逝我梁，毋发我笱（gǒu）。我躬不阅，遑恤我后！

——渭水流入泾河，泾河水浑，泾河水浑，泾河底却是清澈的。

你们新婚那么快乐，却不体谅我痛苦的心情。以后不要到我的鱼坝来，不要再把鱼篓打开。既然现在容不下我，又怎能顾及我以后的事情。

> 就其深矣，方之舟之。就其浅矣，泳之游之。何有何亡，黾勉求之。凡民有丧，匍匐救之。

——想当初，过河水深我就用筏和船，过河水浅我就下去游到对岸。你家中少这没那，我为你尽心来操办。左邻右舍有灾难，我奔走救助从不迟延。

> 不我能慉（xù），反以我为雠（chóu）。既阻我德，贾用不售。昔育恐育鞫（jū），及尔颠覆。既生既育，比予于毒。

——你不爱我，反倒把我当作仇家。我的好心你不理不睬，就像是市场上没人买的货物一样。从前害怕家里贫穷，与你患难与共，一同苦心经营。如今家境好转了，你嫌厌我就像看见毒虫一般。

◀（日）细井徇《诗经名物图》里的荼

我有旨蓄，亦以御冬。宴尔新昏，以我御穷。有洸（guāng）有溃，既诒我肄。不念昔者，伊余来塈。

——备好干菜、腌菜，贮存起来准备过冬。没想到我的积蓄成了你们新婚快乐生活的用品。你大声骂我就如同咆哮的激流一般，喜怒无常，可怜我还得把粗活重活全部承担。不顾念昔日情意，一切的恩爱都变成了一场空。

《诗经·卫风·氓》中的女主人公是另一例，该诗与《谷风》有异曲同工之妙。该诗歌也是以女主人公凄婉的语气，诉说了自己与丈夫从恋爱、结婚到被弃的全过程。女主人公反思婚姻的失败，清醒地认识到，自己并没有什么错，没有触犯所谓的“七出”原则，丈夫遗弃她只是因他“士贰其行”“二三其德”。

换句话说，就是古今屡见不鲜的喜新厌旧：“桑之未落，其叶沃若”；“桑之落矣，其黄而陨”。想当初，自己爱他爱得多么深切：“乘彼垝垣，以望复关。不见复关，泣涕涟涟。既见复关，载笑载言。”自从嫁到他家去，三年里陪着他忍受清贫，不辞劳苦操持着繁重的家务，每天早起晚睡，忙里忙外：“自我徂尔，三岁食贫。”“三岁为妇，靡室劳矣。夙兴夜寐，靡有朝矣。”然而，他的目的一旦达到，就开始对我家暴，兄弟不知我的处境，见了我都会讥笑一番：“言既遂矣，

▲（日）细井徇《诗经名物图》里的桑

至于暴矣。兄弟不知，咥其笑矣。”今天扪心自问，我只能独吞苦果，黯然洒泪。回想年少时欢聚，他总是“言笑晏晏”，恋爱时，海誓山盟，“及尔偕老”。我从未想过他会背叛：“信誓旦旦，不思其反。”可如今不能再想背盟的事了，既已情断义绝那就自便吧：“反是不思，亦已焉哉。”

从这两例可以看出，两个“弃妇”都不是因为有触犯“七出”原则的行为而被逐出家门，而是因为对方喜新厌旧、见异思迁。所以，西周至春秋时期的“七出”原则，可能是作为周礼之外的一种道德信条在起辅助作用，与具体的社会实践活动是两码事。

西周由于文献阙如，出土的金文一般也不记载这类有失礼仪的“丑闻”，我们看不到王公大臣有“出妻”现象，但是在文献逐渐齐备起来的春秋战国时期，王公大臣“出妻”这类事件却俯拾即是，司空见惯。仅以鲁国为例，在文献所见鲁国国君之女嫁为诸侯夫人的九女中，就有四女被夫家所“出”，分别是子叔姬、杞叔姬、炎仔伯姬、齐子叔姬。[24]国君之女尚且如此，其他一般人家就可想而知了。

当然，西周至春秋时期，离婚也不完全都是男方抛弃女方，也有女方主动离夫而去的。

《史记·管晏列传》记载的春秋时期的一个例子更为典型。说的是晏子出任齐国的相国时有次外出，为晏子担任御者（驾车人）的是一位身高八尺的魁伟汉子，御者的妻子在门缝里偷看他的夫君。只见他“拥大盖，策驷马，意气扬扬”，甚为得意。等到丈夫回家以后，妻子说要和他离婚。御者不解，就问为什么。妻子回答说：“晏子身高不满六尺，身相齐国，名显诸侯。我今天看他外出，感觉他深藏志念，非常人可比。你身高八尺，相貌堂堂，却甘愿充当仆役的角色给人驾车，而且是洋洋得意，感觉很满足的样子，所以我要离你而去。”

改嫁是再平常不过的事情

既有离婚，那自然会有改嫁，在整个周代，改嫁是再平常不过的事情了。改嫁后的妇女，那时称作判妻。《周礼·地官司徒》云："凡娶判妻入子者，皆书之。"清代江永云：娶判妻，谓娶人所出之妻。《周礼·地官司徒》的记载说明，周王朝不但不反对离婚后的妇女改嫁，还从增加全社会人口的角度考虑，要求妇女改嫁后登记入册，统一进行管理。因此，周代社会对妇女改嫁是持理解、宽容态度的。

《诗经·邶风·凯风》一般认为就是一首反映子女理解母亲改嫁而叹息自己没有尽到孝心的诗歌。

> 凯风自南，吹彼棘心。棘心夭夭，母氏劬（qú）劳。
> 凯风自南，吹彼棘薪。母氏圣善，我无令人。
> 爰有寒泉，在浚之下。有子七人，母氏劳苦。
> 睍睆（xiàn huàn）黄鸟，载好其音。有子七人，莫慰母心。

——和风自南边吹来，吹拂着酸枣小树的嫩芽。小树的嫩芽还太细嫩，母亲实在太辛劳。和风自南边吹来，吹拂着酸枣树的粗枝条。

母亲明理仁善有美德，我们不成器难以回报。寒泉的水很清凉，它的源头在很深的地方。母亲纵然有七个儿子，但仍然是那么辛苦在操劳。小小黄雀在婉转啼鸣，声音那么悠扬动人心。我们做儿子的虽然有七个，却不能宽慰母亲那颗孤独的心。

《毛诗》认为，《凯风》是赞美孝子的诗，邶地所在的卫国当时流行改嫁之风，诗中的母亲虽然有七个儿子，但并未能给她一个安稳的家庭，此诗是在赞颂这七个儿子能尽其孝道，用理解和自责来安慰母亲："《凯风》，美孝子也。卫之淫风流行，虽有七子之母，犹不能安其室，故美七子能尽其孝道以慰其母心，而成其志尔。"

中国目前所见最早文献几乎看不到西周时期妇女改嫁的具体情况，考古所见西周金文由于大多是炫耀自己和祖先功绩以及歌颂周天子英明一类，像改嫁这种提不上台面的事一般是不予提及。然而，从《左传》《论语》等文献记载来看，春秋时期这类事情却是司空见惯，俯拾即是，显然是延续西周风尚而来。

▶（日）细井徇《诗经名物图》里的棘

我们在此列举春秋时期三个在后世名声赫赫的改嫁妇女的故事予以说明。

第一个著名改嫁者是蔡姬。根据《史记·齐世家》和长沙马王堆三号汉墓出土帛书《春秋事语》记载，齐桓公二十九年（前 657 年），桓公与夫人蔡姬划船游玩。蔡姬是蔡国第 14 任国君蔡穆侯姬肸（xī）的妹妹。蔡姬从小熟习水性，就在船内戏水玩乐。齐桓公是个旱鸭子，害怕她弄翻船连带自己掉下去，就制止蔡姬。蔡姬年轻任性，不听他的，反倒嘻嘻哈哈地更加起劲地颠船逗桓公玩。桓公愤怒不已，离船上岸后，就下令将蔡姬送回了蔡国。蔡姬怀着一肚子的委屈，添油加醋地向她哥哥蔡穆侯诉说了自己的遭遇，认为自己是被齐桓公休了回去，意思是双方已经离了婚。蔡穆侯信以为真，就做主将妹妹嫁给了楚人。齐桓公闻讯大怒：老子只是让你回去反省一下，又没有与你离婚，你就改嫁了别人。老子的脸面往哪里搁？齐桓公于是发动中原联军南下征伐蔡国。蔡国败退后，齐桓公还不解恨，又乘机南下讨伐楚国。

这件事情说明，当时女子离婚改嫁是正常的事情，但如果还没离婚就改嫁，是有违礼制的，对男方而言是一件极为丢脸的事情。

第二个著名改嫁者是息夫人。息夫人是陈国君主陈庄公的女儿，嫁给息国国君息侯后，按照周代出嫁女子只称夫姓和父姓的习俗，被称作息妫。陈国位于今河南周口市淮阳区一带，息国的大致方位在今河南信阳息县一带。

息夫人貌美如花，气质如兰，在当时享有盛名。楚文王听说后，就兴兵灭了息国，俘虏了息侯和息夫人。楚文王没有杀掉息侯，而是让他做了一名守卫城门的兵丁。息夫人闻讯，欲投井自杀，后被人劝阻作罢。为保全息侯的性命，息夫人被迫改嫁了楚文王。

在后来的三年中，息夫人为楚文王生下楚堵敖和熊恽两个儿子。但在这三年之中，息夫人从未主动同别人说过一句话，过得非常郁闷。后来楚文王去世，长子楚堵敖继位。堵敖认为弟弟熊恽是他坐稳王位的潜在隐患，就想杀死熊恽。公元前 672 年，熊恽逃到随国，联合随国支持他的势力，潜回国内，袭杀堵敖，夺取了楚国王位，是为楚成王。

然而，螳螂捕蝉，黄雀在后，楚成王因为年幼，毫无政治经验，结果军政大权落入楚文王弟弟、他的叔叔令尹子元手中。令尹是楚国当时除楚王外最高的官衔，处于一人之下、万人之上，内主国事，外管战争，总揽军政大权于一身。

子元早就对息夫人垂涎三尺，只是苦于没有机会。现在，楚文王一去，楚国的军政大权尽在自己掌握之中，便没了顾忌，竟在息夫人宫室旁边营造了一座豪华房舍，在里面一边摇铃铎，一边跳万舞，意图引诱息夫人投怀送抱。息夫人见此情景，就说："先君让人跳这个舞蹈，是用来演习战备的。现在令尹不用于仇敌而用于一个寡妇，这不是很奇怪吗？"侍者告诉了子元，子元故作醒悟状说："女人都没忘记袭击仇敌，我反倒忘了。"

公元前 664 年，子元变本加厉，不顾礼义廉耻，直接住到王宫，公然调戏息夫人。子元的丑恶行径惹得天怒人怨，出自楚国芈姓家族若敖氏的朝中大臣斗射师找到子元，痛斥他的无道行径，遭子元囚禁。若敖氏一族本就对子元的嚣张跋扈看不惯，一直在隐忍，子元现在不但做出有辱尊卑伦常之事，还囚禁了谏阻的斗射师，是可忍，孰不可忍？若敖氏当机立断，派申公斗班率众闯入宫中，杀死了子元。持续 8

▲ 明代张纪《人面桃花图》

年的子元之乱才得以平息。从此息夫人隐居深宫，不问政事。

息夫人的这些故事分别记载在《左传》《史记》《列女传》等古籍中。息夫人被迫改嫁但不忘旧情，以一己之力保全了息侯的生命，在后夫楚文王死后又能抵住强权和诱惑，守身如玉，所以息夫人的传奇故事流传极广。后人感于此，特意在山麓建祠，四时奉祀，称其为“桃花夫人庙”，又称桃花庙。桃花庙至今仍为湖北省武汉市的名胜之一。

唐代诗人王维途经武汉时，曾到庙中凭吊，题诗《息夫人》：

莫以今时宠，难忘旧日恩。
看花满眼泪，不共楚王言。

第三个著名改嫁者是在后世臭名昭著的夏姬。她的故事主要记载于《左传》《国语》《穀梁传》《列女传》《史记》《资治通鉴》等史籍中。

夏姬是春秋时期郑穆公的女儿，相貌俊美，风流成性。《列女传》说她：“其状美好无匹，内挟伎术，盖老而复壮者。”因而能与多位诸侯、大夫勾搭成奸，并由此引出“杀”三夫一君一子，亡一国并祸及众多无辜等一系列祸国殃民的历史大事件，可谓名副其实的春秋列国

“第一女杀手”。

夏姬的第一任丈夫是陈国大夫、陈宣公之孙夏御叔，生有一子叫夏徵舒。夏御叔在夏徵舒 12 岁时病亡，这给夏姬提供了“表演”的舞台。彼时的夏姬虽然年过三十，却显得越发漂亮，史籍形容她是云鬟（huán）雾鬓，剪水秋眸，肌肤胜雪。没过多久，她就先后勾搭上大臣孔宁和仪行父。这两人偷尝腥味后，觉得妙不可言，就将夏姬“举荐”给了陈国的国君陈灵公。

陈灵公本就是个荒淫成性的无道昏君，听说夏姬是个难得的人间尤物，便立即把夏姬召来。这样过了几年，已经长大成人的夏徵舒精心准备后，在陈灵公与孔宁、仪行父一次宴饮时，射杀了陈灵公。孔宁、仪行父乘混乱逃亡楚国，又凭借一番花言巧语说动楚文王出兵。楚师攻取陈都，杀死夏徵舒，并掳走夏姬。因为手下大将连尹襄老的夫人刚死不久，楚文王就将夏姬赐给了连尹襄老，连尹襄老就成了夏姬的第二任丈夫。可惜，连尹襄老也是个短命鬼，婚后没几年就战死在了沙场。

连尹襄老死后，他的儿子黑要顺手就把老爸的老婆占为己有。黑要成为夏姬的第三任丈夫。巫臣在楚国位极人臣，早就对夏姬垂涎三尺，只是苦于没有机会。连尹襄老的死亡让巫臣看到了良机。巫臣很快就将夏姬勾上手，并郑重承诺，要明媒正娶她。夏姬感动得稀里哗啦的。二人知道在楚国成婚不可能，就决定“私奔”。夏姬依照巫臣的计划，请求楚王让她返回郑国娘家——她要借助郑晋两国的友好关系，寻回亡夫连尹襄老的遗体。夏姬返回郑国后，巫臣就利用一次出使齐国的机会，直接奔往郑国，将原来准备带给齐国的礼物作为聘礼，娶走了夏姬。之后，巫臣又带上夏姬“私奔”到晋国，受到晋君的重用，封为邢大夫。

巫臣没料到，他为夏姬抛掉了在楚国的一切荣华富贵，但他在楚国的政敌对他还是不依不饶，他留在楚国的族人被一举灭掉，甚至连与夏姬有关的黑要一族也遭遇了灭顶之灾。

从上述事例可以看出，西周至春秋战国时期，寡妇改嫁在王公贵族中都是稀松平常的事情，平民百姓当然就更不在话下了。那个时候，国家还出面撮合鳏、寡结为夫妻，并赏给他们田地和宅院，三年以后才派分劳役，《管子・入国》称之为“合独”：“所谓合独者，凡国都皆有掌媒；丈夫无妻曰鳏，妇人无夫曰寡，取鳏寡而合和之，予田宅而家室之，三年然后事之，此之谓合独。”换言之，女人改嫁是合情、合理、合法的事情。

当然，某种社会现象的出现总会引来不同意见，《礼记》云：“一与之齐，终身不改，故夫死不嫁。”一般认为，这只是战国时期儒家的主张，乃后世套在妇女身上“三从四德”观念的缘起，并非西周时期的历史事实。

注 释

1. 沈长云:《西周人口蠡测》,《中国社会经济史研究》1987 年第 1 期；庞卓恒:《关于西周的劳动生产方式、生产率和人口估测》,《天津师范大学学报》1998 年第 5 期。

2. 李琳之:《何以华夏：从传说时代到西周》，研究出版社 2024 年版。

3. 马国福:《探寻颛顼时代的法制文明》(下),《河南法制报》2018 年 4 月 19 日。

4. 佚名:《晋祠圣母殿里的女主人——邑姜》，山西聚焦传媒网站 2023 年 2 月 20 日。

5、9. 林晓燕:《西周春秋时期的女性、联姻与政治格局演进研究》，中国社会科学出版社 2021 年版，第 149～151 页。

6. 李琳之:《晚夏殷商八百年》，研究出版社 2022 年版。

7、8. 谢尧亭:《晋国兴亡六百年》，三晋出版社 2019 年版，第 60～67 页。

9. 佚名:《每日一学 | 诗经第 57 首:〈国风・卫风・硕人〉》，聊城市数字图书馆 2020 年 11 月 6 日。

10. 闻一多著，李定凯编:《诗经研究——闻一多学术文钞》，巴蜀书社 2002 年版。

11. 李琳之:《"倗国" 是何方神圣？》,《史无记载：考古发现的中国史》，研究出版社 2024 年版。

12. 山西省考古研究所等:《山西绛县横水西周墓发掘简报》,《文物》2006 年第 8 期。

13、14. 贾海生、袁茵:《倗国君臣作器祭祀祖考而使夫人摄祭的原因》,《中原文化研究》2021 年第 4 期。

15. 齐思和:《中国史探研》，中华书局 1981 年版；张筱衡:《〈散盘〉考释》,《人文杂志》1958 年第 3、第 4 期。

16. 陕西省考古研究院等:《梁带村芮国墓地——2007 年度发掘报告》，文物出版社 2010 年版；陕西省考古研究院等:《陕西澄城县刘家洼东周芮国遗址》,《考古》2019 年第 7 期；陕西省考古研究院等:《陕西澄城刘家洼芮国遗址东Ⅰ区墓地 M6

发掘简报》,《考古与文物》2019 年第 2 期。

17. 李琳之:《霸国的秘密》,《史无记载:考古发现的中国史》,研究出版社 2024 年版。

18. 丛文俊:《吉金夜话(十)· 县簋》,《艺术品》2018 年第 10 期。

19. 杨涛:《西周及春秋时期媵婚制度下的女性》,《大众考古》2018 年第 3 期。

20. 李零:《中国早期的妇女用品:首饰盒、化妆盒和香盒》,《文博山西》2021 年 1 月 20 日。

21. 张丹:《应国媵器及联姻关系研究》,《考古与文物研究》2019 年第 6 期。

22. 山西省考古研究所等:《山西绛县横水西周墓地 M2158 发掘简报》,《考古》2019 年第 1 期;黄益飞:《天子嫁女与同姓主婚——略论山西绛县横水墓地 M2158 所出媵器》,《考古》2022 年第 5 期。

23. 邓启华:《招婿 · 赘婿 · 弃夫——〈诗经〉赘婚诗刍议》,《思茅师范高等专科学校学报》2009 年第 5 期。

24. 张航:《浅议西周春秋女性的离婚与再嫁》,《黑龙江史志》2013 年第 22 期。

七

丧葬

蹦跳哀号的丧仪场景（一）

人们为死者举行的告别之礼就是丧葬礼。周人特别重视丧葬礼，《荀子·礼论》云：“礼者，谨于治生死者也。生，人之始也；死，人之终也。终始俱善，人道毕矣。故君子敬始而慎终，终始如一，是君子之道，礼义之文也。”丧葬礼可以分为丧礼和葬礼前后两部分。

丧礼是对死者哀悼的一种礼仪，是按照活人的情形来装饰死者，模仿他的生前来为他送别：“丧礼者，以生者饰死者也。”其要义在于“明死生之义，送以哀敬而终周藏也。故葬埋，敬藏其形也；祭祀，敬事其神也；其铭、诔、系世，敬传其名也。事生，饰始也；送死，饰终也；终始具，而孝子之事毕，圣人之道备矣”（《荀子·礼论》。它是用来彰显生死的意义的，是用悲哀恭敬的心情送别死者，最终把死者周全地埋葬。而埋葬是为了更好地掩藏死者的躯体，祭祀是为了恭敬地侍奉死者的灵魂，那些铭文悼词、家谱世系，是为了恭敬地传颂他的名声。侍奉生者，是纪念生命的开始；送别死者，是表示生命的终结。人的生命的开始和终结都侍奉好了，那么孝子应该尽的义务就算完成了，这样也就具备成为圣人的条件了。所以，“以凶礼哀邦国之忧，以丧礼哀死亡”（《周礼·春官宗伯》）。

丧礼强调的是对个体生命的尊重，肯定的是个体生命的价值，可以看作是对个体生命一生的总结，体现的是西周社会“事死如事生”的人本主义观念，同时丧礼的规格也体现了当时社会的等级秩序以及死者生前的社会地位和身份。惟其如此，丧礼才成为周代吉、凶、军、宾、嘉“五礼”之一。凶礼是哀悯、吊唁忧患之礼，狭义上就是指丧礼。先秦文献关于丧礼的记载，不仅多且详细、周全，主要见于《仪礼》《礼记》《周礼》等，另外在《论语》《荀子》等古籍中也有不少相关的记载。

丧礼和葬礼是古礼中最为繁缛的礼节，也是周礼中最为重要的礼仪之一，文献对它的记载大都不惜笔墨、不吝篇幅。如《仪礼》对丧葬的记载就有《士丧礼》《丧服》《既夕礼》《士虞礼》四篇，而《礼记》中则有《曲礼》《檀弓》《丧服四制》《丧服小记》《奔丧》《问丧》《服问》《间传》《三年问》《杂记》《曾子问》，共计 11 篇之多，占到了全书篇幅的 25% 强。

根据上述文献记载，我们大致可以将整个丧礼议程分为对死者临死时的挽救、始死时的检测，以及死后的一日准备、二日小殓、三日大殓、停殡、成服等几个环节。

对死者死前的挽救可看作是丧仪的前奏。病人临死前，要把病人居住的房间打扫干净，撤去乐器，将病人头朝东移至寝室北墙根躺下，这叫“东首”。因为东面向阳，可以聚焦阳气，帮助临死之人生命力的提升。如果这样做没什么效果，就要撤去床，把病人从床上抬下来放到地上，这叫“废床”。因为万物始生自大地，是大地给了万物生命，将人放到地上，是希望大地能给病人注入新的活力。

病人到了垂危之际，要脱下病人的旧衣服，换上一套新装。此时，家中的男女老少也都要统一换上新衣，恭候在病人身边，检测病人是否死亡。具体方法是，将一缕丝绵絮放到病人的口鼻上，看病人是否已经停止呼吸，确定病人是否已经死亡，这叫“属纩（kuàng）”。

招魂，周人称之为“复”。如果确定病人已经死亡，就要立刻给死者招魂。古人认为，活人都有灵魂，人死了就是灵魂脱离了人的躯体。招魂就是要将脱壳而去的灵魂招引回来。招魂一般由掌管占卜、祭祀一类事务的小臣负责。特殊情况下也有例外，譬如，倘若死者封地中有山林，就由主宰林麓的官员为死者招魂；封地中没有山林的，则由下级乐官为其招魂。另外，民间可能会用女巫、男觋（xí）为死者招魂。

▲ 湖南省博物馆藏战国楚墓帛画《龙凤仕女（招魂）图》

招魂者不能随便穿衣而需穿朝服，具体服饰根据死者的身份有所不同：为国君招魂要用衮服（君王等王公贵族在祭天地、宗庙等重大庆典活动时穿戴的正式服装），为国君夫人招魂用屈狄（古代王后以及有封号的贵族妇女所穿的一种命服），为大夫招魂要用玄赪（chēng，卿大夫穿的一种礼服），为大夫之妻（世妇）招魂要用襢（zhàn）衣（古代有封号的贵族妇女所穿的一种礼服），为士招魂要用爵弁服（士人助君祭及婚礼迎亲等时所穿之服），为士之妻招魂要用税衣（有赤色边缘装饰的黑衣）。

尽管招魂者的人选有所不同，但在招魂具体步骤上基本一致。招魂者要将死者的上衣和下裳连在一起，搭在自己的左肩上，再将交领塞在自己的口袋内，然后从房屋东边搭梯登上房顶，走至屋脊正中位置立定，面朝北挥动死者的衣裳，同时嘴里喊着："某某某回来吧！"连喊三遍后，招魂者把衣裳扔下去，由他的助手在下面用一只箱子接住，然后从东阶进入堂内，把衣裳覆盖在死者身上，表示离去的魂魄又回到了死者躯体内。招魂者至此就算完成了为死者招魂的任务，随之从房屋北面西侧屋檐翘起的地方下到地面。

整个招魂过程，都伴有亲人的哭声。《礼记·问丧》记载，在父亲或母亲刚去世的时候，孝子要除掉冠饰，只留发笄和包髻的网巾，赤脚，把深衣前襟的下摆反系在腰里，两手交叉拊心而哭："亲始死，鸡斯徒跣（xiǎn），扱（xī）上衽（rèn），交手哭。"孝子悲伤的心情、消极的意念，伤及肾脏，摧裂肝脏，灼焦心肺，一点汤水也喝不下，家中三天不生火做饭，所以邻居一般要煮点稀粥给他吃。

"夫悲哀在中，故形变于外也，痛疾在心，故口不甘味，身不安美也。"（《礼记·问丧》）心中有悲哀，形体、脸容变得枯槁、憔悴，心中有伤痛，嘴里吃饭没滋味，身上穿戴也不自在。

招魂的目的是给死者一定的时间，看会不会发生死而复生的奇迹，以免草草入殓下葬，实际上也是对死者亲人不能接受死者猝然离世的一个缓冲。

招魂后，死者没有复苏的迹象，那自然就是真正死亡了。但"死"只是针对庶民来说的，贵族死了，不能叫死，要根据级别赋予不同的称谓。天子死，称"驾崩"；诸侯死，称"薨（hōng）"；卿大夫死，称"卒"；士死，称"不禄"。只有庶民死，才能叫"死"。

蹦跳哀号的丧仪场景（二）

招魂后确认死者真正死了，就进入了处置死者尸体的环节："唯哭先复，复而后行死事。"（《礼记·丧大记》）所谓的"死事"包括楔齿、缀足、设奠、建旗、掘坎、袭事、沐浴、饭含等程序，这些程序大多是同步进行，需要在一日之内完成，所以有人称之为"一日准备"。

"一日准备"首先要做的工作是楔齿，就是用角质的匙插到死者的上下牙齿之间，防止死者牙齿紧闭，为后续工作做准备。

缀足，是用燕几压住死者双脚，以免变形，为后续给死者穿鞋做准备。《仪礼·士丧礼》说："缀足用燕几。"燕几是古人最早倚凭用的一种小几："燕，安也。当在燕寝之内，常冯之以安体也。"（《仪礼注疏·士丧礼》）

设奠，是在堂上用帷幕围隔尸体，陈设祭品，举行仪式向死者致祭。亲人在死者帷幕前大声哭丧的时候，主事者要分出两拨人，分别向国君和亲友报丧。国君会派士一级的贵族前往吊唁，并送去助丧的衣被。亲友得知消息后，也会在第一时间送去助丧的衣被。

设奠的同时，还要为死者建旗，就是设立旌铭，亦称铭旌，就是

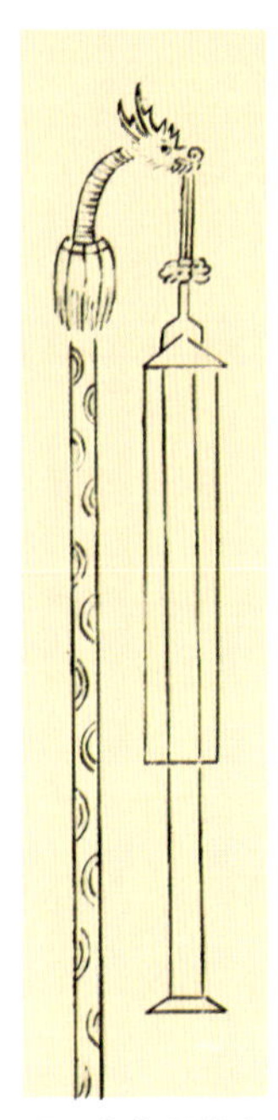
▲ 宋代聂崇义《新定三礼图》中的铭旌

写有死者姓名、爵位、官衔的旗幡。《周礼注疏·小祝》云："铭，明旌也。以死者为不可别，故以其旗识之。"周代的铭旌一般是用长1尺的黑布，下缀长2尺宽3寸的红布制成。红色布上要写上死者的姓名："某氏某人之柩。"铭旌要用3尺长的竹竿挑起来，挂在屋檐下、西阶之上的地方。

掘坎，是在两阶之间稍偏西的地方挖个坑，同时在中庭的西墙下用土块垒灶以供参与丧事的亲朋好友吃饭，灶面向东。灶上所用器具如盆、盘、瓶要用新的，还要洗干净，放在西阶下备用。

袭事，就是在东房中陈放预备给死者所穿的衣服等物。按古人的说法，人死后就进入阴间，与活人所在的阳间方位正好相反，阴间的上位为南、西，所以陈放死者要穿的衣服时，衣领要朝西，不能弯曲，表示逝者将进入西方极乐世界："陈袭事于房中，西领，南上，不绮（qiàn）。"（《仪礼·士丧礼》）"绮"是一种染草。"不绮"就是不用染色的意思。

死者要穿的衣服一共有四套，包括内衣一套，正装三套。内衣必须用做帷幕的布制作。正装三套，一套是生前戴爵弁时穿的上衣和纁色的下裳，一套是戴皮弁时穿的衣服，还有一套是镶有红边的黑色礼服。

还需要给死者准备用来固定头发的笄、盖在死者面部的布巾和包裹死者额头的练帛、塞在两耳里的白色丝绵、套在死者手上的布套、戴在拇指上的扳指和装殓尸体用的尸套等。尸套，周人谓之"冒"。

上述器物在颜色、尺寸等方面的要求各不相同，如用来固定头发的笄要用桑木制成，长 4 寸，绕于髻之中央。覆在死者面部的布巾，外表要求黑色，里子要求红色，中间需要填入绵絮，四角还得有打结用的绳带。包裹死者额头的练帛长 4 尺，宽 2 尺，末端撕开以打结。套在死者手上的布套，外表要求黑色，里子则要用缯色，中间和端头同覆盖在死者面部的布巾要求一样。尸套准备上下身各一件，上身的尸套要求黑色，长度与死者的双手对齐。下身要求红色，宽度比上身要略窄。给尸体套尸套时，须先从死者的脚部往上套下身，然后再从头部往下套上身。

三套正装的外面都要求用黑色的缯带系束，脚上要穿浅红色的皮袜。手板是竹制的。人间有春夏秋冬，阴间自然也有四季轮回，所以死者如果死在夏天，就穿白色的葛屦；如果死在冬天，就穿白色的皮屦。但不管是夏天穿的葛屦，还是冬天穿的皮屦，上面的圆丝带和镶边等饰物都要求是黑色的。屦带系于屦后跟。

盖在死者面部的布巾和包裹死者额头的练帛，后来逐渐演变为缀玉面罩，亦称缀玉幎（mì）目，俗称“玉覆面”“玉面罩”。其具体制作步骤是，先将玉制成人的五官形状，随之缝缀于方形的丝织品上，最后覆盖到死者的脸上。缀玉面罩在山西临汾晋侯墓中和河南三门峡虢国国君墓中均有发现。我们以 1990 年出土于虢国国君虢仲墓中的缀玉面罩做个简单说明。

虢仲墓中的缀玉面罩是一套玉饰组合，出土时散落在墓主人的头部，由 12 件酷似男人面部器官形状的玉饰和 14 件三叉形薄玉片组合联缀而成。考古工作者根据出土情况对幎目的组合形式进行了复原：代表人面器官的玉饰摆放在中部，其中象征眼、口的玉器是专门为死者制作的，其余都是用人间流行的其他玉饰所代替。面罩外围以三叉

▲ 虢国博物馆复原后的虢仲墓中缀玉面罩

形薄玉片环绕。面部所用玉饰12件分别代表的是额、眉、眼、耳、鼻、胡、口和下颚。面部外侧轮廓所用14件玉片，在玉质、形状等方面大同小异，均为青玉。整体作三叉形片状，下端有短榫，榫上凿有微小穿孔。正面有的是素面，有的有饰纹。[1]

缀玉幎目的出现与周代流行“金玉在九窍，则死人为之不朽”(《抱朴子·对俗》)的思想观念有关。这一习俗到西汉时发展到登峰造极的地步，出现了金缕玉衣、银缕玉衣、铜缕玉衣和丝缕玉衣。直至曹魏时期，魏文帝明令禁止用“珠襦（rú）玉匣”(《西京杂记》)，所谓的金缕玉衣等才从此消失。

除此以外，还要准备以下器物，一是两件竹器，一件盛放三枚贝壳，另一件盛放用粗葛布制成的一条洗头巾和两条浴身巾；二是一只竹筐，里面盛放一豆稻米；三是一只筹筐，里面盛放梳子；四是一只箱子，里面盛放死者浴后要穿的衣服。这些物品都依照从南向北的次序，陈放在西墙之下。

当然，给死者预备的衣物远不止这些，亲朋好友赠送的还有很多，不过死者是没法一下都穿上的，那就不必再穿了，依次陈列在东房中，留待以后随葬给死者，让他在阴间换穿。

沐浴，就是为死者洗澡，象征内心洁净虔诚，以示对神灵的肃敬。给尸体沐浴的水要用淘米水。汲水、淘米都有专职人员负责。沐浴时，丧主需要出门暂避。丧主是主持丧事之人，一般为死者的嫡长子。没有嫡长子，则以嫡长孙充任。若当家无丧主，则依次以五服内亲、邻家、里尹来担任。

为死者沐浴的人一般是其生前的仆人，具体步骤是洗头，梳头，擦头，洗身，洗脚，然后擦干。为死者沐浴后的水就倒在上述两阶之间稍偏西地方所挖那个坑中。

接下来就是为死者剪指甲和整理胡须，用丝带束发后插上笄，并给死者穿上贴身的衣裳。这一切工作完成后，丧主回到房间开始下一个步骤：饭含。

饭含，就是把珠、玉、谷物或海贝放入死者口中。丧主须绕至死者西边，面朝东坐在床上，然后用左手取米，放入死者口中右部，连放三次，再放一枚贝。然后在死者口中左部放同样的物品，进行同样的程序。这时死者的口中可能仍然不满，那就要再往嘴里放米，直至填满为止。

▲ 虢国墓地虢国太子墓出土的海贝

为什么要为死者饭含？《白虎通义·崩薨》云："所以有饭含何？

缘生食，今死，不欲虚其口，故含。用珠宝物何也？有益死者形体。”但这只是表面上的原因，深层次的原因还与古人迷信有关，就是说，含珠宝是为了死者在阴间有钱花，含米则是为了让死者有足够的粮食吃。

周代的封建等级极为严格，人即使死了也得讲等级，不能混淆不做区分，“故天子饭以玉，诸侯以珠，大夫以米，士以贝也。”（《白虎通义・崩薨》）贝即海贝，在商周时期用作流通货币，就是我们现在说的钱币。

至此，“一日准备”工作就算大功告成。

蹦跳哀号的丧仪场景（三）

“二日小殓”，就是第二天为死者整理尸身、迁尸等。这与后世某些地方将死者装进棺材但不封盖的所谓小殓有所不同。为死者穿戴衣饰，包括为尸裹头，用玉瑱塞耳，用幎布覆脸，给尸穿鞋，然后给尸体穿上爵弁服、皮弁服和褖（tuàn）衣三套正装。再给右手大拇指套上指套。死者两手不能空，要各持“握手”，并用“握手”丝带将其联结于臂腕，在手背上打好结。“握手”就是死者手里所要握的玉器等一类珍贵物品，意味着死了也要攥住权力和财富。

▲ 虢国墓地虢孟姞墓出土的龙纹玉握

手腕也不能空着，需戴上名为“决”和“拾”的两种饰品。然后再给尸体系上赤黄色的蔽膝。腰部系缁带，把笏板插进腰带的右侧。

下一步就是用尸套将尸身上下套起来，将准备大殓用的衾被覆盖在上面，再将先前所用的布巾、浴巾、修剪下来的乱发和指甲等，统统埋于前述在两阶之间所挖的那个坑中。

等迁移尸体的工作全部准备好以后，丧主需面西抚尸顿足痛哭，丧主的妻子则要面东顿足痛哭。随后丧主摘下冠，挽上丧巾。丧主用麻挽发，他的庶兄弟们用布束发，继续低首哭号。这时，几个士在家里男人和妇人们帮助下，抬着尸体，从室中移出安放于堂上。尸体安放妥当，丧主下堂，向来宾行跪拜礼。

“二日小殓”是针对士这个贵族最低阶层来说的，其他不同级别的贵族，小敛的具体日期也不相同，诸侯一般是五天，天子是七天。之所以有如此规定，是因为死者的身份越尊贵，需要准备的东西越多，等待小殓的时间也就越长。

至于小殓的具体时辰，周代与夏商两代不同，夏人崇尚黑色，入殓是在天黑时进行；商人崇尚白色，入殓是在日中进行；而周人崇尚赤色，入殓是在清晨日出时进行：“夏后氏尚黑，大事敛用昏……殷人尚白，大事敛用日中……周人尚赤，大事敛用日出。”（《礼记・檀弓》）

“三日大殓”，是指在第三天举行将尸体迁进棺材的礼仪。“在床曰尸，在棺曰柩。”（《礼记・问丧》）死人在床上称尸，放入棺材后称柩。现在人们常说“大殓入殡”，但大殓和入殡在周礼中不是一个概念，也不是后世所谓把死者装进棺材的意思。大殓在周代是指人死后第三天入殡前陈放殓尸用品等准备工作和亲友哭别的过程。入殡才是将死者装进棺材的意思。我们现在常说的“出殡”，就是指抬着棺材下葬，所以很多人误以为殡就是指下葬，其实不然，殡的本义是指停棺待葬。

大殓时，堂上要设帷幕，妇人们面朝东站在尸体西侧，丧主和亲属从西阶上堂，绕过死者的脚，面朝西，袒露左臂，站在死者东侧。铺席的、抬尸的、做祈祷的等现场人员都有自己特定的位置。祭祀时主持祝告礼仪的“祝”依次在席上陈放殓尸用品。士将尸体抬到设于东阶的大殓席上之后，回归原位站立。在这一过程中，丧主自始至终都要不间断地大声号哭。

大殓完毕撤去帷幕，丧主和他的妻子要抚尸痛哭。随后，丧主在相关人员帮助下，捧着尸体轻轻放进棺材，在号哭声中盖上棺盖。接下来，丧主下堂拜见迟来的大夫，随之再上堂查看棺材。

棺材四面要先各放一筐炒熟的黍稷，然后盖棺，再涂泥封棺。这时，祝要将预备好的标志死者身份的铭旌挂在棺材所在坎穴的东侧。随后，丧主要回到东阶下位，穿好左袖，顿足而哭。

棺材分为棺和椁内外两重，所以又叫棺椁。庶民百姓一般只用棺，贵族用棺、椁。椁，通俗点说，就是套在内棺上的外棺。西周时用棺也有严格的制度，天子棺椁四重，王后和公、侯、伯、子、男皆用三重，大夫二重。士不重，但用大棺。说形象一点，棺材就是死者在阴间的住宅、居室。按照“事死如事生”的原则，家人还得给死者“装修房子”，这就是所谓的“棺饰”。西周时期，“棺饰”已经有了一套固定的形制，就是用褚、荒帷（亦称帷荒）、柳、齐、池、贝、鱼等作为装饰物。

褚是直接覆盖于棺木之上的一种类似幄帐或屋形的织物，俗称棺衣；荒帷是用布帛制成的外层棺罩；柳是罩在棺上的尖顶木质框架。齐、池、贝、鱼等都是固定在柳上的饰物，与柳一起构成了效仿活人居住宫室的简易建筑。荒帷缝合在柳上，象征宫室帷幕；池挂于柳骨上，象征宫室屋檐下的承霤（liù）；齐固定于荒帷顶上，象征华盖；鱼悬挂于池下，象征宫室建筑下防火避水的鱼和水草饰件。

▲ 虢国墓地出土的棺饰物：陶珠、石贝、铜鱼和铜铃

接下来一步是为死者设祭席，具体位置是在室内西南角，面朝东。

在大殓入殡整个过程中，只要是移动尸体或灵柩，孝子就要哭泣跺脚，没有次数规定，尽哀而止。悲伤的心情，痛苦的意念，不免使得孝子们心中烦闷，血气郁积，所以要脱衣露臂，跺脚蹦跳，“袒而踊之”，用这种方式来活动肢体，平定心情，清除郁积之气。妇女不适合袒衣露体，“故发胸、击心、爵踊，殷殷田田，如坏墙然，悲哀痛疾之至也”，所以就敞开衣领，以手捶胸，双脚跺地，“乒乒乓乓”像筑墙一样，悲伤哀痛到极点了。故曰：“辟踊哭泣，哀以送之。”捶胸跺脚，痛哭流涕，是以送别死者，目的是“送形而往，迎精而反也”。送走的是死者的形骸，迎回的是他的灵魂。

为什么大殓要在死者殡天后第三日举行？《礼记·问丧》的回答是，孝子在亲人刚去世时，心中悲痛、哀伤、忧闷，伏在尸身上痛哭不止，好像亲人还能复活似的，怎么可以从他手里将亲人抢走装殓入棺呢？ 三天以后装殓，是等待死者复活。过了三天而没复活，也就没有了复活的指望，孝子盼望亲人复活的信心也就大为减弱。而且过了三天，家中备办丧事、制作孝服等工作也完成了，在远方的亲属也可以赶到家了，所以圣人以三天后入殓作为礼制：

> 孝子亲死，悲哀志懑，故匍匐而哭之，若将复生然，安可得夺而敛之也？故曰：三日而后敛者，以俟其生也。三日而不生，亦不生矣，孝子之心亦益衰矣。家室之计，衣服之具，亦可以成矣；亲戚之远者，亦可以至矣。是故圣人为之断决，以三日为之礼制也。

大殓之日，丧主及亲属开始正式服丧，按照亲疏远近穿起不同的丧服，这就是周礼中的“三日成服”。大殓之后，孝子们结束无数次蹦跳跺脚——“踊无算”哭号的礼仪程序，而变为“朝夕哭奠”“朔月奠”及“荐新奠”这样新的礼仪形式。

“朝夕哭奠”，是指每天早晚家人都要到死者灵前哭泣祭奠。具体礼节也有详细规定。女的在堂上就位，面朝西，从南向北排列，以南为上；男的在殡宫门外就位，面朝西，从北向南排，以北为上；有亲缘关系的异姓兄弟接着往南排，以南为上；接着是宾客，也是以北为上；诸公等在外门东侧，面朝北排立，以西为上；异国有爵位者在外门西侧，面朝北排立，以东为上；士则站在西边，面朝东排立，以北为上。

丧主在门外东侧打开殡宫之门，女人们用手捶胸表示悲痛，但无需哭泣。主人向宾客行拜礼，对每位宾客都要拜上三次。全部拜完，右转进入庙门而哭。此时，女人们要顿足大哭。哭完，主人在堂下对着堂上东厢房，面西而立。众兄弟各就其位，大夫在丧主南侧，诸公在门东，异国卿大夫在门西。凡是有爵位的来宾，丧主都要一一上前行拜礼。

下一步就是设朝奠的议程。先撤去大殓奠，祝和执事们进入室中，像设大殓奠那样，将祭奠物品摆设在室中死者的神位前。祭品摆完，执事们先出去，祝熄灭火烛也走出去，并将门关上。此时，所有孝服在身的男女老少都踩脚大声而哭。宾客出门时，丧主停止哭泣，拜而送宾出庙门。在丧主出来那一刻，女人们不但要哭，而且还要蹦跳着大哭，宾客出庙门后停止。接着，孝子们和管事人员也出庙而去，庙门关闭。丧主和众孝子（妇）各自回到自己临时的丧居休息。

“朔月奠”，是每月初一为死者举行的祭奠仪式。因为按照古礼，士三月而葬，大夫、诸侯、天子的停殡待葬时间更长，所以才会有“朔月奠”。“朔”乃月初之名。

▲ 根据陕西韩城梁带村芮国墓地发掘资料复原的棺饰[2]

“荐新奠”，是指在大殓后至葬前这段停棺待葬的时间里，在五谷和时鲜果物新出时所举行的奠礼。“荐新奠”没有时间限制，时蔬鲜果新上市，随时可奠。

大殓以后停棺待葬的时间是漫长的，天子是“七月而葬”，诸侯是“五月而葬”，大夫、士、庶人是“三月而葬”（《礼记・王制》）。

为什么停留这么长时间？一般认为，死者入棺后，生者亲属痛不欲生，总希望自己的亲人能在自己的身边多逗留一些时间，同时也是为了缓解阴阳相隔这种无法言表的悲痛，让生者逐渐接受死者已逝的事实，这就需要一个漫长的过程。

当然，从实际情况来看，亲人去世对于生者而言，也未必那么痛不欲生，生者完全可以理性地面对这一事实。真正的原因恐怕还在于周王朝治理国家实施的“尊尊”“亲亲”礼制，那是一种站在政治立场上的道德绑架，因为漫长的停棺待葬实际上是在约束和鼓励卑贱者对死者尽最后的孝心和忠心，进而言之，是在宣扬和增强尊者、亲者的权威和地位。如此家国同构，儿子尽孝，臣子尽忠，大周王朝便可万世不倒，与日月同辉。

盛大的葬礼

葬礼是周代丧葬礼的一个重要组成部分，相比于丧礼，葬礼更为隆重、盛大。那么葬是什么意思?《礼记正义·檀弓》云:“葬也者，藏也。藏也者，欲人之弗得见也。”葬就是藏，就是不让人看到。“是故衣足以饰身，棺周于衣，椁周于棺，土周于椁。”所以，死者在埋葬的时候，先用足够的衣服遮掩身体，再在衣服四周封以棺木，棺木四周封以棺椁，棺椁四周封以土壤。这样严严实实，就达到了埋葬（藏）的目的。

可能因为埋葬死者的目的是埋藏尸体，不让人看到，甚至不让外人知晓——毕竟墓内随葬有大量的珠宝，所以春秋以前的墓是不堆封土，也不种植树木的，就是所谓的墓而不坟，正如《易经·系辞下》所言:“古之葬者……葬之中野，不封不树。”

《礼记·檀弓》记载，孔子将父母合葬后说，我知道古人墓而不坟，但因为我东西南北行止不定，所以不能不留下标识，于是他就在父母合葬之墓上堆了四尺高的封土:“孔子既得合葬于防，曰:‘吾闻之:古也墓而不坟。今丘也，东西南北人也，不可以弗识也。’于是封之，崇四尺。”一般认为，这就是后世所谓坟头的滥觞。

根据《仪礼》《周礼》《礼记》等文献记载和考古发现，西周葬礼整个流程可以分为筮宅、卜日、朝庙、赠赗（fèng）、设奠、撤器、出殡、埋葬、返哭等环节。

筮宅，就是用占筮的方法确定墓地的具体位置。因为周王朝有公墓和邦墓之分。公墓是王族的墓地，邦墓是普通贵族和平民的墓地，但公墓和邦墓都设在同一个区域。目前虽然尚未发现周王室的墓地，但西周诸侯的墓地已发掘了不少，诸如晋国、燕国、虢国、芮国、曾国等。在这些墓地中，诸侯墓葬和平民墓葬并没有完全隔开，有的虽然设置了一条界沟，如虢国，但总体来说，还在一块土地当中。只有晋侯墓地远离普通贵族和平民的墓区，是唯一的例外。就此而言，西周人死后，墓地的范围大体早就划定好了，所谓的筮宅也就是占卜具体的埋葬地点而已。

卜日，是指通过占卜，确定死者下葬的具体日期。这一环节需要在棺椁打造完成以后才可以进行。占卜时，族长要亲自出席卜日仪式，并代丧主命卜求兆：“哀子某，来日某，卜葬其父某甫。考降，无有近悔？”掌管宗庙祭祀的宗人闻命应诺，占卜，看卦象而回答：“占曰：某日从。”（《仪礼·士丧礼》）宗人将占卜结果告知众人，丧主和家人随即到灵前号哭，然后拜送宾客。

朝庙，即启殡朝庙。死者家属将棺柩从殡宫中抬出，迁入祖庙。先秦时期，人们遇事出行都要向祖先告别，人死后也要像生前告别宗庙一样向祖先行禀告之礼。这个环节在后世演变为告庙，至今还盛行于某些山区农村。

赠赗，即公宾赠赗，是公卿士大夫派使者前来赠送助葬物的意思。

赠送的车马等器物称为赗，赠送的财物称为赙（fù），赠送的衣服称为禭，赠送的享乐之物称为赠，赠送的供死者含在嘴中的珠玉贝壳称为含。赗和赙是帮助死者家属的，禭和含是送给死者的："货财曰赙，舆马曰赗，衣服曰禭，玩好曰赠，玉贝曰含。赙、赗，所以佐生也；赠、禭，所以送死也。"（《荀子·大略》）

设奠，即设葬奠，这项议程需要在出殡当天黎明开始，要在庙门外设五鼎，礼节同大殓奠时一样。设奠完毕，相关人员将棺柩抬放至马车上，这种车子就是我们现在说的灵车，亦称柩车、丧车、柳车。

柳车之得名，是因为棺饰多以柳木为架构之材，乃聚合各种棺饰品之意："衣翣柳之材。必先缠衣其木，乃以张饰也。柳之言聚，诸饰之所聚。"（《周礼注疏·缝人》）宋人聂崇义在《新定三礼图》中说："柳车名有四殡，谓之辁（qiàn）车。葬，谓之柳车。以其迫地而行则曰蜃车，以其无辐则曰辁（quán）车。"

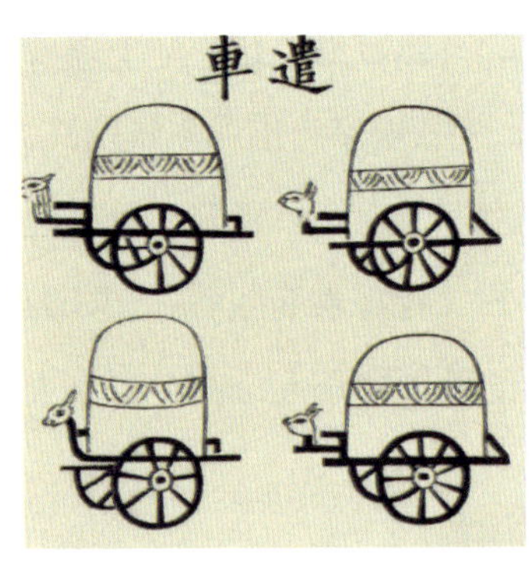

▲ 宋代聂崇义《新定三礼图》中的遣车

往灵车上装棺的同时，还要进行撤器的环节，就是撤下所有的祭品和明器，并作为随葬器物，装上车子运到墓地。装载随葬器物的车子称为遣车。《周礼·春官宗伯》云："大丧，饰遣车，遂廞（xīn）之，行之。"郑玄注说："遣车，一曰鸾车。"贾公彦疏曰："遣车，谓将葬遣送之车，入圹者也。"

遣车出发前，需要宣读礼品及随葬器物清单。周代贵族根据等级、地位的不同，随葬器物的质量和数量也不相同，从数百至数千不等，这些随葬品主要分为日常用具、兵器、礼器等几大类，如瓮、甒（wǔ，一种有盖的盛酒瓦器）、弓、矢、甲、胄等。

出殡，是出动灵车前往墓地下葬。灵车出动时，祝要手拿用来做小功丧服的布料在前面导引，8 位士在灵车两旁扶车而行。丧主袒露左臂。柩车始行，死者家人和亲属要不断地哭、跳。灵车出大门外，丧主穿好衣服，也要不断地蹦跳而哭。行至城门，国君会派遣掌管膳食的宰夫赠送黑色和浅黄色扎为一束的五匹帛。丧主止住哭声，放下丧杖，在灵车前辂的左侧听命。宰夫在灵车前辂的右侧传达君命。丧主哭跳，叩拜宰夫。宰夫登上灵车，将这束帛置于棺盖之上。丧主在拜送宰夫之后，返回原位，拿起丧杖跟随灵车继续前行。

▲ 宋代聂崇义《新定三礼图》里行进中的柳车（灵车）

下一个环节是埋葬。灵车来到墓穴前，先要在墓道东西两侧陈放随葬器物，以北为上。接着把垫子放入墓穴。随后除去棺木上的饰品和用来捆束棺木的绳索，系好下棺的绳索。丧主袒露左臂与众孝子于东边面西而立，以北为上。妇女于西边向东而立，不哭。一切就位后，开始落葬。此时，丧主和所有孝子、亲属都要大哭，并不断地跳跃。棺材落至墓穴底，丧主穿好衣服，将一丈八尺长的黑色、浅黄色束帛置于墓穴之中——算是赠给死者，然后朝墓穴里的死者叩拜，还与先前一样，要蹦跳着大哭一番。

哭完，丧主袒露左臂，拜谢宾客，丧主的妻子拜谢女宾。然后，丧主和妻子各自返回原来的位置，与宾客轮流哭、跳各三次。接下来，丧主穿好衣服，拜送辞行的宾客。

这时，执事等管事人员要把一些随葬的日用器具置于棺材旁边，再把先前撤下的棺饰，如荒帷等重新装饰起来。然后就是加固、封闭棺材和掩埋工作。完成这一切，丧主拜谢大家，再返回原位，像先前一样，哭、跳若干次。

返哭，是指落葬后丧主与家人返回祖庙和原来的殡宫而哭。丧主与众孝子先要返回祖庙。丧主进门，从西阶上堂，面朝东而立。众孝子在堂下面向东而立，以北为上。妇女们进门，从东阶上堂。所有人都要蹦跳着哭。丧主的妻子进入室内，同样是蹦跳着哭。众人出室门后在堂上西面站位，妇女和男子轮流蹦跳着哭三次。这时，宾客主事人从西阶上堂安慰丧主："这实在是无可奈何的事。"丧主叩拜。主事人下堂，出去。丧主送至庙门外，再次叩首拜谢。

接下来，五服之内的所有人员都要前往原来的殡宫再哭一场，与原来朝夕哭时所在的位置相同。男子和妇女轮流蹦跳着哭，各三次。

随后，小功服以下的同族兄弟辞行，丧主拜送。接着众主人出门，停止哭泣。丧主关门，向众主人行拱手礼，然后各自回到自己的丧居，继续守孝。

至此，葬礼结束。

需要说明的是，在这一整套程序中，周礼对所有直接或间接参与的人员，都制定了相应的规矩：

> 适墓不登垄，助葬必执绋，临丧不笑，揖人必违其位。望柩不歌。入临不翔。当食不叹。邻有丧，舂不相，里有殡，不巷歌。适墓不歌，哭日不歌。送丧不由径，送葬不辟涂潦，临丧则必有哀色。执绋不笑……故君子戒慎，不失色于人。(《礼记·曲礼上》)

就是说，到墓地去，不能站到坟头上（这点可能是后人的想象，因为如前所述，西周时期，人死后埋葬不起坟头），参加葬礼必须助挽灵车。参加追悼仪式，不可嬉笑。与人作揖，必须离开原位。望见灵车，不可唱歌。进入有丧事人家，走路不能张开两臂。吃饭时不能唉声叹气。邻居有丧事，即使在舂米时也不可喊号子。邻里有停殡待葬的，不可在街巷中唱歌。去墓地和吊丧这日，也不可唱歌。护送灵车，不要走小路。扶挽灵车，不避路上的积水。行礼哀悼时一定要有哀伤的表情。助挽灵车时不可嬉笑……所以君子时时保持谨慎，就不会在别人面前失态。

列鼎制度下的各式随葬品

人死后要有相应的物品随葬，这是“事死如事生”的集中体现。与封建等级制度相适应，随葬品也遵从进食时的列鼎制度，即“礼，祭，天子九鼎，诸侯七，卿大夫五，元士三也”（《春秋公羊传注疏·桓公二年》）。在此基础上，又逐渐形成了“天子九鼎八簋，诸侯七鼎六簋，卿大夫五鼎四簋，士三鼎二簋”（《考古图》）的鼎簋组合制度。不同数目的列鼎和簋，代表着不同的身份、等级。王公贵族的祭祀、宴飨、丧葬等活动都遵从列鼎制度。列鼎制度萌芽于西周早期，成熟于西周中期，到春秋时期逐渐遭到破坏。

从目前已经发掘的全国各地上千座西周墓葬来看，西周时期的随葬物品尽管琳琅满目、丰富多彩，但都是在遵从这一制度前提之下的有等级差别的随葬，很少看到僭越这一礼制的行为发生。我们以三门峡周代虢国墓地为例予以说明。[3]

虢国墓地位于河南省三门峡市北部上村岭一带，是一处等级分明、排列有序、保存完好的西周晚期至春秋早期虢国国君、贵族和平民墓地，乃史籍所谓邦国公墓地。自20世纪50年代发现以来，考古部门先后于 1956—1957 年、1990—1999 年两次对虢国墓地进行了大规模的发掘，发掘的墓葬总数在 500 座以上（包含车马坑和祭祀坑）。

依各墓葬的排列情况大致可分为八组：1956—1957 年发掘的第一、二、三组位于南区；1990—1999 年发掘及新发现的第四至第八组位于北区。八组墓葬依墓主身份的高低由北向南依次排列。北区的第七、第八两组墓葬规格最高，20 世纪 90 年代共清理发掘了 18 座，12 座出有青铜器。其中虢国国君虢季墓（M2001）出土青铜器有 2487 件。依照用途可分为礼器、乐器、兵器、工具、车器、马器、棺饰等八大类；依照功能可分为炊食器、盛食器、酒器及盥洗器四大类，主要有鼎、鬲、甗、簋、簠、盨、罐、豆、壶、盆、匜、盘、盉、彝等。其中列鼎 7 件，另外还出有 3 件配鼎。这 3 件配鼎属于一般意义上的明器，不代表墓主人有僭越之举，仅仅是表现墓主人的尊荣地位而已。

另一位国君之墓——虢仲墓（M2009）出土的青铜器，仅礼乐器就达 120 多件，其中鼎达 29 件之多。29 件鼎从数量上大大超过了列鼎制度中“诸侯七鼎”的规定，从表面上看有僭越礼制之嫌，但列鼎只有 7 件，其他 22 件鼎也是配鼎。虢仲生活在周厉王时代，早期是周厉王手下重臣，曾多次率兵与叛乱的淮夷作战，取得了辉煌的战功。虢仲墓还出土了两套编钟，一套为 8 件甬钟，另一套为 8 件钮钟，上面刻有 60 多字铭文，为虢仲自作器，自铭为“宝铃钟”。铭文显示，虢仲生前曾辅佐周天子治理天下，管理臣民，因而受到天子的赏赐。仅从虢仲墓中随葬的这 29 件鼎和两套编钟就可以看出，其地位、权势与富有，与前一位国君虢季相比，明显要高出一个档次。

▲ 虢仲墓出土的编钟

考古人员根据随葬品质量的高低和数量的多少，将虢国墓地已发掘的200余座墓葬分成了六个等级[4]，其中，第一等级就是上述两座国君墓。虢国墓地所出土的大量精品文物，大部分出自这两座墓葬，其中有许多都是今天的国宝级文物，如被誉为“中华第一铁剑”的玉柄铜芯铁剑和晶莹剔透、珠光璀璨的多璜组玉佩等。虢季墓随葬器物共计5293件（颗），虢仲墓随葬器物则达到了6000多件（颗），按质地可分为铜、金、铁、玉、石、玛瑙、料、陶、骨、角、牙、皮革、蚌、木、竹、苇、草、丝帛等19类。其中以铜器和玉器为大宗。就玉器而言，虢季墓随葬967件（颗），虢仲墓随葬724件（颗），这些玉器的器形主要有琮、璧、璜、圭、璋、戈、戚等。其中，七璜联珠组玉佩、六璜联珠组玉佩和缀玉面罩，玉质质地好，多为青玉、青白玉等上等玉料。铜器和玉器两宗就占了两墓随葬品总数量的80%以上。

第二等级为虢太子墓，2座，编号分别为M1052和M2011。前者出土有7鼎6簋6鬲9钮钟等，随葬品有铜、石、骨、蚌等大小文物近千件。后者出土有7鼎8鬲8瓮等，另外出土有两件配鼎。随葬品有铜、玉等9类3000多件。

第三等级为国君夫人墓和大夫墓，4座，随葬品从数百件至数千件不等。铜礼器组合较全，应有尽有。其中两墓出土有5鼎4簋4鬲，一墓出土有5鼎4簋8鬲。其他随葬铜礼器还有壶、豆、盘等。在第三等级的墓葬中，铜器和玉器也是大宗，如梁姬墓（M2012），就随葬有806件（颗）玉器，比国君虢仲墓随葬的玉器还多，但高等级玉料比较单一，以青玉为主。

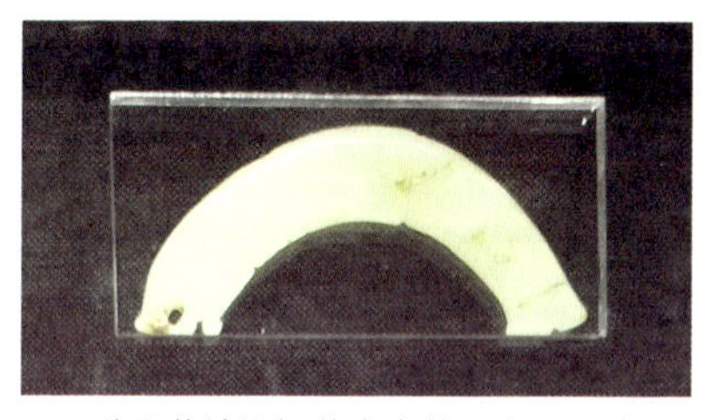

▲ 虢国墓地梁姬墓出土的玉鱼、玉牛

第四等级为贵族夫人墓和士墓，5座。铜礼器的基本组合为鼎、簋、盘、匜。具体组合各墓有所不同，有3鼎4簋1盘1匜的组合，有3鼎4簋2鬲的组合，还有3鼎4鬲无簋的组合，说明列鼎制度中鼎的数量是一定的，但簋的数量在实际执行中可能没有那么严格。

第五等级为士墓，20余座。各墓所出土鼎的数量也不尽相同，有的是1鼎，有的是2鼎，有的与盘、匜同出，有的与盆、罐、豆等陶器同出。这种情形或许意味着，士这个阶层中各人贫富、地位也有差别，列鼎制度规定的“士三鼎”是最高限，在个人或家庭经济条件达不到时，可以减少数量，甚至可以没有。

第六等级为平民墓，200余座。墓中没有青铜礼器。有相当一部分没有随葬品，即便有，数量也不多，而且多为陶器一类低劣器具。

从第一至第六等级，随葬品的质量越来越低，数量也越来越少，以至于一无所有。而且第一至第五等级都随葬有乐器，第六等级则不见。还有非常重要的一点是，第一至第四等级大都陪葬有车马器或车马坑。

文献上关于西周随葬车马坑的记载集中在“三礼”中，但都是片言只语，语焉不详，互相龃龉，不足为凭。从考古看，西周贵族上至天子，下至士都可以随葬车马。随葬的方式有两种，一种是将车马拆卸后埋在墓道之中，另一种是埋在墓的附近，一般是在西面挖出个大坑来，将整辆马车包括马匹都掩埋进去。后面这种车马坑陪葬方式在考古中更为多见。

在三门峡虢国墓地中，第一至第四等级陪葬车马坑的面积和陪葬车辆的数量基本上与其随葬品一样，是逐级往下递减的。如国君虢季墓陪葬的车马坑南北长 47.6 米，东西宽 4.16 米，深 1.1～1.4 米，陪葬的战车有 16 辆，陪葬的马在 70 匹以上。而两座太子墓的车马坑，长只有 21 米多，宽不足 4 米，其中已经发掘的一座，只埋葬了 10 辆车和 20 匹马。但也不是绝对的，属于第三等级的虢季夫人梁姬的车马坑内，就埋葬有 19 辆车和 38 匹马，这应该与其国君夫人的身份有关。至于士一级的车马陪葬坑，一般长也就是几米，陪

▲ 虢国墓地虢季墓陪葬的车马坑

葬的车少者一两辆，多者两三辆，陪葬的马也只有寥寥几匹。

由于西周天子的墓地至今尚未找到，天子的墓葬情况及车马坑陪葬情况不得而知。目前发现的西周最大、陈放车辆和马匹最多的车马陪葬坑是在晋南晋侯墓地发掘出的晋献侯车马陪葬坑。其东西长 21 米，南北宽 15 米，车坑和马坑中间有一条较窄的夯土隔梁，马坑在东，车坑在西，埋入 48 辆车和至少 105 匹马。

纵观西周随葬器物，除了各等级之间在质量和数量上有明显的差别外，男女墓葬之间也呈现出明显的差异，主要有以下几点。[5] 一是男子往往随葬有兵器，女子则没有；二是男子多陪葬有车马器或车马坑，女子很少；三是男子多随葬铜尊、爵、觯，女子少见；四是男子多随葬有实用性工具，女子罕见。这种现象的出现，主要是西周社会男女分工不同和社会角色不同所造成的，是西周社会现实在“阴间”的反映。

服丧期间的日子不好过

丧葬礼的一个重要部分是丧服制度,《仪礼注疏·丧服》云:“天子以下,死而相丧,衣服、年月、亲疏、隆杀之礼。”就是根据血缘关系的亲疏远近,规定了丧葬中生者为死者所着服饰的规格及居丧期限,进而形成了一套完整的制度。

《尚书·康王之诰》最早提到“丧服”这个概念:“康王既尸天子,遂诰诸侯,作《康王之诰》……群公既皆听命,相揖,趋出。王释冕,反丧服。”康王受天命即位天子,作《康王之诰》……众位大臣听完命令,互相作揖,快步走出。康王脱去吉服,返回居丧的侧室,穿上丧服。

丧服制度的核心内容是“五服”制度,就是以血缘关系为标准,按照血缘关系的亲疏远近,划分出的五个不同的居丧、服孝的等级制度,即后人所谓的九世九族服丧规矩:世是指以本人为基点,纵向上下推延。向上溯及高祖、曾祖、祖父、父亲四世;向下推至子、孙、曾孙、玄孙四世,加上本人这一世,就是五世。族是指横向推延,往左四层,是同一父母的姊妹、同一祖父的从姊妹、同一曾祖的再从姊妹、同一曾祖的族姊妹；横向往右四层，是同一父母的兄弟、同一祖父的从兄弟、同一曾祖的再从兄弟、同一曾祖的族兄弟。

“五服”本义是指五种丧服，《礼记》称之为斩衰服、齐衰服、大功服、小功服和缌麻服。《仪礼·丧服》对“五服”制度做了具体而详细的说明。

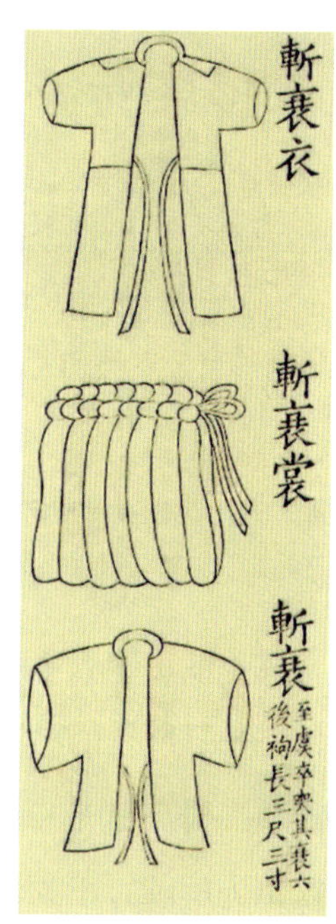

▲ 宋代聂崇义《新定三礼图》中的斩衰服

“五服”中斩衰服居首。诸侯对天子，臣下对君主，男子及未嫁女对父母，媳妇对公婆，孙子对祖父母，妻子对丈夫，都要服斩衰。具体要求是，把粗麻布裁成上缞下裳，用粗麻做成麻带，用黑色竹子做成孝杖，用黑麻编成绞带。用六升布做丧冠，用枲麻做冠带，用菅草编成草鞋。服丧时间为三年。

衰，亦写作“缞”，是用剪刀直接把粗麻布斩断做成上衣，左右衣旁和下边不缝，使断处外露，以示未经修饰。为什么不称“裁”而称“斩”呢？《仪礼注疏·丧服》云：“不言裁割而言斩者，取痛甚之意。”

麻带要系在头上，长短为 9 寸。麻根放在左耳上边，从额前绕到项后，再回到左耳上边，将麻尾与麻根相接，麻根搭在麻尾上，根朝外。把斩衰的头带裁去五分之一就是斩衰的腰带。

在斩衰服中，不同的服丧对象去世，也有不同的要求。如父亲去世，要用竹子做孝杖；母亲去世，则用桐木做孝杖。孝杖的高度要与孝者胸部平齐，根部在下。孝杖是什么？孝杖一般代表爵位。没有爵

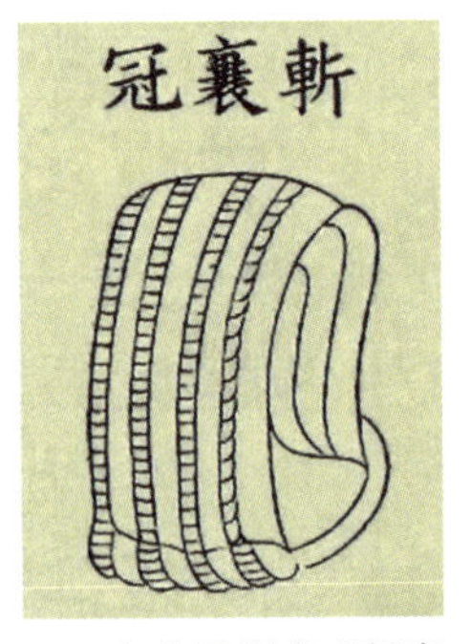

▲ 宋代聂崇义《新定三礼图》中的斩衰冠

位而拿孝杖，是假借孝杖尊其为丧主。

但孩童和妇人不用孝杖，为什么?《仪礼·丧服》云：“不能病也。”就是说孩童和妇人不会因丧事而累病。这个说法令人怀疑，孩童和妇人体质更弱，更容易因劳累导致生病，怎么就“不能病也”？或许是因为孩童顽劣不上心，妇女地位低下不能与男子同列也未尝可知。

在斩衰服期间，最难过的是孝子。他们上堂下堂不能走家长常走的东阶，出入大门不能走门外当门之中道。不能住在平日所住的温暖舒适的房屋中，而要居住在倚庐中，睡草苫，枕土块。倚庐就是专为守丧者临时搭建的草房，门上没有横梁和柱子，以草为屏障，不加泥涂，四面漏风。孝子需昼夜哭泣，没有定时。吃饭只能喝粥，而且早晚都是一溢（一溢为一又二十四分之一升）米。晚上睡觉不能脱掉孝带。安葬过父母，迎死者魂魄安于殡宫后，还要把旧时所住房屋改建，向西开窗，剪去窗旁两厢的余草，将前梁用柱子支撑起来。这时候睡觉，身体下面才可以铺席子，也可以吃粗米饭了，也不必时时哭泣，早晚各哭一次就行了。

尽管心力交瘁，但还要做到“毁瘠不形，视听不衰”(《礼记·曲礼上》)，即不能因悲伤而消瘦，以至于造成形销骨立，视力和听力都衰退。“居丧之礼，头有创则沐，身有疡则浴，有疾则饮酒食肉，疾止复初。不胜丧，乃比于不慈不孝。”(《礼记·曲礼上》）就是说，头上生了疮，可以洗头。身上长了疮，可以洗澡。有了病，这是特殊情况，可以饮酒吃肉，但病愈之后就要照旧。如果悲伤过度，坏了身体而不能承担丧事，那就是不慈不孝了。

孝子要过到死者去世13个月举行练祭后，才可以住到垩（è）室，吃菜果，吃素食。这个时期，哭泣也没有定时的要求。到死者去世满三年后，孝子才可以像正常人一样生活。练祭是指这一日要穿用练布做的冠服举行祭祀。垩室是有丧事的人所住之房，不是正寝，一般建在中门外，四壁用白泥粉刷（一说垒坯为室，不涂顶壁）。

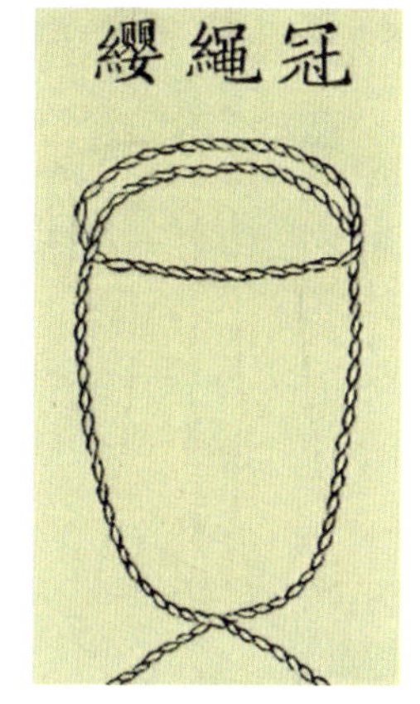

▲ 宋代聂崇义《新定三礼图》中的冠绳缨

不过，对于50岁以上的人，考虑到他们年老体衰，丧礼做了特殊规定，显示出一丝人情味儿：“五十不致毁，六十不毁，七十唯衰麻在身，饮酒食肉，处于内。”（《礼记·曲礼上》）50岁的人，允许因悲伤而消瘦，但不可过分。60岁的人，可以不因悲伤而消瘦。70岁的人，只需披麻带，可以饮酒吃肉，可以住在自己的居室内。

西周时期的斩衰服源于商王朝的丧葬礼仪制度，到春秋时代才逐渐完备起来。《左传·襄公十七年》记载的齐国上大夫晏婴在父亲死后为其服丧的事迹同上述《仪礼·丧服》的记载如出一辙：“齐晏桓子卒，晏婴粗缞斩，苴绖、带、杖，菅屦，食鬻，居倚庐，寝苫，枕草。”

斩衰服礼仪最烦琐，服丧之人受苦受累也最重、最多，时间还长达三年，所以后来有人说，这是用死人来折腾活人，的确有道理。身体素质差的人，经过这样一个程序下来，大概不死也得蜕层皮。

齐衰服位居第二等次。“齐”是给丧服缝边的意思。齐衰就是用粗布制成上衣和下裳，并缝衣边。用不结籽的牡麻做头绖和腰带。绖，

▲ 宋代聂崇义《新定三礼图》中的齐衰服

是丧服上的麻布带子，系在腰间或戴在头上。

丧冠用七升布做系冠的带子，垂下做冠缨。用桐木做孝杖。穿粗草鞋。服丧期限是三年或一年。

两种情况下需要服齐衰三年：一是父亲去世后，母亲或继母又去世，儿子服齐衰三年；二是嫡长子和嫡长子媳去世后，父亲和嫡母也要服齐衰三年，原因是长子乃承继祖祢的正统继承人，不能降低规格。

丈夫对妻子、孙子对祖父母、侄儿对伯父伯母和叔父叔母、妇人对父母以及被立为父亲继承人的兄弟等，一般是服齐衰一年。

妇人对父母为什么不是服斩衰三年而是服齐缞一年？原因是妇人要为公婆服斩衰三年，不能两次服斩衰。

> 妇人有三从之义，无专用之道，故未嫁从父，既嫁从夫，夫死从子。故父者子之天也，夫者妻之天也。妇人不贰斩者，犹曰不贰天也，妇人不能贰尊也。(《仪礼·丧服》)

另外，父亲在世，儿子为去世的母亲也是服齐衰一年。为什么只是一年呢？因为父亲是至尊，父亲在世，儿子不敢伸张自己对母亲的尊爱。父亲也必须三年后才可娶妻，为的是体谅儿子痛失母亲的心情。

还有一个与今人大不一样的规矩，嫡孙、嫡孙媳去世，祖父母亦需服齐衰一年。

▲　宋代聂崇义《新定三礼图》中的大功服

“五服”中的第三等次是大功服，就是用粗略加工的布制作上衣和下裳。头绖和腰带是牡麻做的麻带。直到丧事结束只此一服，不换丧服。因用工粗大而称大功。服丧对象为未成年而死去的子女。

人未成年而死，犹如谷物之未熟而亡，称殇，“年十九至十六为长殇，十五至十二为中殇，十一至八岁为下殇”(《仪礼·丧服》)。男女冠笄不为殇，女子已许嫁亦不为殇。不满 8 岁而亡的都是无服之殇，用一日的哭泣代替活着时一月的时间，哀伤而无须服丧。服丧时间，长殇 9 个月，中殇 7 个月，下殇 3 个月。

“五服”中的第四等次是小功服。《仪礼·丧服》云：“小功布衰裳，澡麻带、绖。”意思是，丧服用细麻布做成，用功精密，故称小功。“澡”乃洗濯去浮垢，使之滑净之意。小功服的服丧期为 5 个月，服丧对象是堂曾祖父母、堂祖父母、堂祖兄弟、堂姐妹。

缌麻服，亦称缌衰服，是“五服”中最低等次的一种丧服，以细熟麻布制作，较小功服更为精细。缌，就是细麻布：“谓之缌者，治其缕，细如丝也。”(《仪礼注疏·丧服》)服丧对象是女系的亲属，如女子和丈夫的姑母、姐妹，丈夫兄弟的媳妇等。服丧期限一般为 3 个月。

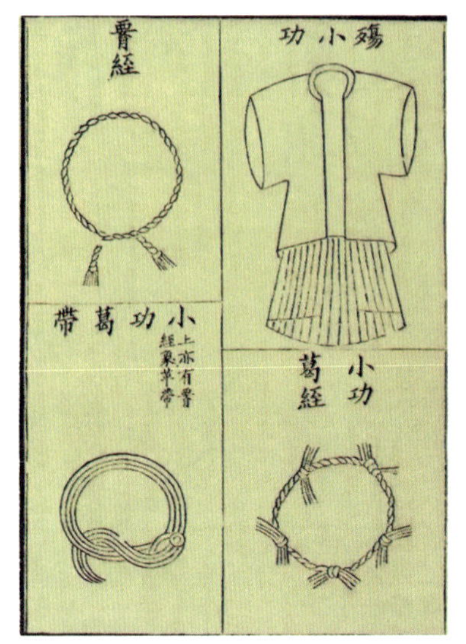

▲ 宋代聂崇义《新定三礼图》中的小功服

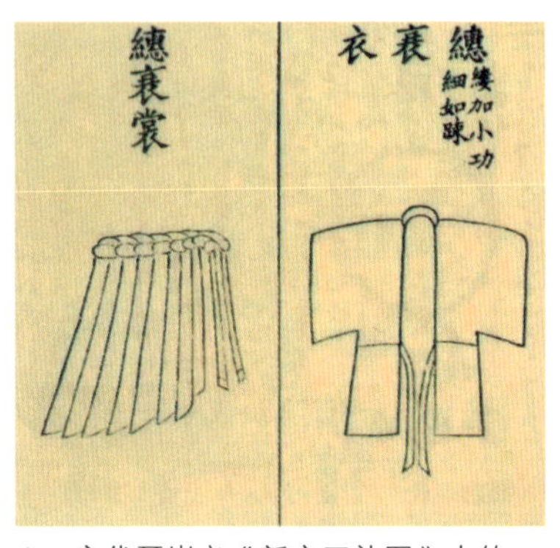

▲ 宋代聂崇义《新定三礼图》中的缌麻服

周王朝的丧服制度体现的是当时的社会等级结构及其与之相适应的伦理观念，作用是“定亲疏决嫌疑别同异明是非”（《礼记·曲礼上》）。用司马迁的话说就是，要明辨“君臣、朝廷、尊卑、贵贱之序，下及黎庶、车舆、衣服、宫室、饮食、嫁娶、丧祭之分”（《史记·礼书》）。但这样繁缛苦重的丧礼，无疑会给社会和百姓造成沉重的物质负担和精神压力。

按“五服”标准，西周时期，一个上百人的四世同堂大家族，其联姻外戚相关人口应该还至少有五六百人，如果每一年有三四个人去世，那么这个家族的大部分成员一年 365 天，几乎天天都在服丧，这是多么可怕的一件事情，想想都让人不寒而栗。

最早的“挽歌”

西周至春秋时期，丧葬礼中还出现了广义上的“挽歌”，就是丧主、家人所唱哀悼死者的歌。“三礼”虽然没有这方面的记载，但《诗经》中收录有这方面的诗篇，如《小雅·蓼莪（é）》《唐风·葛生》《邶风·绿衣》等。

《小雅·蓼莪》是一首儿子悼念父母的祭歌，诗中回忆了父母抚养自己成长的艰辛历程，哭诉了自己不能回报父母恩情的哀痛，表达了自己对于父母的深厚情感。诗人见到蒿、蔚，错当为莪，心被触动。莪是一种多年环根丛生的草本植物，香美可食，所以又名抱娘蒿，寓意是成材不忘父母的养育之恩。而蒿和蔚是另外两种不同的草本植物，散生，不能食用。诗人以蒿、蔚比喻自己不成材还没能尽孝，由此联想到父母养大自己是多么劳累，是多么不易：

蓼蓼者莪，匪莪伊蒿。哀哀父母，生我劬劳。
蓼蓼者莪，匪莪伊蔚。哀哀父母，生我劳瘁。

儿子失去双亲无比痛苦，想到父母终老时自己又没能尽孝，非常悔痛！瓶从罍中汲水，瓶空是因为罍中无水可汲，儿子无以赡养父母，没有尽到应有的孝心该是多么羞耻！父母已走，自己孤独地活着有什么意思？还不如早点死去。没有了双亲，就没有了依靠。出门行走满心都是悲伤，返回家门却又茫然不知所措：

> 瓶之罄矣，维罍之耻。鲜民之生，不如死之久矣。
> 无父何怙？无母何恃？出则衔恤，入则靡至。

爹爹生我，妈妈养我。他们护我、疼爱我，养我长大、培育我，反复想我、不愿离开我，出入家门都要拥抱我。想报答爹妈的大恩大德，可是老天降祸实在难以预测：

> 父兮生我，母兮鞠我。拊我畜我，长我育我。
> 顾我复我，出入腹我。欲报之德，昊天罔极！

眼前的南山险峻难越，漫天的飙风呼啸扑来，别人都没有遇到不幸的事情，为什么只有我遭此恶劫？为什么只有我不能给爹妈养老送终？

> 南山烈烈，飘风发发。民莫不谷，我独何害！
> 南山律律，飘风弗弗。民莫不谷，我独不卒！

真正是字字血，声声泪。“树欲静而风不止，子欲养而亲不待”，后世这句流传久远的俗语在此得到了淋漓尽致的诠释。

《唐风·葛生》是一首丈夫死后，妻子守丧难过，希望自己将来终老后与丈夫同居一室的哀悼诗，体现了妻子对丈夫的忠贞不渝和绵延不绝的相思之情，反映了西周时期妻为夫守丧这一社会情况。该诗一直以来都被誉为悼亡诗之祖，可以称得上是一首妻子行祭亡夫的挽歌。

周代的女人，命运都依托在丈夫身上，没有独立性，就如葛藤、白蔹（liǎn）依靠藤架才能茁壮成长一般。失去丈夫的妻子在丈夫墓前看到葛藤杂乱地缠绕在棘树上，爬满荆条；蔹草毫无头绪地蔓延在四野，墓前荒芜一片，不禁感慨万千，潸然泪下。

亲密的爱人长眠在这里，谁和他在一起？只有他独守安宁，独自安息。我看到他头下的角枕是那样光鲜，身上的锦被是那样灿烂。亲密的爱人安眠在这里，谁和他在一起？只有他独枕待旦。你走后的日子，夏天煎熬，冬夜漫长。待到我终老那天，会和你同居一处，同眠一室。是啊，我多想与你团聚在这里，可是还有我们的父母，还有我们的孩子，我唯一能做的就是替你在床前尽孝，拉扯孩子长大。我是不得已地为活而活，活得坚强而又勉强。生同衾，死同穴，我忘不了我们的誓言。等到我完成任务那一天，我会追随你而来，永远永远地不再分开。

葛生蒙楚，蔹蔓于野。予美亡此，谁与独处。
葛生蒙棘，蔹蔓于域。予美亡此，谁与独息。
角枕粲兮，锦衾烂兮。予美亡此，谁与独旦。
夏之日，冬之夜。百岁之后，归于其居。
冬之夜，夏之日。百岁之后，归于其室。

《唐风·葛生》写得悲伤而不乏坚强，忠贞而不忘责任，正如朱守亮先生在《诗经评释》中对它的评价：“不仅知为悼亡之祖，亦悼亡诗之绝唱也。”

▲ 南宋马和之《唐风图》之《葛生》图

《邶风·绿衣》是一首丈夫悼念亡妻的挽诗，描写妻子去世后，丈夫守丧时睹物思人，内心充满悲伤，表达了丈夫对亡妻的刻骨相思，表现的是丈夫为亡妻守丧的情形。这是目前所见中国历史上最早的丈夫悼念亡妻的诗歌。

邶，大约在今河南省淇县以北、汤阴县南一带，属于原殷商王朝的王畿地区。周武王翦商后，曾封商纣王的儿子武庚建立邶国。武王驾崩后，武庚联合周武王派去监督他的三个弟弟——姬鲜、姬度和姬处“三监”，发动叛乱。周公东征平叛取得胜利后，重新封建，封他的十四弟康叔为卫君，将邶国之地划归卫国。这首诗就来自这一带。诗中写道：

绿兮衣兮，绿衣黄里。心之忧矣，曷维其已！
绿兮衣兮，绿衣黄裳。心之忧矣，曷维其亡！
绿兮丝兮，女所治兮。我思古人，俾无訧（yóu）兮。

絺兮绤兮，凄其以风。我思古人，实获我心！

——绿衣裳啊绿衣裳，绿服里面是黄里子。我的心忧伤啊还忧伤，何时才能是个头！绿衣裳啊绿衣裳，绿色上衣黄下裳。我的心忧伤啊又忧伤，何时才能将她忘！绿丝线啊绿丝线，都是她亲手所缝制。思念亡故的妻子，我减少了平时的错误和过失。细葛布啊粗葛布，凄风阵阵将我侵袭。思念亡故的妻子，我收获了满满的体贴和暖意。

这首诗由衣裳联想到制丝，再联想到亡妻的治家过往。通过若断若续、含蓄委婉的细腻描写，由外入里，层层递进，将丈夫对妻子的一往情深淋漓尽致地表现了出来。

《桧风·素冠》同以上三首诗的挽悼性质不同，它描写的是周代亲人死后身穿白衣的守孝礼制和习俗。一位少女看见心上人头戴白色孝帽，身穿白色丧服，腿绑白色蔽膝，正在面容憔悴地守孝，不觉心疼，恨不能与他融为一体，共同度过这段痛苦的岁月：

庶见素冠兮，棘人栾栾兮，劳心慱（tuán）慱兮。
庶见素衣兮，我心伤悲兮，聊与子同归兮。
庶见素韠兮，我心蕴结兮，聊与子如一兮。

——看见你戴白冠守礼，你的身体如此瘦弱，你的面容如此憔悴，都是因为太劳心忧苦了。看见你穿白衣守礼，我也悲伤哀戚，多想与你一路同行携归。看见你白冠白衣白蔽膝，我悲愁哀痛，内心郁结，恨不能与你融为一体，同悲同戚。

注　释

1. 三门峡市虢国博物馆缀玉面罩。

2. 溱潼:《饰棺之仪——对陕西韩城梁带村芮国墓地考古所见葬仪资料的复原》,《上海文博论丛》2012 年第 2 期。

3. 河南省文物考古研究所、三门峡文物工作队:《三门峡虢国墓》, 文物出版社 1999 年版。

4. 李久昌:《虢国墓地墓葬制度述论》,《考古与文物》2003 年第 6 期。

5. 田建文:《晋侯墓中,"四千" 宠爱在一身的夫人们》,《映像》2024 年第 3 期。

八

其他

农具还很原始

西周虽然已经进入青铜时代的鼎盛时期，但由于青铜原料的贵重和稀缺，青铜大都制作成了象征身份和地位的礼器，将青铜原料炼制成农具的情况并不多见，铁制农具就更不用说了。农具的材质主要还是木、石、骨、蚌等。从考古出土情况看，青铜农具为数寥寥。迄今为止，只在安徽贵池、江苏苏州和浙江永嘉等地出土过一些窖藏的青铜农具，如用来治田除草的耨（nòu）、用来收割庄稼的镰刀等，但时间已晚至春秋乃至战国时期。这些工具均已残损，与青铜原料储存在一起，考古学家们判断是准备销熔的废料。这可能意味着，在周代，青铜农具残损无法使用后，要被回收重新冶炼为其他器具。[1]

不止是青铜农具在考古中鲜有出土，就是木、石等其他质料的农具在考古发掘中也不多见。一般认为，这与周人农具不在随葬之列的礼制有关。

从传世文献看，西周人使用的劳动生产工具可以分为挖掘和收割两大类，挖掘类农具可进一步分为整地、耕地和犁地等专门类别。主要有耒、耜、钱、镈、铚等，大都还是以石、木、兽骨和蚌壳的材质为主。

《诗经》收集了西周初年至春秋中叶的民间诗歌305首，反映了这五百年间的社会面貌。其中提到的农具多是耜，如《豳风·七月》提到在正月里修耜："三之日于耜。"《周颂·载芟》提到，耜的尖刃很锋利，先去耕南面的田地："有略其耜，俶（chù）载南亩。"《小雅·大田》吟道，扛起我那锋利的耜，到南面田里去干活儿："以我覃耜，俶载南亩。"如此等等。

耒和耜通常是联系在一起的，《周易·系辞下》说："神农氏作，斫木为耜，揉木为耒，耒耨之利，以教天下。"但由于耒、耜都没有流传下来，人们不知其具体形状，它们到底是两种不同的农具还是一件耕具上的两个组成部分，两千多年以来学界一直争论不休。

京房认为，耒，"耜，上句木也"；而耜乃"耒下钉也"。就是说，耒是耜上面的木柄，耜是耒下部的钉字状铲土器具。郑玄注《周礼·月令》也坚持了这一观点："耒，耜之上曲也；耜，耒之金也。"耒是指耜上面弯曲形的木柄，耜是指耒下部用来耕地的铜利器。

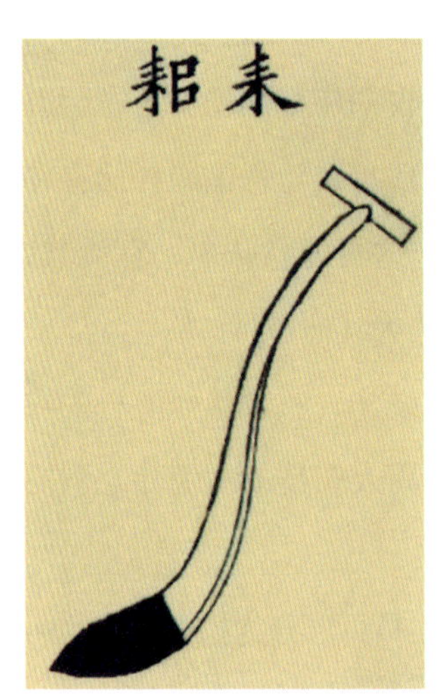

▲ 宋代聂崇义《新定三礼图》中的耒耜图

京房和郑玄都是汉代的学者，他们都将耒和耜视为一件耕具上的上、下两个组成部分。宋代学者聂崇义在其《新定三礼图》中所持观点同京房和郑玄一致，并详细地画出了耒耜的图案。

但清代学者邹汉勋认为："耒"系"曲柄枝刃耕器"，"耜"为"单刃耕器也"（《读书偶识》）。也就是说，它们是两种不同的耕具。

今人徐中舒也认为，耒与耜是两种不同的耕具。耒下部安装的是长短不一的歧头，耜下部安装的是整整齐齐的刀刃；耒系仿效树枝式的耕具，耜乃仿效木棒式的耕具。后来，耒演变为锹臿，耜演变成了耕犁，两者各有自己演进的道路。[2]

到底谁是谁非，目前看还是一桩扯不清的悬案。

“钱”是一种类似于铲的农具；“镈”是一种带有金属锋刃的耨具，类似后世所说的锄头，用途较广，既可以用来除草，也可以用来间苗；“铚”是一种用来收割庄稼的短镰：“铚，获禾短镰也。”（《说文》）《诗经·周颂·臣工》云：“命我众人，庤乃钱镈，奄观铚艾。”意思是说，给那些农夫下令，准备好钱、镈、铚等，一同去铲除杂草荆棘，开垦荒地。

《小雅·甫田》是《诗经》里的一首劝农祈福的诗歌，体现了周人对农业生产的重视，不仅有极高的文学价值，而且有着重要的史学价值。一般认为诗中的“我”是周王：

> 倬彼甫田，岁取十千。我取其陈，食我农人。
> 自古有年，今适南亩。或耘或耔，黍稷薿（nǐ）薿。
> 攸介攸止，烝我髦士。

“或耘或耔”就是用“铚”“钱”除草，用“镈”培土垄。诗的大概意思是说，这片一望无际的田地，每年可收获成千上万的粮食。我用往年的存余陈粮，就可养活我的百姓。自古以来就有这样的好年景。今天我去巡视南边的那块田地，看到农夫们有的除草，有的培土垄，黍米高粱长得茂密而繁盛。

考古出土的西周农具数量虽然不多，但也可看出当时农具使用的大致情形，基本上是沿袭了商代的农具传统，在形制、种类和材质上都没有什么太大的变化。以西安沣西遗址出土农具为例，数量最多的是骨铲，主要是用牛马下颚骨和肩胛骨制成。其次是石铲，数量最少的是蚌铲。不见青铜铲。

▲ 西安地区出土的西周石斧、多孔石刀、骨凿和蚌镰

纵观全国各地西周遗址所出农具，虽然也发现有青铜镈等，但数量极少，不成气候。湖北蕲春毛家嘴西周早期遗址中曾发现一件凹字形的青铜臿，河南三门峡西周晚期虢国墓葬曾出土一件青铜函。需要说明的是，这件青铜函的形制与商代的铜乱如出一辙。其他农具像收割庄稼用的铚、镰、刀等，在形制上也没有太大的变化，且均是以骨制、石制、蚌制为多。[3]

青铜农具在西周农业中无法得以普及，主要原因应该是性价比不高，自由民和贵族农奴主无法从中获得应有的回报。西周人使用“斤”作为重量单位，西周1斤约为今250克。“斤”这个重量单位系由斧斤实物转化而来，某些形体较小的青铜斧斤在经济交往中逐渐转化成了专门用来衡量物体重量的标准。延晶平在《中国钱币》2003年第2期发表《宝鸡出土青铜斧锛凿》一文指出，宝鸡出土的青铜斧有大小两种型号，西周小型斧的重量相当于现在的1斤（下同）左右，大型斧的重量为2斤左右。

▲ 西安地区出土的西周石斧和骨铲

陈振中在《中国经济史研究》1986年第4期撰《中国古代青铜生产工具刍议》一文认为，制作一件耜的青铜原料耗费当在2斤以上，铜铚和锄片的重量都在半斤左右。

《管子·海王第七十二》云："耕者必有一耒一耜一铫（yáo），若其事立。"铫是西周时期的一种类似于大锄的工具。有专家据上述标准估测，一套青铜农具所需耗费的铜料当在5斤左右。

西周青铜原料交易的价格信息在传世文献中几乎是空白的，所幸同时期的青铜器铭文给我们提供了一些信息。西周中期曶鼎铭文记载，当时一个叫效父的贵族曾用百锊青铜原料买下了5个奴隶："诞买兹五夫，用百寽。"百寽又称为百锊，百寽实际上等于现在的15斤。

这也就是说，用5斤左右的青铜原料制作一套青铜农具，其价格差不多可以买来两个奴隶，这对于一个普通的自由民家庭恐怕是天方夜谭了。更何况，西周时期是以纯粹的氏族公社为单元去从事耕种的，青铜工具投入使用也未必能提高多少生产效率，所以，不要说一般自由民，即便是拥有大片土地的贵族，也不太可能在铸造青铜器上投入太多的资金——贵族们把手头有限的青铜原料都制作成了祭祀祖先和象征身份地位的礼器。

下地劳动要搭群

西周时期，农业生产出现了“耦耕”的方式，《诗经》中就有不少描述这一场面的诗句，如“亦服尔耕，十千维耦”“千耦其耘，徂隰徂畛”等。

“耦”，《说文》云：“耒广五寸为伐，二伐为耦。”《周礼·冬官考工记》云：“耜广五寸，二耜为耦。”二者的意思相同，都是说，“耦”是以二人为一组，或前或后，或左或右，各持农具，协同进行耕作。这是一种新型的耕作方式，一方面降低了劳动者的工作强度，提高了垦种的工作效率；另一方面又利于土壤的深耕，提高了禾苗的成活率和作物的成熟率。

“亦服尔耕，十千维耦”出自《周颂·噫嘻》。《噫嘻》是一首反映周代初期周成王春天祈谷的农事诗，一共八句。前四句是成王向臣民庄严宣告自己已招请祈告上帝先公先王，得到了他们的准许，在此举行籍田亲耕之礼。后四句是成王训示田官，勉励农夫全面耕作的号召：

> 噫嘻成王，既昭假尔。率时农夫，播厥百谷。

骏发尔私，终三十里。亦服尔耕，十千维耦。

——成王庄重、严肃地说，我已招请过诸位先公先王，将率领众多农夫，去播种百谷杂粮。田官们，在方圆三十里的田野上，推动你们的耒耜，通力协作，万人为耦，共同耕耘。

▲ 成王召请诸位先公先王图

这首诗气魄浩大，如实反映了周初田官和庶民们在周王的号召下为天子“籍田”集体耕作的壮观场景。“籍”就是“帝籍”，乃周王室专门为上帝圈出的一块土地，意思是这块土地所有的出产都是专门用来祭祀上帝的。因为“帝籍”的土地面积在千亩左右，所以也称之为“千亩”。

“千耦其耘，徂隰徂畛”出自《周颂·载芟》。《载芟》是记述春种、夏长、秋收、冬祭情形的一首农事诗，总计31句，描述了从农事开垦、播种直到收获、祭祖的经过，反映了农夫劳动生产的艰辛和众人共同合作获取丰收的喜悦情形。诗篇开首就描绘了全体氏族成员集体下地劳动的壮观场景：

载芟载柞，其耕泽泽。千耦其耘，徂隰徂畛。

侯主侯伯，侯亚侯旅，侯彊侯以，有嗿（tǎn）其馌（yè）。

思媚其妇，有依其士。有略其耜，俶载南亩。

——拔去野草，除掉树根，在田地里翻耕深作。千人并肩一齐耕耘，连洼地坡田都站满了耕地的人。有家主，有老大，有老二，有兄弟，有壮丁，还有众伙计。送饭的来了，人多声杂，大家吃得津津有味。丈夫夸奖妻子做的饭菜香，妻子爱丈夫可以有依傍。扛着尖刃锋利的耜，先把南面的田耕上。

《诗经》中还有些诗篇描述了集体劳动收获之后的快乐场景，如《豳风·七月》：

九月肃霜，十月涤场。朋酒斯飨，曰杀羔羊。

跻彼公堂，称彼兕觥，万寿无疆。

——九月寒来，开始降霜，十月忙着清扫打谷场。美酒敬献宾客，宰杀羊羔大家一起吃喝。登上主人的庙堂，举杯共敬主人，齐声高呼万寿无疆。

集体劳动是西周社会农业生产的一个突出特点，这与彼时大规模开发荒地并提高了耕作技术有一定关系。前述《小雅·甫田》开篇描述的就是贵族田地广阔无边的情形："倬彼甫田，岁取十千。我取其陈，食我农人。"这片广阔无边的田地里，每年打的粮食数也数不清。我只需拿出往年的库存陈粮，就能养活我治下的这帮农人。

西周时期已经有了"菑（zī）田""新田""畬（shē）田"三种农田。"菑田"是正在开垦，还处在对草木"灾杀"阶段的农田。"新田”是经过一年开垦后，第二年就可以播种的农田。“畬田”则是经过三年治理的农田：“田一岁曰菑，二岁曰新田，三岁曰畬。”(《毛诗正义·采芑》)

《诗经》对三种田地都有相应的记载，如《小雅·采芑》：“薄言采芑，于彼新田，于此菑亩。”意思是，采呀采呀采芑忙，从那边的新田里，采到这边菑田旁。

《周颂·臣工》里也有类似的诗句：“嗟嗟保介，维莫之春，亦又何求？如何新畬？”大意是说，周王“唉”了一声问，保介官，在这暮春时节，你知道最重要的生产任务是什么吗？“保介”本义是古时立于车右披甲执兵的侍卫。但在这里，是指农官的副手。

“菑田”“新田”“畬田”三种田的出现，说明西周的农业生产已经有了定期休耕轮作的制度，《周礼·地官司徒》就有“不易之地”“一易之地”“再易之地”这样明确的说法。事实上，早在距今6800～6000年的半坡文化时期，渭河流域的半坡人就已经初步掌握了休耕轮作技术，半坡遗址发现有包括西阴文化在内不同时段的四层基本堆积，暗示这个遗址很可能是人们在最初住过一段时期后，主动放弃，过一段时间又返回去重新占据这样一种情况。[4]定期休耕制度的实施，说明西周人继承并发扬了半坡先人的这一耕作传统，标志着西周农业生产技术水平有了进一步的提高。

除此之外，西周人也已懂得修筑沟洫、壅土灌溉等农耕技术。《小雅·信南山》云：

> 信彼南山，维禹甸之。畇（yún）畇原隰，曾孙田之。我疆我理，南东其亩。

“亩”，是指农田间一条条的高畦，主要用于种植庄稼；“甸”，是指可以放牧的草地。这几句诗的意思是说，终南山山势绵延不断，这是大禹治理过的地方。成片的原野平展整齐，后代子孙们在此垦田耕作。划分地界又开掘沟渠，田垄纵横向四方伸展而去。

《大雅·公刘》则更为详细地叙述了周人祖先公刘在豳地带领族人根据地形地势，划疆定界，掘沟通洫，开垦农田的情景：

> 相其阴阳，观其流泉。其军三单，度其隰原，
>
> 彻田为粮。度其夕阳，豳居允荒。

——考稽山北、山南，去察看清泉源头。将军队一分为三，分别去低沼和平原垦治农田，种植粮食。估测山丘之西一望无际，豳地所在地方广阔无限。

不过，西周的灌溉技术大体还处在通过水井人工给水阶段，大规模灌溉工程的出现是春秋中叶以后的事情了。考古发现，西安沣西张家坡西周遗址的井，深达 9 米以上。井口呈长方形和椭圆形两种，可以并置两只容器，专家推测，很有可能是用来拴系两只容器一上一下的滑车装置。[5] 这在西周那个纯粹靠人工挖凿的年代，算得上是高科技了。

西周人利用沟渠进行灌溉与排水，有效地防止了旱涝灾害，西周时期农作物的产量因而得以提高。有学者运用现代数学手段与预测的方法，推断西周时的亩产量约为 83.1 斤，比夏代的 40 斤、商代的 61 斤有大幅度的增加。[6] 当然，这种推断的可靠程度有多大，还不好说，在此列出，仅供参考而已。

西周农作物产量得以提高还有一个重要因素——病虫害防治技术

相比商代有了进一步的提高。从《诗经》看，周代人已经具备了一定的病虫害防治知识，如《大雅·桑柔》记载，天降祸乱、死亡，害虫啃食根节，各种庄稼都遭了殃："天降丧乱，灭我立王。降此蟊（máo）贼，稼穑卒痒。"

《大雅·瞻卬》记载，害虫为害毁掉庄稼，长年累月无止境："蟊贼蟊疾，靡有夷届。""蟊""贼"都是指啃食农作物苗根的害虫。类似的害虫还有螽斯、阜螽、蛾等。螽斯一般认为是蝈蝈，阜螽是蚱蜢。

面对这些害虫，该怎么办？《小雅·大田》的回答是："去其螟（míng）螣（téng），及其蟊贼，无害我田稚。田祖有神，秉畀炎火。"除掉害虫螟螣蟊贼，不许它们伤害嫩苗。多亏有农神保佑，将害虫投进大火全部烧死了。

"螟"是吃禾心的虫，"螣"是吃禾叶的虫。西周人显然已经能够识别出不同害虫，并采取防治相应害虫的措施。农业耕作技术提高的背后是土地大面积的扩大、劳动量的增大和复杂劳动的增多，搭伙劳动、集体协作因而成为必要。

集体劳动成为西周社会农业生产的突出特点还有一个重要原因——周人实施封建制度，氏族因此成为劳动生产的基本单位。周人封建制度的一个根本原则是嫡长子继承制。这一制度不仅存在于王室，还通行于整个社会。由此，整个社会就变成了一个金字塔形结构。诸侯在国内，同样要把爵位传给嫡长子，其他儿子则被封为卿大夫。卿大夫的职位，也只能传给嫡长子，其他的儿子就降到士这个阶层。士的嫡长子仍然是士，其他的儿子就只能是平民了。

在这种体制下，"王臣公，公臣大夫，大夫臣士，士臣皂"（《左

▲（日）细井徇《诗经名物图》里的螽斯、阜螽

传·昭公七年》)。从诸侯到士，他们各自的封地都是一个独立的宗族小王国。不仅天子有公臣，公有卿大夫，而且卿大夫等一般贵族也有家臣，这就是宗法封建制。宗法封建制度下只能产生以氏族家庭为单位的小农经济。他们平时聚族而居，合族而劳，把一定比例的收成上交国家，其余留在族内进行分配。

以氏族家庭为单位的小农经济决定了这种封建的熟人社会性质，再加上西周还没有施行后来那种吃人不吐骨头的封建礼教，所以妇女成群结队去进行采摘等就成为西周社会的一大景观。这在《诗经》里面比比皆是。《周南·芣苢》就是一首展现妇女们集体采集车前草（芣苢）的劳动欢歌：

采采芣苢，薄言采之。采采芣苢，薄言有之。
采采芣苢，薄言掇之。采采芣苢，薄言捋之。
采采芣苢，薄言袺（jié）之。采采芣苢，薄言襭（xié）之。

——鲜丽繁茂的芣苢呀，采呀采呀采起来。鲜丽繁茂的芣苢呀，

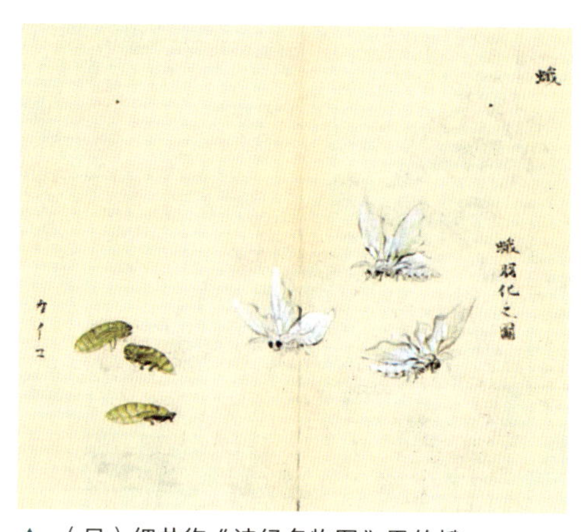

▲（日）细井徇《诗经名物图》里的蛾

采呀采呀采起来。鲜丽繁茂的芣苢呀，一片一片摘下来。鲜丽繁茂的芣苢呀，一把一把捋下来。鲜丽繁茂的芣苢呀，提着衣襟兜起来。鲜艳繁盛的芣苢呀，卷起衣襟包回来。

该诗通过“采”“有”“掇”“捋”“袺”“襭”一连串动词的运用，栩栩如生地刻画出了这些妇女在劳动中的动人神态，描绘出一派唯美的欢欣场面，洋溢着妇女们高涨的劳动热情。

《召南·采蘩》是一首描述妇女们为采摘祭祀之用的白蒿而在池塘里集体忙碌的诗歌：

> 于以采蘩？于沼于沚。于以用之？公侯之事。
> 于以采蘩？于涧之中。于以用之？公侯之宫。
> 被之僮僮，夙夜在公。被之祁祁，薄言还归。

——到什么地方采白蘩？沼泽旁边的沙洲上。采来白蘩做什么用呀？公侯之家祭祀用。到什么地方采白蘩？山涧之中的沙滩上。采来白蘩做什么用呀？公侯之宫祭祀用。我们被派遣来此就为采白蘩，日夜繁忙为宗庙。采蘩人数多又多，不敢轻言回家去。

“蘩”就是俗称的白蒿。这些妇女往来于池沼、山涧之间，采够了祭祀所需的白蒿，就急急忙忙送给“公侯之宫”，因为人数众多，公侯不发话，她们也不敢轻言回家。

▲ 明代文徵明《豳风图》局部

西周氏族家庭劳动的特征是，在父系家长领导下，由众子、血缘关系稍远的叔伯兄弟、众多的子侄及家内奴隶一起集体进行。这是一种家族共耕的形式，一个共耕组至少也在百人以上。[7]

不过这种情况应该是出现在西周早中期，到西周后期，随着生产力水平的提高和家庭组织功能的增大，个体家庭开始逐渐剥离出来，成为独立的生产单位和社会基本细胞。土地分配情况大略是“一夫百亩”(《孟子·万章章句下》)，除集体进行共耕公田外，其余农活皆各自单独完成。

《豳风·七月》是西周晚期到东周初期的作品。诗中描述的情形似乎已经形成了以家庭为单位的小农经营模式：农人有自己的居室，妻、儿随农夫同去田间劳作。农夫所缴赋税，既有实物也有劳力，是实物地租和劳役地租双重结合。实物地租主要是各种作物、纺织品和猎物；劳役地租则包括修理农具、耕种、织麻、染丝、打猎等：

> 三之日于耜，四之日举趾，同我妇子，馌彼南亩，田畯(jùn)至喜。

——正月开始修理耜，二月下地去耕种。带着妻、儿一同去把饭菜送到向阳的土地上，由田官分发到干活的人手上。

八月载绩，载玄载黄，我朱孔阳，为公子裳。

——八月织麻，染的丝有黑有黄，我的红色丝更鲜亮，送给贵人做衣裳。

一之日于貉，取彼狐狸，为公子裘。二之日其同，载缵武功。言私其豵（zōng），献豜（jiān）于公。

——十一月上山猎貉，猎取狐狸皮毛，送给贵人做皮袄。十二月猎人会合，继续操练功夫。打到小猪归自己，猎获大猪献给王公。

上趟厕所也能淹死个人

吃喝拉撒是一个人日常生活中不可或缺的内容。在远古人类群居时代，人要拉要撒，一般是挖个坑就地解决，这应该就是茅坑的雏形。但居住区域到处是粪便坑，于逐渐进化的人类而言总是不洁，于是，大家就开始共同使用一个大坑解决，这就是茅坑。随着人类文明的发展，为了不受寒暑雨雪的侵袭，人们又在茅坑上边搭上茅棚，或建个简易的小房屋，这就是俗话说的茅房或茅厕。这种厕所直到现在，在偏远的山区农村还在使用。

西周时期，人们已经普遍开始使用茅房，并且有了公共茅房，人们称之为“井匽”。《周礼·天官冢宰》说宫人的职责之一是“为其井匽，除其不蠲（juān），去其恶臭”。郑玄注释云：“匽，路厕也。”路厕，就是在路边设置的公共厕所。路厕既谓之井匽，说明其坑口的形状可能是圆的。根据常理推测，应该是在圆形口的茅坑上竖放两块隔开的木板或石条一类，人蹲在上面解决内急问题。可以想象一下，坑口上横放两块木板或石条，意味着左中右三面都是没有遮挡物的坑口，人们如厕时一不小心就会掉下一只或两只腿。即便两块木板或石条左右两侧封死，木板或石条一旦断裂，人也有掉下去的风险。

《左传·成公十年》记载，晋景公晚年重病，有一次梦见一个厉鬼，披着长及地板的头发，边捶胸边跳跃着对他嘶吼："你杀了我的子孙，这是不义。我为子孙复仇，已经得到上帝的允许了！"厉鬼毁掉宫门、寝门蹦跳着闯了进来。景公害怕，就赶忙躲进内室，厉鬼又毁掉内室的门往里闯。景公醒来，赶紧召见桑田巫，让他给解释一下，看是什么情况。桑田巫说："您恐怕吃不到新收的麦子了！"景公不信，就又派人到秦国请医生。秦国的医生还没有来，景公睡觉又梦见两个小儿，一个说："他是个好医生，恐怕会伤害我们，往哪儿逃好？"另一个说："我们待在肓的上边，膏的下边，他能拿我们怎么办？"秦国的医生来了，问了问情况，便对景公说："病不能治了，病在肓的上边、膏的下边，灸不能用，针达不到，药物的力量也达不到，不能治了。"这就是所谓的"病入膏肓"。景公无奈，送给秦医一些礼物，请他走人。

转眼就到了收麦子的季节，晋景公想吃新麦子，就让人献上新麦，令厨师烹煮。这个时候，晋景公想起了那个给他解梦的桑田巫，气不打一处来，便派人把他抓来，打算让他亲眼看着自己吃新麦做的饭，然后再杀掉他。然而，当晋景公将要进食的时候，突然间感觉肚子胀得难受，就赶紧去上厕所。没想到，却不小心跌进茅坑里给淹死了："将食，张，如厕，陷而卒。"晋景公大概是中国有史记载以来第一个跌进茅坑被屎尿淹死的人，他做过什么大的事情，一般人不知道，但他这一跌却跌出了"千古英名"，让后人永远记住了他。

还有一个更倒霉的家伙，就是服侍晋景公的那个宦官。景公淹死的那天早晨，他告诉别人说，他梦见自己背负着景公登天了。到了中午，果真是他背着景公的死尸从厕所走了出来，晋国那帮臣子也真不客气，干脆就将他给景公殉葬了。

晋景公到底是怎样跌进茅坑里的，史籍没有更详细的记载，但根据《周礼·天官冢宰》对“井匽”的记载，大概率是横放在茅坑口上的两块木板或石条突然断裂，景公猝不及防，掉了下去。

相比于“井匽”和晋景公淹死的茅房，西周时期还有一种更为简陋的露天茅坑，可能主要用于军营一类公共场合。《仪礼·既夕礼》里就有“隶人涅厕”的记载，意思是在地下挖个坑作为厕所，等坑满了就让奴隶把坑填上，然后再挖新坑使用。

除此以外，商周时期还出现了一种把猪圈作为茅坑使用的厕所。《国语·晋语四》记载，周文王的母亲大任怀有身孕的时候，有一次到厕所小便，生下了文王：“昔者大任娠文王不变，少溲于豕牢，而得文王，不加疾焉。”韦昭注说：“豕牢，厕也。”

《今本竹书纪年》也有类似的记载：“季历之妃曰太任，梦长人感己，溲于豕牢而生昌，是为周文王。”“太”和“大”在这里是通假字。这句话的意思是说，季历的妃子名为太任，有一次做梦，梦见巨人与自己交合，结果在“豕牢”中撒尿时生下了姬昌，这就是周文王。

“豕”者，猪也；“牢”，乃关养牲畜的栏圈。豕牢二字合起来，显然就是猪圈的意思。但太任产子的这种厕所应该是个两层建筑结构，下面是猪圈，上面搭个简易茅房。人在上面解手，粪便掉下去就变成了猪食。这种厕所古人称之为“圂（hùn）”，《广雅·释宫》云：“圂，厕也。”《玉篇·囗部》则说：“圂，豕所居也。”二者是从不同用途说的，其实一也。从字形看，把猪关进圈里，就是圂，亦即豕牢。

《礼记·少仪》云：“君子不食圂腴。”圂腴，是指猪的内脏。为什么君子不食猪的内脏呢？因为猪吃五谷乃至人的粪便，属于不洁之物。

君子不食圂腴表示的是不与之沆瀣一气之意。

圂，又称溷（hùn）轩，因为相对环保，又能将人的粪便喂猪，属于循环利用，所以在秦汉时期颇为流行。考古出土了很多这样的陶圂和釉圂。其中较为有名的是故宫博物院所藏汉代“绿釉猪圈”。

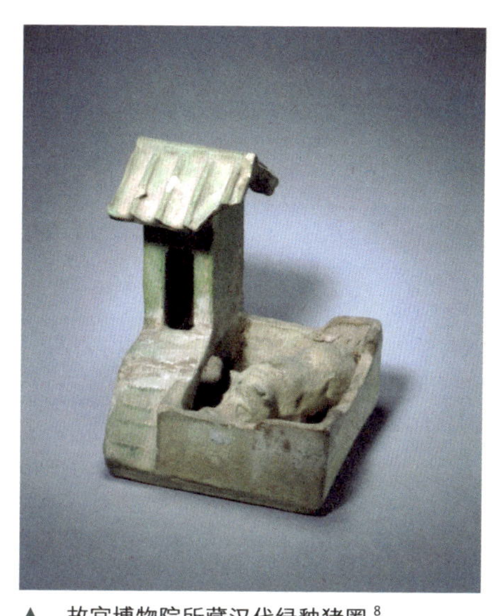

▲ 故宫博物院所藏汉代绿釉猪圈[8]

这件陶绿釉猪圈，长16.5厘米，宽15.5厘米，高20厘米。陶胎为灰色，外施绿釉。猪圈系长方形，外有围墙，内立一猪。猪圈一侧上方建有小房，是为茅房，房前设有台阶，下方镂空与猪圈相连。

厕所可以解决人们白天内急的问题，但晚上可是不太方便，尤其是在北方冰天雪地的时候，出去一趟可实在是不容易。大约就是在这种情况下，先人们发明了便盆、夜壶，供人们在夜间内急时使用。西周人称这类器具为亵（xiè）器。西周王宫还专门设有掌管亵器的内官：“掌王之燕衣服。衽席、床笫（zǐ，竹编的床垫），凡亵器。”（《周礼·天官冢宰》）郑玄说：“亵器，清器、虎子之属。”清器就是便盆、马桶一类，虎子则是夜壶、尿壶一类，因多在夜间使用，故名。

但这些“清器、虎子”具体长什么样，我们不得而知，至今在考古中，都没有发掘出这类器物。也许不久的哪一天，考古会给我们意外的惊喜。

“任人唯亲”是正道

“任人唯亲”是中国封建、帝制社会的一个鲜明特色，西周礼制要求“亲亲”就是这一特色的集中反映。据《左传》《史记》等文献记载，西周一朝总计有两次大分封，其封建对象主要就是“亲”：一是西周王室的姬姓之亲，二是与西周王室有姻亲关系的异性之亲，三是古圣王之后裔，虽然当时分封的时候没有姻亲关系，但在分封后，西周王室和同姓诸侯也大多与之结成了裙带关系。

所谓分封，就是“封建亲戚，以藩屏周”(《左传·僖公二十四年》)，换言之，就是将周王朝所征服地区的土地和人民分封给姬姓和与姬姓有姻亲关系的亲戚功臣，让他们在各自的土地上建立国家，作为一道坚固的藩篱来屏卫周王室。

第一次大分封是在周武王灭商后，鉴于殷商广袤的国土需要周人管理，武王分封了四类诸侯国。

第一类是传说的古圣王之后裔。将神农后人封于焦，将黄帝后人封于祝，将唐尧的后人封于蓟，将帝舜后人封于陈，将大禹后人封于杞。这些古国数量较多，但周王室子女有限，所以周武王在分封之初是有选择地与陈国进行了联姻——《毛诗正义》记载，周武王将长女大姬嫁给了陈国开国君主陈胡公妫满为妻。但在后来的岁月里，周王室及其同姓诸侯与这些古圣王之后的相当一部分也都结成了姻亲关系，如前述鲁国的国君中就有娶杞国姒姓女子为妻的，而臭名昭著的周幽王所娶褒姒之褒国，则是周初武王当年分封的夏禹之后姒姓国。

第二类是异姓有功之臣，文献所记主要有两个，一是姜尚姜太公，封建齐国。姜尚不但是西周开国第一功臣，还是周武王的老丈人。二是熊绎，封建楚国。熊绎的祖先鬻熊曾经效忠于周文王。楚国后来多任君主都与姬姓诸侯国结有姻亲关系，譬如被誉为中国最早临朝执政的女子芈加，本是楚穆王的长女，后来嫁给曾（随）国君主曾侯宝。曾国为姬姓，其始封君是被称为“文王四友”之一的南宫适，即青铜器铭文中的南宫括。[9]《史记》记载，南宫适是武王兴周灭纣时的功臣，与周文王同宗，姬姓。

第三类是周王室的同姓子弟。根据《左传》等典籍记载，姬姓封国主要有召、鲁、燕、管、蔡、霍、卫、曹、毛、毕、滕、郕、郜、茅、邢等国。他们是为武王大分封的核心力量。《左传·昭公二十八年》记载：“昔武王克商，光有天下，其兄弟之国者十有五人，姬姓之国者四十人，皆举亲也。”

第四类是殷商后裔。武王伐商，商纣自焚而亡。但武王并没有大开杀戒，毁其宗庙，反倒是将商纣之子武庚封于原商王朝畿内的邶地，建立邶国，让武庚按照殷商旧有的风俗习惯去治理臣民。为防不测，武王还派他的三个兄弟管叔、蔡叔、霍叔到邶地周边的管、蔡、霍三个地方坐镇监视武庚，是为周初“三监”。

第二次大分封是在周武王驾崩后，武庚妄图恢复殷商的狼子野心不死，勾结管叔、蔡叔、霍叔“三监”发动叛乱，周公东征三年取得胜利后，鉴于武王封建的固有弊端，重新进行了分封和徙封。这次封建的主要特点是，一改夏商以来保持政治地缘和居民不变的传统，对新的封国实施了居民重组，具体说就是新的封国居民由三部分不同的族群组成。最高层是周人，由封君带领姬周族人组成。中层是殷商遗民。周公的目的是分化殷商遗顽，化整为零，将他们遣散至各个封国，但允许他们保留原来的族群建制，包括自有的奴婢等。最底层则是当地的土著。这样做不仅消弭了殷商遗顽试图联合起来造反的隐患，还最大程度地为各个族群的融合创造了条件。新封建的诸侯国就是周人所谓“诸夏”，“诸夏”统一为大周王朝，则为“华夏”。华夏民族自此进入了自主自为的崭新发展阶段。

所谓徙封，就是将原来武王分封的诸侯国，根据形势的需要再分封到别的地方。齐国由河南南阳地区徙封到济水流域和山东北部一带；鲁国由河南鲁山地区徙封到山东曲阜一带；燕国由河南郾城地区徙封到北京南部琉璃河一带；滕国由殷墟以北的卫地徙封至山东滕县一带；康叔由原来的康地即今河南禹州市境，改封到卫地为卫侯。卫国的大体位置就在现安阳殷墟及其周边一带。[10]当然，每个徙封国也都分配去了若干殷商遗民，这是周公二次封建的一项基本原则。

由于需要遣散、分化的殷商及其方国遗民为数甚多，周公又欲遵守上古时期不毁亡国宗庙、社稷的传统，为周王朝实施德政留下好名声，就网开一面，把原来武庚统治的那批殷商遗民大部分迁移到今商丘地区，分封纣王的长兄微子启为宋侯，建立宋国，让他们在遵守周王朝法律的前提下，实施自治管理。当然，宋国在后来也与多家姬姓诸侯建立了姻亲关系，成为周王朝名副其实的裙带关系国。

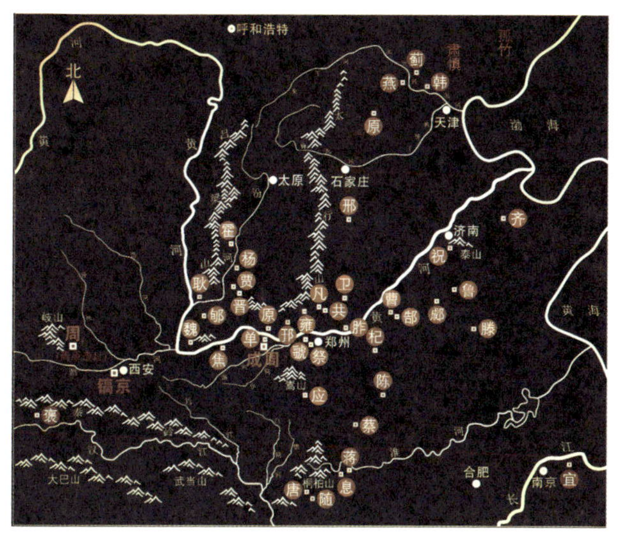

▲ 西周二次分封后的主要封国位置示意图（李志强绘）

《左传》记载，周公广封亲戚功臣，以为周室屏障。其中，分封给周文王儿子的有管、蔡、郕、霍、鲁、卫、毛、聃、郜、雍、曹、滕、毕、原、酆、郇；分封给周武王儿子的有邘、晋、应、韩；分封给周公儿子的有凡、蒋、邢、茅、胙、祭。

《荀子·儒效》记载，周公“兼制天下，立七十一国，姬姓独居五十三人”。西周封建的地域范围，北达燕山内外，西及甘肃东部，东至黄海、东海，南抵长江中下游流域，奠定了华夏基本版图。[11]

周公之后，西周王朝虽然没有再进行大规模的分封，但断断续续地分封则一直持续到了西周晚期，据现有的材料看，其分封对象都是清一色的姬姓。周成王分封其弟叔虞到唐地（今山西襄汾陶寺遗址周边地区）建立唐国，后又徙封叔虞子燮父在唐国之南的晋水流域即今山西曲沃、翼城一带建立了晋国。南宋时期成书的《通志》记载，成康之际，周天子又将晋侯燮父的子弟分封至今湖北随州西北40公里左右的唐县镇，建立了姬姓唐国，成为西周早期分封于汉水流域的“汉阳诸姬”之一。

周康王时期，康王将“虞侯”从原来虞国“抽调”出来，改封到“宜”地建立了一个新的诸侯国——宜国。虞国是周文王之兄虞仲后人建立的国家，也是姬姓。虞国，以前人们认为其最初地在晋南平陆，但随着考古成果的不断涌现，学界现在普遍认为，虞在山西平陆是春秋时期的虞国，而非西周初期的虞国。周初之虞、芮二国都在今陕西陇县岐山西北，两国毗邻。[12]

周宣王时期，随着秦人力量的崛起，西北的边防逐渐稳固下来，宣王又将他的亲舅舅申伯从居于甘肃平凉的申国抽调出来，分封至今河南南阳地区建立了南申国，以巩固东南边防。原来的申国就被称为西申国。《诗·大雅·崧高》所言“不显申伯，王之元舅”说的就是这件事。

较早时，宣王还封他的弟弟友在今陕西凤翔一带建立了郑国，友就是赫赫有名的郑桓公。郑桓公后来因保护幽王逃跑，同幽王一道被后边追赶的西戎兵卒杀死在骊山脚下。郑国也在周平王东迁洛邑前夕，迁移到了今河南新郑一带。

总而言之，“任人唯亲”可以说是西周封建制度的本质特征。不仅各路诸侯是“亲”，周王朝的最高权力机构也都由各种“亲”来控制。譬如，周武王时期的最高权力三人组，是姜尚、周公旦和召公奭“三公”。姜尚是周武王的老丈人，周公旦是周武王的同胞四弟，至于召公奭，文献说法不一，大多认为他是姬周的近支，但《白虎通义·王者不臣章》记载他是“文王子”，《诗经·甘棠》疏引皇甫谧言说他是“文王庶子”。

武王和姜尚去世之后，“三公”变成了周公旦、召公奭和毕公高。毕公高何许人也？武王的十五弟，姬高。因当初被武王分封至毕地，就是今陕西咸阳，还有一说是在今陕西西安，姬高因此被称为毕公高。

中央王朝任用官员如此，各诸侯国也是一脉相承，都任用的是各种嫡亲和姻亲。在西周那年月，如果不能与当权者沾亲带故，要想晋升到更高的阶层，那可真是痴人说梦了。

西周在实施“任人唯亲”的封建制度时，还实施了一项“世卿世禄”制度。“世卿”是指天子或诸侯国君之下的高级官员，他们可以父死子继，世世代代连续担任卿职。“禄”是担任官职可以享受到的俸禄。世禄就是官吏们父死子继，世世代代享有相应的俸禄待遇。西周时期，众官员没有我们现在说的工资，而是由天子或诸侯国君封给官员一块土地，这块土地上的庶民由该官员统治，土地上的收入除了上缴周王室的那部分外，其余归该官员支配，这块土地就叫作采或采地，后来到秦汉时期被称为采邑。

采邑面积的大小是根据其爵位、官阶的高低来决定的，采邑的性质类同于畿外诸侯的封土，采邑主是这片土地上绝对的主人，甚至可以拥有私家军，相当于一个小国王，所以人们又将大采邑主称为畿内诸侯。

世卿世禄制的产生有其合理的现实基础。周人伐商，犹如公司运营，周王伐商成功相当于公司做了一单大生意，那么得利者不应该仅仅是周王，所有参与伐商的功臣都应该分得一部分利润，而且只要公司不倒闭，就要长期分下去，所以只取得一部分利润还不行，还得入股，成为永久的股东。因为你周王能够世世代代永远享受红利，那么这些功臣自然也得世世代代永远能够分得一杯羹。这样一来，世卿世禄制就应运而生了。这种世卿世禄家族，就是所谓的世家大族。

先秦时期的封建王国不像后来的帝国那样是皇帝一尊天下，其权力受到封建制度的极大限制。封建不仅仅是分地立国，更重要的是分走了天子的权力，天子和公卿诸侯共同享有治国的权利和义务。

西周社会实行“任人唯亲”和“世卿世禄”制度，是延续了夏商两代传统，乃时势必然。因为当时的社会基本单元是以血缘关系为基础组成的氏族家庭，他们平时聚族而居，合族而劳，一荣俱荣，一损俱损，信奉“非我族类，其心必异”（《左传·成公四年》）的观念。但这样一来，就从纵、横两个角度彻底封死了一般贵族和普通庶民的升迁之道，整个社会因而变成了一潭死水。因为你努力也没用，如果没有一个能够身居高位的祖先，即使有杰出的才能，你也不会被重用，只能永远徘徊在你所在的那个阶层。

终西周一朝，活跃在政坛上的几个实权人物，几乎无一例外都是西周初年分封的那几个开国功臣的后裔。当成王死康王即位时，当年随同文王讨伐殷商的那些功臣已有相当一部分撒手人寰，继之成为王室重臣的就是他们的后人，如南宫毛就是南宫适的次子，丁公吕伋则是姜尚姜太公的长子。而召公奭和接替周公次子君陈主政成周的毕公高，就成了新一届掌权者的主心骨，他们都是功成名就的四朝元老。这种开国功臣后裔袭任朝廷重臣的情况一直持续到周厉王至周幽王时期。文献记载，周厉王时期“国人暴动”后实行“共和行政”，其中的主角——周定公和召穆公分别是周公旦和召公奭的后人。厉王死后宣王上位时，依仗的主要势力是召氏、毛氏、荣氏、虢氏和弭（mǐ）氏，他们都是在周王朝举足轻重的百年世家大族，其祖先均为周王朝开国功臣，并且都是姬姓或者是与姬姓有姻亲关系的异姓世族。

“世卿世禄”制度在西周统治阶级内部各阶层之间也有充分的体现。如宝鸡扶风庄白一号窖藏出土的74件铸有铭文的青铜器揭示的西周微史家族，就是一个典型的“世卿世禄”家族。[13]铭文显示，从周王朝建立至西周晚期，微史家族至少繁衍了7代，第一代是微史剌祖，铭文没有记载他的姓名。一般认为他是商末“三仁”之一微子之子，是周武王在灭商以后迁徙到宗周地区的殷商遗贵。他曾在微子启的封国任过史官，所以在其作为人质进入周后，仍得以延袭旧职，成为周王朝的史官。微史家族在延续到第五代墙和第六代“㾓”时，家族达到鼎盛时期，展示了一个钟鸣鼎食之家的权势和地位。史墙盘记有墙的事迹。庄白一号窖藏出土“㾓”为作器人的带铭文铜器，包括属于礼器的8件方座簋和14件编钟，总计达到了43件，占了全部窖藏带铭文青铜器的一半还多。从铭文看，微史家族第一至第六代，都担任的是史官职务，金文称“作册”“左尹氏 ”等，属于典型的父承子业，后一代不仅接受了前一代的封地采邑，还承袭了相应的官爵。

微史家族在青铜器铭文中出现最晚的一代是伯先父。由于作器人为伯先父做的青铜鬲铭文很简单，只是说伯先父为某人铸造了这件青铜礼器，没有透漏出更多的信息，无法推测他和“㾓”的具体关系，但他是“㾓”的后人是确凿无疑的。因为从伯先父鬲的形制、纹饰、铭文看，比起“㾓”鬲要晚一些，同周厉王时期铜鬲的风格一致，所以学界推测伯先父生活在周厉王时期。这代以后，这个曾经大富大贵的世官世禄家族就衰落下去了，大概在伯先父或其后一代时，为了防止犬戎铁蹄的践踏和骚扰，他们在匆忙之中，将这些代表着家族荣誉和地位的青铜器埋藏后，就逃离了周原。

“世卿世禄”制带来的坏处是显而易见的，那就是不利于人才的选拔和使用，窒息了社会的生命和活力。西周统治者也注意到了这一问题，在内部也做了些改革努力。[14]

首先，采邑并不是随意封授，也有尊贤的意味在内。如考古发现的井氏采邑的封授，可能就是这种情况。井氏始祖是周公子邢侯的次子，康王时期的青铜器臣谏簋铭文记载：“唯戎大出于，邢侯搏戎。”有学者认为，这次搏戎之战，邢侯父子应该都参加了，并表现出了卓越的军事才干，因而被周康王看重，因为长子将来要继承邢侯之位，所以康王就将其次子分封到了王畿内井地，以示嘉奖。

其次，采邑封授之后，首任采邑主一般都是王公大臣，后面的子孙辈虽然可以世袭其爵位，但具体的官职则要选贤能之人担任，并非不分青红皂白地一色袭任。《礼记正义·王制》记载：“所以畿内诸侯不世爵，而畿外得世者，以畿内诸侯，则公卿大夫辅佐于王，非贤不可，故不世也。畿外诸侯尝有大功，报其劳效，又在外少事，故得世也。”就是说，畿内诸侯的爵位不是世袭的，而畿外诸侯才是世袭的。之所以出现这种情况是因为，畿内诸侯都是辅佐王室的公卿大夫，贤能是必备的素质，而他们的后人未必都能像他们一样具备这一品质，所以不能世袭。而畿外诸侯都是当初伐商建周有大功之人，周王为了奖赏其功，才分封他们为诸侯，同时他们又在王畿之外，事少，所以可以世袭。

最后，西周王室选择主政卿士，并未完全局限于大宗，小宗家族有时候也是其选择对象。如上述井氏家族，在后世逐渐形成了井伯、井叔、井季三大望族，其中井伯一支有几代在穆王、共王之前都出任了王朝卿士，权势显赫一时。懿王、孝王之后，井叔一支起而代之。在西周中期青铜器曶鼎铭文记载的官司诉讼中，井叔就是执法大臣，在同一时期的青铜器霸伯簋铭文中，代王宣命的也是井叔。井叔还同井伯享有“井公”之称，说明他们已经享有西周最高级别的爵位——公爵了。

不过，西周统治者这种尊贤机制只存在于极其有限的范围内，对于广大贵族和庶民百姓是没有用的。贵族子弟能做的就只能是修身养性，尽量达到一个翩翩君子的标准，娶个漂亮贤惠的媳妇，多生几个孩子，过好自己的诗意人生。在这种情况下，平躺、啃老，优哉游哉，大概就是人生的最好选择。你一旦树立起将来做王公大臣的远大理想，那大概率是要被人踢倒在地，再踏上一只脚的，因为这叫僭越，人人得而诛之。

▲ 清代乾隆《御笔诗经全图》之《溱洧》局部

或许正是因为这些贵族青年有资本躺平，再加上西周社会比较开放，所以我们才能在《诗经》中看到大量反映青年男女追逐爱情享受惬意人生的诗篇，如《郑风·溱洧》，就描绘了郑国三月上巳节一对青年男女在溱水和洧水岸边游春的情景：溱水和洧水蜿蜒而来，又向远方绵延而去。男男女女结伴在城外游玩，手里拿着象征吉祥的蕑（jiān）草。少女说："咱们去看看？"少男说："我已去过一趟了。"少女说："再去一趟又何妨？洧水对岸可是个好地方。"河对岸地方宽敞又热闹，男男女女都一起结伴在游逛。男女相互赠送香草，表达着对对方的爱慕之情。

> 溱与洧，方涣涣兮。士与女，方秉蕑兮。女曰"观乎？"士曰"既且。""且往观乎！"洧之外，洵訏（xū）且乐。维士与女，伊其相谑，赠之以勺药。

没有生活的压力，没有职场上的角逐，没有官场上的尔虞我诈，西周青年贵族真正把生活过成了诗一般的日子：

> 蒹葭苍苍，白露为霜。所谓伊人，在水一方。
> 溯洄从之，道阻且长。溯游从之，宛在水中央。

——大片的芦苇青翠苍苍，清晨的白露化成了霜。我思念的心上人，就在河对岸。溯流而上前去追她，追她的道路阻碍重重，那么漫长。顺流而下寻寻觅觅不见人，感觉她好像就在两面河水的中央。

> 蒹葭萋萋，白露未晞。所谓伊人，在水之湄。
> 溯洄从之，道阻且跻。溯游从之，宛在水中坻。

——大片的芦苇郁郁葱葱，清晨的露水还未晒干。我思念的心上人，她就在对面的河水畔。溯流而上前去寻她，寻她的道路坎坎坷坷，那么艰难。顺流而下寻寻觅觅不见人，感觉她仿佛就在水中的小洲上。

兼葭采采，白露未已。所谓伊人，在水之涘。
溯洄从之，道阻且右。溯游从之，宛在水中沚。

——芦苇繁茂连绵，清晨的露滴已快被蒸发完。我思念的心上人，她就在河水边。逆流而上前去找她，找她的道路弯弯曲曲，那么危险。顺流而下寻寻觅觅不见人，感觉她似乎就在水中的沙滩上。

诗意生活，没有酒是不行的，酒才是诗意生活的灵魂。如前所述，《诗经》有不少篇章就描写了贵族们在盛宴上尽情享受美酒佳肴的场景，如《小雅·湛露》："湛湛露斯，匪阳不晞。厌厌夜饮，不醉无归。"早晨露珠又重又浓，太阳不出不会蒸发。昨晚的宴会那么盛大隆重，不醉绝不回家。

《诗经·小雅·頍弁》写的则是主人宴请兄弟亲戚的场景，赞美了兄弟亲戚之间的情谊：漂亮的鹿皮礼帽端端正正地戴在头顶。你的酒浆那么甘醇，你的肴馔那么丰盛。来的哪里有外人呀？全是同族兄弟和姻亲甥舅。如同雪花飘落在眼前，好像冰珠阵阵满天坠。死亡日子难以预料，时间不多难以多见。今夜就开怀畅饮吧，及时行乐唯有欢宴。

有頍者弁，实维在首。尔酒既旨，尔肴既阜。
岂伊异人？兄弟甥舅。如彼雨雪，先集维霰。
死丧无日，无几相见。乐酒今夕，君子维宴。

但对于底层庶民和奴隶来说，平躺、啃老是谈不上的，祖辈没有给他们留下这个资本，他们得顶着严寒酷暑去给封建领主耕耘、播种、收割，仅仅是为了喂饱自己和全家人的肚子。然而即便一年四季日日辛劳，还是饥一顿饱一顿，吃了上顿愁下顿，没人顾怜他们。无奈之下，只得背井离乡，去寻找他们心中向往的乐土：

> 硕鼠硕鼠，无食我苗！三岁贯女，莫我肯劳。逝将去女，适彼乐郊。乐郊乐郊，谁之永号？（《诗经·魏风·硕鼠》）

——大老鼠啊大老鼠，不要再啃食我的禾苗！多年来一直养着你，什么时候你顾怜过我的辛劳。发誓从此离开你，到那快乐的地方去。快乐的地方啊，谁还会叹息又呼号？

注　释

1. 许倬云:《西周史（增补二版）》，生活·读书·新知三联书店 2018 年版，第 250～251 页。

2. 徐中舒:《耒耜考》,《徐中舒历史论文选辑》，中华书局 1998 年版。

3. 北大历史系考古教研室商周组:《商周考古》，文物出版社 1979 年版，第 167 页。

4. 王仲孚:《中国上古史专题研究》，山东人民出版社 2017 年版，第 142 页。

5. 中国社会科学院考古研究所:《沣西发掘报告》，科学出版社 1962 年版，第 77～78 页；刘仙洲:《中国古代农业机械发明史》，科学出版社 1963 年版，第 46～48 页。

6. 杨贵:《对夏商周亩产量的推测》,《中国农史》1988 年第 2 期。

7. 赵世超:《殷周农业劳动组合演变略述》,《农业考古》1985 年第 2 期。

8. 故宫博物院官网。

9. 李琳之:《尘封两千多年的曾国史》,《史无记载：考古发现的中国史》，研究出版社 2024 年版。

10. 关于这些诸侯国原来的封建地点,《史记》《左传》等文献记载不一，长期以来学者们聚讼不已。本节所述仅为作者比较认同的其中一说，不代表就是百分之百的正确。

11. 冯天瑜:《周制与秦制》，商务印书馆 2024 年版。

12. 齐思和:《中国史探研》，中华书局 1981 年版；张筱衡:《散盘考释》,《人文杂志》1958 年第 3、第 4 期。

13. 李琳之:《西周早期 6 王和失传的微史世家》,《传说有据：考古证实的中国史》，研究出版社 2024 年版。

14. 杜勇:《西周兴亡史研究》，科学出版社 2024 年版，第 422～429 页。

参考古籍

（春秋）左丘明撰，（三国）韦昭注，徐元浩集解：《国语集解》，中华书局 1979 年版。

（战国）韩非原著，梁启雄著：《韩子浅解》，中华书局 2009 年版。

（秦）吕不韦编，许维遹集释：《吕氏春秋集释》，中华书局 2009 年版。

（汉）司马迁撰，（南朝宋）裴骃集解，（唐）司马贞索隐，（唐）张守节正义：《史记》，中华书局 1959 年版。

（汉）班固撰：《汉书》，中华书局 1962 年版。

（汉）班固撰集，（清）陈立撰：《白虎通疏证》，中华书局 1994 年版。

（汉）许慎：《说文解字》（点校本），中华书局 2020 年版。

（汉）宋衷注，（清）秦嘉谟等辑：《世本八种》，中华书局 2008 年版。

（汉）刘向撰，向宗鲁校证：《说苑校证》，中华书局 1987 年版。

（晋）郭璞传，（清）郝懿行笺疏，张鼎三、牟通点校，张鼎三通校:《山海经笺疏》，齐鲁书社 2010 年版。

（晋）皇甫谧撰，徐宗元辑:《帝王世纪辑存》，中华书局 1964 年版。

（北魏）贾思勰著:《齐民要术》，中华书局 2009 年版。

（北齐）颜之推撰，张霭堂译注:《颜氏家训译注》，齐鲁书社 2009 年版。

（唐）房玄龄等撰:《晋书》，中华书局 1974 年版。

（南北朝）范晔撰，（唐）李贤等注:《后汉书》，中华书局 1965 年版。

（北齐）魏收撰:《魏书》，中华书局 1974 年版。

（唐）柳宗元著:《种树郭橐驼传》，《柳宗元集》，中华书局 1979 年版。

（后晋）刘昫等撰:《旧唐书》，中华书局 1975 年版。

（宋）聂崇义撰:《新定三礼图》，中华书局 2022 年版。

（宋）欧阳修撰，李之亮笺注:《居士集》，《欧阳修集编年笺注》，巴蜀书社 2007 年版。

（宋）郑樵撰:《通志二十略》，中华书局 1995 年版。

（宋）吕大临等著:《考古图》，上海书店出版社 2016 年版。

（宋）吕惠卿撰，汤君集校:《庄子义集校》，中华书局 2009 年版。

（宋）徐天麟撰:《西汉会要》，中华书局 1955 年版。

（宋）朱熹撰:《四书章句集注》，中华书局 1983 年版。

（宋）王楙撰:《野客丛书》，大象出版社 2019 年版。

（元）王祯撰，孙显斌解读:《王祯农书》，科学出版社 2022 年版。

（明）王夫之著，陈书良校点:《唐诗评选》，上海古籍出版社 2011

年版。

（明）王士性撰：《广志绎》，中华书局1981年版。

（明）归庄著：《归庄集》，中华书局上海编辑所1962年版。

（明）朱天然绘：《奎文萃珍 历代古人像赞》，文物出版社2018年版。

（清）王聘珍撰：《大戴礼记解诂》，中华书局1983年版。

（清）马骕撰：《绎史》，中华书局1983年版。

（清）王闿运撰：《尔雅集解》，岳麓书社2011年版。

（清）王念孙著：《广雅疏证》，中华书局2019年版。

（清）孙希旦撰：《礼记集解》，中华书局1989年版。

（清）方玉润撰：《诗经原始》，中华书局1986年版。

（清）王先谦撰：《荀子集解》，中华书局1988年版。

（清）王鸣盛著：《尚书后案》，中华书局2010年版。

（清）邹汉勋撰：《读书偶识》，中华书局2008年版。

（清）孙诒让撰：《周礼正义》，中华书局2015年版。

（清）朱骏声撰：《说文通训定声（附音序、笔画、四角号码检字）》，中华书局2016年版。

（清）郝懿行撰：《证俗文》，齐鲁书社2010年版。

（清）郝懿行撰：《竹书纪年校正》，齐鲁书社2010年版。

（清）黄以周撰，王文锦注解：《礼书通故》，中华书局2007年版。

（清）焦循著：《易章句》，《雕菰楼易学五种》，凤凰出版社2012年版。

（清）阮元校刻：《周易正义》，《十三经注疏》（清嘉庆刊本），中华书局2009年版。

（清）阮元校刻：《春秋左传正义》，《十三经注疏》（清嘉庆刊本），中华书局2009年版。

（清）阮元校刻：《春秋公羊传注疏》，《十三经注疏》（清嘉庆刊本），中华书局2009年版。

（清）阮元校刻：《春秋榖梁传注疏》，《十三经注疏》（清嘉庆刊本），中华书局2009年版。

（清）阮元校刻：《毛诗正义》，《十三经注疏》（清嘉庆刊本），中华书局2009年版。

（清）阮元校刻：《周礼注疏》，《十三经注疏》（清嘉庆刊本），中华书局2009年版。

（清）阮元校刻：《周礼正义》，《十三经注疏》（清嘉庆刊本），中华书局2009年版。

（清）阮元校刻：《仪礼注疏》，《十三经注疏》（清嘉庆刊本），中华书局2009年版。

（清）阮元校刻：《论语注疏》，《十三经注疏》（清嘉庆刊本），中华书局2009年版。

（清）阮元校刻：《礼记正义》，《十三经注疏》（清嘉庆刊本），中华书局2009年版。

（清）阮元校刻：《孟子注疏》，《十三经注疏》（清嘉庆刊本），中华书局2009年版。

（清）阮元校刻：《孝经注疏》，《十三经注疏》（清嘉庆刊本），中华书局2009年版。

黄怀信：《逸周书校补注译》，三秦出版社2006年版。

高华平等译注：《韩非子》，中华书局2015年版。

杨军撰:《周易经传校异》，中华书局 2018 年版。

吴毓江撰:《墨子校注》，中华书局 2006 年版。

王秀梅译注:《诗经》，中华书局 2015 年版。

赵逵夫主编:《历代赋评注》(魏晋卷)，巴蜀书社 2010 年版。

傅亚庶撰:《孔丛子校释》，中华书局 2011 年版。

刘永济校释:《文心雕龙校释》，中华书局 2010 年版。

(元)许谦撰:《诗集传名物钞》;(元)刘玉汝撰:《诗缵绪》，李山主编:《元代古籍集成》，北京师范大学出版社 2012 年版。

杨朝明、宋立林主编:《孔子家语通解》，齐鲁书社 2013 年版。

朱守亮:《诗经评释》，台湾学生书局 1984 年版。

黎翔凤撰，梁运华整理:《管子校注》，中华书局 2004 年版。

(朝鲜)丁若镛:《书义·尧典》，凤凰出版社 2019 年版。

(日)细井徇绘，程俊英译注:《思无邪：诗经名物图解》，上海古籍出版社 2017 年版。

后　记

这部《西周人的日常生活——中国贵族的蜕变之旅》与即将面世的《西周大历史》构成了我的一个西周姊妹篇系列：前者如显微镜般聚焦西周社会的衣食住行、婚丧嫁娶等生活细节，后者则以广角镜头俯瞰西周王朝的政治风云与历史脉络。

细心的读者可能会注意到本书没有专设章节，细述西周大学和小学学子的日常生活。这部分内容因与王朝制度密切相关，放到了《西周大历史》中。为避免内容重叠，故做了结构性调整。

在史料运用方面，本书坚持文献与考古资料的双重结合。文献方面主要依托两大支柱，一是《诗经》，二是“三礼”(《周礼》《仪礼》《礼记》)。《诗经》中半数诗篇直接源自西周，其余虽是春秋作品，但因西周和春秋时期的政治制度、社会习俗基本相同，所以也具有重要的参考价值。

“三礼”则需辩证看待，传统附会为周公所作，但实际上是战国至汉代儒者的制度重构。《周礼》托古改制，《仪礼》规范仪轨，《礼记》汇辑论说，其中免不了理想化的作伪成分。不过，经王国维、郭沫若等先生考证，其核心礼仪框架仍保存着西周社会的真实基因。本书在征引时已通过文献考证和考古发现（如青铜器铭文、墓葬规制）进行过校验，然百密一疏也是人之常态，故提醒读者，仍需保持学术警惕。

也正是由于这个原因，欢迎关注我的视频号和抖音号“琳之说史”，有什么问题留下您的宝贵意见，我们可以互通有无，共同探讨。

相较于“史前中国四部曲”（《前中国时代》《元中国时代》《晚夏殷商八百年》《何以华夏》）的严谨学术范式，本书刻意采用随笔式的写作风格：以《诗经》的物候记录为经，以青铜器铭文中的生活片段为纬，让3000年前的那片炊烟重新袅绕于我们眼前。

本书继续得到了山西大学哲学学科——国家“双一流建设学科”的出版资助。

山西大学副校长孙岩教授，哲学社会学院院长尤洋教授、傅星源副教授、乔莎老师等为本课题的研究提供了学术支持，研究出版社总编辑丁波先生，编辑孔煜华女士、范存刚先生为本书的策划出版付出了辛劳，山西省国际文化交流协会会长崔晋宏先生以及高建录、石耀辉、王海龙诸先生，为本书的田野调查和写作提供了支持和帮助。

特别要提到的是我的大学老师武高寿教授，虽年届八旬高龄，但我每有论著问世，他仍一如既往撰写书评，客观褒贬，让我受益良多。

最后，向所有研究西周历史文化的同行和前辈深鞠一躬——正如青铜器铭文常以“子子孙孙永宝用”作结，这份感激也将永远铭刻于心。

李琳之

2025 年 6 月 2 日于京城合生 · 世界村